中国农业科学院
农业经济与发展研究所
研究论丛
第 6 辑

● 本书为中央级公益性科研院所基本科研业务费专项资金资助项目

IAED

Research on the Development of Agricultural
Income Insurance in China

我国农业收入保险发展研究

夏英 王鑫 ◎ 著

中国财经出版传媒集团
经济科学出版社
Economic Science Press

前言 Preface

农业收入保险是一种有效分散种植户种植风险和稳定农户种植收入的新型农业保险工具，是农业保险发展的未来趋势。鉴于我国农业收入保险目前面上发展规模并不大，收入保险部门试点或行业机构自主探索均限于有限农作物品种的小范围内，并大体依循定价方式形成两种典型发展模式，即区域监测定价模式和期货市场定价模式，而两种模式运行效果将直接影响未来农业收入保险的实践选择。目前研究文献对此尚缺乏足够的实证依据，因此验证两种典型模式运行机理及运行效果成为理论研究的重要选题。

本书基于实践探索梳理现有农业收入保险典型模式并深入分析其运行机理，检验其影响效果，样本选取江苏省常州市武进区水稻收入保险、辽宁省海城市玉米收入保险和辽宁省锦州市义县玉米收入保险三个典型试点。通过对义县玉米收入保险623户实地调研问卷资料并辅之以该县官方统计数据，验证农业收入保险能否保障农户种植收入以及是否影响农户种植决策，分析农户购买农业收入保险的影响因素，并最终析出影响农户满意度的因素。综合借鉴美国和日本收入保险发展经验，提出完善我国收入保险政策发展的对策建议。

本书得出以下研究结论。

（1）现阶段我国农业收入保险试点总体运行良好，试点区域不断扩大、试验品种不断丰富，实践中形成两种典型模式，即区域监测定价模式和期货市场定价模式，分别在不同地区和农作物品种上得到运用，形成局部经验性探索成果。

（2）我国农业收入保险依循不同定价可细分为区域监测定价模式和期货市场定价模式，两种运行模式在合作主体、保险理赔及风险防范等方面存在典型差异。

（3）农户对传统农业保险的满意度评价及是否连续购买农业保险对农户购买意愿的影响较为敏感。相对于未购买过农业收入保险的农户，购买过该项保险的农户其未来购买意愿更强，农户对农业保险提标的态度在农作物价格波动与购买意愿之间起到正向的调节作用。

（4）农业收入保险可保障农户种植收入，但因试点时间短，效果不是很明显且具有异质性，即对规模偏小的农户效果更为明显。

（5）农户在购买农业收入保险后，风险承受能力和认知能力增强，进而提升了农户种植意愿。本书实证研究农户购买农业收入保险后种植面积变化情况，结果表明农业收入保险对农户种植决策具有显著正向影响作用，即农业收入保险可有效稳定农作物种植面积。

（6）农业收入保险通过"风险感知—感知有用性—购买体验—满意度"路径影响农户满意度。农业收入保险产品设计、保险公司服务质量及农户对农业收入保险政策信任程度是影响农户"满意度"的重要测量维度。

基于研究结论本书提出以下政策建议：一是明确农业收入保险的内涵和外延，科学定义"农业收入"这一关键概念；二是积极探索农业收入保险创新模式，如设计农业收入保险过渡产品，将其作为完全成本保险和收入保险的过渡；三是实现农业保险精准理赔，提高保险赔付精准度；四是强化收入保险与传统保险、成本保险之间的有效衔接。

本书的边际贡献和创新点体现在：一是依循定价方式将我国农业收入保险试点归类为两大模式，即区域监测定价模式和期货定价模式；二是构建农业收入保险"经济效应—生产效应—综合效应—响应效应"的政策效应分析框架，多维度、多视角评估该项保险计划的实施效应；三是在效应评估中运用质性分析方法的扎根理论对农户综合效应（满意度）进行分析，从而分析影响农户满意度的重要因素。

目录

Contents

第 1 章　绪论 ······ **001**

1.1　研究背景与问题提出 / 001
1.2　研究目的与研究意义 / 003
1.3　农业收入保险国内外研究进展与述评 / 006
1.4　研究目标、研究思路与研究内容 / 017
1.5　研究方法与数据来源 / 020
1.6　技术路线 / 024
1.7　研究创新点 / 025

第 2 章　理论基础与研究框架 ······ **027**

2.1　概念界定 / 027
2.2　理论基础 / 037
2.3　研究框架 / 047
2.4　本章小结 / 052

| 第 3 章 | 农业收入保险政策背景、实践发展与主要模式 …… 054

3.1 我国农业收入保险政策背景／054

3.2 我国农业收入保险政策演进及政策梳理／061

3.3 我国农业收入保险的类型和模式／075

3.4 本章小结／080

| 第 4 章 | 两类模式下农业收入保险运行机理及实践困境：

以试点地区为例 ………………………………… 082

4.1 农业收入保险典型试点选取依据／082

4.2 区域监测定价模式／084

4.3 期货市场定价模式／095

4.4 本章小结／111

| 第 5 章 | 响应效应：农业收入保险购买意愿及影响因素

分析 …………………………………………………… 113

5.1 理论基础与研究假说／113

5.2 数据来源及说明／117

5.3 样本农户保险购买、风险感知及保险满意度情况／117

5.4 模型设定与变量选取／124

5.5 模型估计结果与分析／130

5.6 本章小结／138

| 第 6 章 | 收入效应：农业收入保险试点的收入保障效果

实证分析 …………………………………………… 140

6.1 理论分析与研究假说／140

6.2 数据来源及说明／144

6.3 变量选取与描述性统计／145

6.4 模型设定／149

6.5 实证结果 / 154

6.6 本章小结 / 159

第 7 章 生产效应：农业收入保险对农户种植决策影响分析 …… 161

7.1 理论分析与研究假说 / 161

7.2 数据来源及说明 / 166

7.3 样本农户基本情况分析 / 167

7.4 模型设定与变量选取 / 172

7.5 模型估计结果与分析 / 178

7.6 本章小结 / 182

第 8 章 综合效应：基于扎根理论的农业收入保险满意度分析 …… 184

8.1 研究方法与资料收集 / 185

8.2 数据来源及说明 / 190

8.3 扎根理论访谈资料分析 / 192

8.4 基于扎根理论的农业收入保险农户满意度理论构建 / 198

8.5 本章小结 / 208

第 9 章 世界农业收入保险的发展实践与启示 …… 210

9.1 世界农业收入保险案例选取的依据 / 210

9.2 依托期货市场的美国模式 / 211

9.3 依托农户历史收入的日本模式 / 218

9.4 中外农业收入保险实践方案的比较分析 / 227

9.5 农业收入保险政策实施的经验借鉴 / 229

9.6 本章小结 / 232

第 10 章 主要结论及政策建议 ……………………………………… 234

10.1　主要结论／235

10.2　政策启示／237

10.3　研究不足及未来展望／241

参考文献 ……………………………………………………………… 243

第1章

绪 论

1.1 研究背景与问题提出

1.1.1 研究背景

近年来,在全球气候变化、经济波动及国际政局多变等多重因素叠加下,农业经营过程中面临更多的风险和挑战,农民在种植过程中将遭受更为严重的风险损失(Barrett,2014；Darnhofer,2016)。即使在农业高度发达的美国和日本,仍不能完全改变农业"靠天吃饭"的窘境,农业的发展需要政府重点保护。

农业保险在稳定农民种植收入、防范和化解农业生产经营风险、促进传统农业向现代化农业转型、稳定国家粮食安全(Cole,2017)、促进农业农村经济发展等方面作用日益强化和显现。2020年,我国农业保险保费规模首次超过美国,以814.93亿元的保费收入跃居全球农业保险第一,为高达1.89亿户次的农户提供近4.13万亿元的农业风险保障,农业保险已经成为农业抵御各种风险的"压舱石"和"定盘星"。但传统"低保障、广覆盖"的农业保险与乡村振兴提出的高质量发展存在缺口,如何实现农业保险高质量发展，精准服务乡村振兴和农业现代化，成为农业保险领域亟须突破的理论难题。近年来，我国粮食产量连年丰收，举世瞩目成绩的背后，粮食高库存、进口激增等诸多问题成为制约我国农业长足发展的突出问题（程国强，2016）。2004年，我国取消实行多年的农产品保护价收购政策，农产品被推向市场，最低保护价格的取消加剧了我国农业整体运行风险。世界范围内，农产品价格风险日益严峻，农产品价格风险已成为农业经营过程中继自然风险后另一制约我国农业生产经营的重要风险，其破坏力不容小觑（尹成杰，2015），建立农产品目标价格制度成为农产品价格形成机制的重点（黄季焜等，2015）。我国农业政策亟须调整和改变，通过粮食价格体制和补贴制度改革理顺粮食价格机制（孔祥智，2016；姜长云和曾伟，2017），作为农产品价格形成机制重大改革的农产品目标价格制度，不仅有利于农民增收，更可有效提高农民种植积极性（冯海发，2014）。目标价格制度分为目标价格补贴与目标价格保险，两种制度存在较大差异，目标价格保险是一种保险制度，由保险机构设计保险产品，对农作物价格波动进行保障。

理论上，纯粹的价格保险不具有完全可保性，易出现抑制市场机制的不良效果（朱俊生等，2016）。从国外发达国家农业保险发展及可保性考虑，相对于价格保险，收入保险更具有推广价值。作为农业保险高级形态的收入保险集产量和价格双保障于一体，伯格（Berg，2002）指出农业收入保险相比于产量保险在稳定收入方面更为有效。目前，全球已有一百多个国家推行或者试验农业保险，美国、加拿大和日本等农业发达国家均将农业收入保险作为稳定农户种植收入、保障国家粮食安全的重要工具予以运用（Mahul，2010），通过收入保险以更低的成本降低农业风险（Tiemtore，2021）。基于现实诉求，我国需将农业收入保险作为农产品价格保险的主体产品形态（朱俊生等，2016），助推农产品价格形成机制改革（帅婉璐等，2017），以此取代大宗农产品的其他直接补贴，完善我国农产品价格形成机制改革（庹国柱等，2016）。

2019年，财政部、农业农村部等四部门联合印发《关于加快农业保险高质量发展的指导意见》，指出到 2022 年收入保险成为我国农业保险的重要险种。在政策牵引下，农业收入保险在我国多地进行大胆试验，总体上，我国农业收入保险以部门试点和行业机构自主探索为主要路径展开，试验品种既有大宗农作物，如玉米、水稻和大豆，也有如茶叶、蓝莓等经济作物。在试验范围上已从最初的小范围试验，发展到全省推进[1]，该项保险计划在国家层面和理论层面均得到普遍重视。政策性农业保险由"成本险"向"收入险"过渡，既满足理论要求，又满足农户对高层次农业保险的需求。

1.1.2 问题的提出

通过研究背景的阐述不难发现，农业收入保险已成为重要的稳农、支农、惠农工具在我国多省域进行大胆尝试。实践中，农业收入保险试点存在哪些典型模式？不同模式运行机理如何？农业收入保险能否保障农户种植收入？种植者对该项保险计划是否认可？农业收入保险试点运行中又存在着哪些突出问题？一系列问题的提出都指引着本书对我国农业收入保险发展模式、运行机理及实施效应进行现实与理论的探究。

1.2 研究目的与研究意义

1.2.1 研究目的

中国实施农业收入保险的目的主要在于防范农业经营风险，降低风险对农业种植收入的影响进而激发农户种植积极性，保障国家粮食安全。农户是农业收入保险政策落实的主要参与者及关键的利益群体，该项保

---

[1] 目前，江苏省已在全省主要产粮大县实现水稻收入保险全覆盖。

险计划能否对农户产生积极或者消极影响是判断该项政策是否有效的"试金石"。本书在借鉴以往研究基础上，以问题为导向，重点选取农业收入保险首批试点调研数据，运用农业风险管理理论、制度变迁理论及农户行为理论，对农业收入保险购买意愿、能否保障农户种植收入、能否激发农户种植热情及收入保险满意度四个方面进行多维度评估，将定量研究和定性分析相结合，从微观农户视角对农业收入保险在经济、社会等方面的效应进行实证分析。本书为检验农业收入保险试点实施效果、完善农业收入保险试点政策及促进我国农业收入保险制度的形成提供实证依据。

1.2.2 研究意义

2015年，我国开始农业收入保险试点工作，随着试点区域和试验品种的不断扩大和丰富，依循定价方式的不同，实践中形成两种典型模式，即区域监测定价模式和期货市场定价模式。两种典型模式在农产品品种选择、保险保费构成以及赔付机制等方面探索各有千秋，对巩固脱贫成果、防范风险等产生积极影响。本书通过对我国农业收入保险试点进行全面梳理，凝练其存在的问题，重点研判农业收入保险能否保障农户种植收入以及对种植户种植行为产生何种影响，对于全面推进农业收入保险在我国落地，有重要的理论和现实意义。目前，我国农业收入保险尚处于零星分散的试点阶段，国内对农业收入保险理论研究和实践探索尚处于起步阶段，本书的研究具有以下重要意义。

1. 理论意义

农业收入保险作为积极应对多重农业风险的重要举措，其如何构建及实施效果如何值得学术界进行深入的研究和探讨。农业收入保险是传统农业保险的升级版，其承保因自然风险、市场风险及政策性风险所导致的农户种植收入的减少，体现了农业保险发展的最新理念，具有较强的前瞻性。目前，我国对农业收入保险试点如何运行以及实施效果的研究尚不足，无论是宏观层面还是微观层面该项保险计划所带来的经济效应和社会效应都尚不明朗，虽然学术界对农业收入保险的研究成果较多，但缺乏对其试点实施效果的综合评价研究。农户作为农业收入保险关键利益群体，该项政策能否保障农户种植收入进而影响农户种植决策行为是确保政策实施效果的重要判断标准，基于此，本书主要从农业收入保险响应效应、收入效应、农户行为决策及满意度四个方面全面评估农业收入保险实施效果，有助于丰富现有农业收入保险研究成果。

本书基于典型案例研究展开，通过对典型试点进行调研，运用农业风险管理理论、制度变迁理论、利益相关者理论及农户行为理论等相关理论，在构建农户参与农业收入保险效应评估框架的基础上，实证分析农业收入保险实施效应。本书从理论和经验层面深入剖析农户参与农业收入保险的效应产生的机制，从而补充和完善农业收入保险相关理论。

2. 现实意义

农业收入保险是一项农业公共政策，对农业收入保险试点运行成效进行全面的效应评估，不仅在理论上具有较强的意义，更具有重要的现实意义。本书从农户购买意愿、农业收入保险能否稳定农户种植收入、农业收入保险对农户种植决策的影响及农业收入保险满意度四个方面对农业收入保险试点政策的实施效果进行检验和评估。农业收入保险政策的实施是否具有效果至关重要，如果验证出的答案是肯定的，则意味着现阶段我国农业收入保险试点工作达到试点方案的基本要求，实证结果对农业收入保险未来的进一步推广及全国大面积推开提供重要的且崭新的实践证明和现实依据。

除对农业收入保险实施效果进行评估外，基于首批农业收入保险试点进展分析，深入挖掘试点中存在的堵点和难点并结合国外农业收入保险发展实践的对比分析，有效借鉴国外典型国家农业收入保险发展的成功经验，能够减少我国农业收入保险的试错成本。通过不断改善和优化试点方案可以让我国农业收入保险的发展快速驶入快车道,加快实现农业收入保险全国推开的步伐,及时对我国首批农业收入保险试点经验进行总结和分析,对巩固农业收入保险试点成果有重要的理论和现实意义。

1.3 农业收入保险国内外研究进展与述评

农业收入保险作为一种新型农业保险工具,在国家层面和理论层面均受到普遍重视。国内外学者就农业收入保险展开研究,但相对于国外丰富的理论研究和实践经验,我国收入保险研究和发展尚处于起步阶段,但在学术界和实务界对其重要性已达到一致意见。基于此,本节通过对国内外收入保险理论进行介绍并全面梳理农业收入保险最新进展前沿,以期对我国农业收入保险的全面推进提供重要的借鉴。

农业收入保险是风险管理的新维度(Goodwin,1998;Skeers,1998),国外农险专家对收入保险的研究颇丰,早期主要集中在农业收入保险必要性和可行性方面(Meuwissen,1999;Muhr,2011),随着农业收入保险项目的全面推进,保费厘定、实施效果、对农户种植行为、逆向选择及对环境的影响(Jeremy,2016)成为学者持续关注的重点。与国外丰硕的研究成果相比,我国农业收入保险尚处于探索阶段,研究层次较低、重复性研究居多。国内学者对收入保险的研究主要集中在收入保险可行性和必要性、国外借鉴、费率厘定方法等方面,缺乏对农业收入保险的实证研究。

1.3.1 农业收入保险可行性分析

收入保险在美国、加拿大、欧洲(Meuwissen et al.,2008;Simone et al.,2018)等发达国家和地区早已有之,在保险产品、发展模式、保费精算等方面的研究成果相对丰富,该项保险计划在稳定农户种植收入方面效果凸显。亨尼西（Hennessy，1997）认为，农业收入保险比当时美国的其他农业支持政策更为有效，斯基（Skees，1998）则指出收入保险从政府管理角度而言效率更高，是传统农作物保险的替代品（Marietta，2015）。随着国外农业收入保险的快速发展，国内学者对农业收入保险展开研究，早期研究主要聚焦在农业收入保险可行性和必要性方面（肖宇谷等，2013；袁祥州，2016；肖宇谷，2018）。我国农产品价格风险增大（黄季焜等，2015；庹国柱等，2016），传统的产量保险难以应对价格波动带来的损失，农业保险亟须向保障程度更高的农业收入保险转型（谢凤杰等，2011；王保玲等，2017），农业保险政策目标需及时进行调整，即调整为收入支持（庹国柱和朱俊生，2016；刘亚洲和钟甫宁，2019），一时间众多农险学者将研究重点转移到农业收入保险方面，学者对推出收入保险呼声很高，但囿于国情农情农业收入保险试点在我国进展缓慢。

学者对推出收入保险持肯定态度，推出农业收入保险需满足何种条件引起学术界广泛争论。通过对美国、日本等典型农业收入保险国家的研究发现，农业收入保险的运行离不开三个要素，一是丰富的产量和价格信息；二是准确、高效的价格机制；三是强有力的财政支出和监督管理。目前，我国已经初步具备一定的开展基础（王克等，2014；游悠洋，2015）。同时有学者指出，我国农业收入保险真正落地实施仍存在诸多问题，以近年来得到迅猛发展的"保险+期货"收入保险为例，制约该模式最大的问题在于期货市场不够成熟（安毅和方蕊，2016；蔡胜勋和秦敏花，2017；葛永波和曹婷婷，2017；李铭和张艳，2019），如风险对冲工具数量不足、政府干预过多、合约月份存在缺陷等。

1.3.2 农业收入保险费率厘定

在农业收入保险费率厘定方面，国内外学者成果丰硕。古德温（Goodwin，1998）使用非参数方法对收入保险进行拟合，并评估该方法对团体风险计划（GRP）的影响，结果证实非参数估计更为灵活，可以提高团体风险计划（GRP）的精准度，此后，古德温（Goodwin，2000）对收入保险中的价格风险进行测量。尾崎等（Ozaki et al.，2008）使用参数和非参数统计模型估计农作物产量并评估该方法对巴西玉米、大豆和小麦作物保险合同定价的影响，发现非参数方法下的农业收入保险费率更高。国外学者通过Burr分布对农作物价格进行拟合，使用Beta分布对农作物产量进行拟合，用Copula方法对产量和价格进行拟合，发现农作物价格和产量之间负相关。国外农险专家通过Copula方法设计出一种基于整体农场风险的合同，而Beta和对数正态分布分别适用于模拟个人农作物产量和价格信息，研究发现，将所有农场风险集中在一份保险合同中可以提供比单独为每个风险投保的替代方案保费更低。日卢阿夫（Zhluaf，2012）通过对美国1973～2006年的农作物产量和价格进行相关性研究发现，在农作物种植面积比较大的时候，大豆、玉米的产量和价格之间呈现较强的负相关，而相应的农业收入保险的保费偏低。戈什等（Ghosh et al.，2011）通过不同Copula模型计算农作物产量和价格之间的依赖关系，结果发现混合Copula函数要优于单Copula函数，更准确地说，阿基米德的混合Copula能够提高保险定价的精确性。阿麦德（Ahmed，2015）通过蒙特卡罗方法模拟收入保险下的保险费率，发现农业收入保险价格更低，这可能会导致该项保险计划更高的需求和接受度。

  收入保险核心变量是产量和价格，国内学者借鉴国外做法，通过Copula函数测算农产品价格和产量之间的相关风险，进而测算出收入保险的费率，实现收入保险的定价研究。国内众多学者通过Copula方法对我国的玉米、蔬菜、大豆等农作物的保险费率进行厘定（谢凤杰等，2011；刘素春和刘亚文，2018），如谢凤杰（2011）以安徽省阜阳市为例，通过Copula方法对玉米、小麦和大豆股权单产与价格之间的联合概率密度，发现三种农作物单产和价格存在较弱的负相关关系。除对大宗农作物进行费率厘定外，刘素春和刘亚文（2018）对经济作物苹果进行费率厘定，发现与传统产量（成本）保险相比，收入保险可平滑农业保险经营风险。李亚茹（2018）基于不同方面模拟得出结论，即区域收入保险费率存在较大的差异。牛浩（2017）对玉米收入指数保险费率进行厘定发现，德州、菏泽等四个地市保险费率存在明显差异。

1.3.3　农业收入保险实施效果研究

国内外农业保险学者除对保费厘定方法进行广泛研究外，同时对收入保险实施效果展开翔实的研究。实施效果主要集中在收入保险对参保农户的农业种植收入及农户种植行为的影响方面。

农业市场的自由化导致农产品价格更加不稳定（Meuwissen, 1999；Bielza, 2002），价格风险对农作物种植影响越来越大，规避风险的生产者可通过减少种植的方法应对价格风险（Sandmo, 1971），除主动减少种植外，农业保险是一种可以有效规避风险的工具且是世界贸易组织公认的"绿箱"政策。农业收入保险是农业保险的一种升级版，集产量和价格风险于一体，美国和日本等发达国家均将其作为一种重要的风险防范工具予以运用，农业收入保险是农业风险管理的一种新维度（Goodwin；1998），越来越多的农产品从产量保险转向收入保险（Makki, 2001）。农业收入保险作为传统的收入稳定政策有效替代方案被越来越多的国家和学者重视（Goodwin, 1998；Meuwissen, 1999；Mahul, 2002；Bielza, 2004），收入保险已成为重要的风险管理工具。在收入保险实施后的几年里，为更有效保障农户收入，全农场收入保险受到国外政府和学者的重视（Dismukes, 2006；Díaz-Caneja, 2009；Hart, 2010；Turvey, 2012；Chalise, 2017；Ghahremanzadeh, 2017；Olen, 2017；Miller, 2018；Kokot, 2020；Frascarelli, 2021）。

一是稳定种植收入。收入保险之所以在发达国家备受青睐，原因之一就在于其具有较强的防灾减损功能且可稳定农户种植收入。农业收入保险政策是传统的收入稳定政策更有效的替代方案，该项政策将纳税人的负担从后者转移到补贴农民的保险费，并通过弥补种植收入减少的方式，成为有效降低种植风险的工具（Coble, 2000；Mahul, 2003）。国外学者（Turvey，2010；Enjolras，2012）认为，农业收入保险能稳定农户收入。卡尔金斯（Calkins，1997）通过对魁北克农户参与收入保险实施效果进行调查，发现收入保险提高投保人预期收入且明显提高公共支出效率。收入保险在美国得到同样的结果，亨尼西（Hennessy，1997）通过实证分析发现，玉米和大豆种植者在购买收入保险后，可保障其75%的预期收入，与传统产量保险相比收入保险成本更低、更为有效。收入保险不仅在稳定种植收入方面效果明显，且可以有效代替产量保险增加生产者福利（Mahul，2002）及增加财政资金再分配的效率（Hennessy，1997）。但也有学者持相反态度，米勒（Miller，2000）通过对桃子种植户收入保险实施效果进行调查发现，因桃子的产量和价格之间相关性较低，收入保险与传统产量保险并无明显差别，沃特尔（Walters，2015）通过研究1996~2009年五个不同地区的主要农作物的单位水平农作物保险发现，投保人不能通过购买收入保险获得额外利益。除稳定农户收入外，收入保险还可在一定程度上减少政府对农业项目的支出（Offutt，1985），有助于农业经济增长（Mahul，2002）。

二是影响农户种植行为。农业收入保险除影响农户种植收入外，也影响农户种植决策。农户行为的改变首先体现在农户种植行为的改变上，如改变种植计划、调整种植面积等。特维（Turvey，1992）认为，农业保险是一种有效的风险分散工具，在大多数情况下，参加农业保险项目会鼓励风险中性行为人增加冒险精神，由此可能会增加种植面积，这一结论得到论证。国外学者运用实证分析验证农业收入与种植面积之间关系（Goodwin，2004；Wu，2010；Severini，2011；Goodwin，2013；Shi，2020；Ibrahima Sall，2021）。吴（Wu，1999）通过内布拉斯加州中部1991年的数据实证发现，作物保险可导致作物面积增加5%~27%，杨（Young，2001）发现作物保险会使总种植面积增加约0.4%。除改变种植面积外，另一部分学者指出农业保险也会影响作物种植模式，将受环境影响大的土地进行农业种植（Wu，2001；Yu，2017）。收入保险在一定程度上改变土地使用类型（Claassen，2017），联邦农作物保险可能会导致农民种植风险更高的作物，并增加联邦农作物保险计划的成本。

三是影响要素投入。农户种植决策除表现在种植面积的改变外，也会影响要素投入，进而影响环境（Weber，2016）。国外学者对参加农业收入保险项目后农户种植行为是否改变持不同观点，该问题一直是国外学术界探讨的重点和难点。农业生产过程中，保险决策行为与生产经营行为多交叉进行，故很难从经验上区分其行为选择中逆向选择和道德风险（Quiggin，1993），要素投入问题往往和道德风险与逆向选择一同展开研究（Horowite，1993）。国外学者就农业保险与要素投入之间进行深入探讨（Babcock，1996；Smith，1996；Young，2001；Chambers，2002；Mishra，2005；Walters，2015）。部分学者认为农业保险会增加农药化肥的使用量，霍洛维茨（Horowitz，1993）在实证中得出，农户购买农业保险后，在种植过程中会增加农药和肥料的投入，经过估计农户购买农作物保险后会使农户增加大约19%的氮肥施用量和21%的农药支出。另一部分学者则认为农业保险会减少农药化肥的使用量。奎金（Quiggin，1993）指出，购买农业保险的中西部谷物种植的农民减少大约10%的化肥和化学物质的使用。巴布科克（Babcock，1996）通过静态模型对投保后的要素投入量进行数值模拟预测，通过模拟预测发现在覆盖率达到70%时，氮肥利用率会有小幅下降，而在覆盖率较高时，氮肥利用率会有较大下降。

国外农业保险学者对农业保险与要素投入之间的研究取得丰硕成果，但很少有研究验证基于农业收入保险下的要素投入使用（Yu，2019），沙伊克（Shaik，2005）指出在农户购买农业收入保险后，农户道德风险发生率高于传统产量保险。米什拉（Mishra，2005）认为，农业收入保险减少化肥投入量，但没有减少农药的投入。尼蒙（Nimon，2001）指出道德风险效应将导致化学品投入使用量的减少（从而产生积极的环境结果），但这种效应相对于产量保险而言效果可能更弱，收入保险对农药投入需因品种而异，对于美国小麦种植者来说，种植者更倾向于减少化肥支出，增加农药支出。然而，如果最佳化学品使用在购买保险后显著下降，正如学者们所得出的结论一样，那么环境可能会受益，但道德风险问题将使保险定价困难。沙伊克（Shaik，2005）则通过农户对农作物价格和产量未来的感知主观判断进而判断是否会发生逆向选择，从感知角度衡量逆向选择而非基于客观数据，而采用农业收入保险的农场比没有采用农业收入保险的农场施肥更少。

农业收入保险影响要素投入量，进而对环境产生影响。古德温（Goodwin，2003）评估农作物保险对土壤侵蚀的影响，沃特尔（Walters，2012）指出，土地使用和作物选择的巨大变化可能会导致更大的环境影响，而土地用途的变化反过来影响环境质量（Gray，2004）。农业收入保险在研究区域最显著的影响将是农作物的选择，因此对作物轮作模式有一定影响，但对从非耕地到耕地的转换的影响很小；反之，作物轮作模式的改变将对环境质量产生一定的不利影响（Langpap，2014）。英尼斯（Innes，2003）指出，农业收入保险通过影响化肥农药使用，进而降低农民的种植成本。此外，美国学者将要素投入细分为化肥和农药两部分，通过17个州小麦的大样本数据实证发现，农业收入保险的参与对化肥的投入有明显减少，而对农药则无明显变化。

相对于国外翔实的研究成果，鉴于农业收入保险在我国尚处于试点阶段，缺乏有效的数据，鲜有研究对其实施效果进行实证分析，主要集中于定性分析。一是收入保险与农户收入。郑军和盛康丽（2019）指出农业保险具有稳定收入的功能。程杰（2015）指出收入保险的发展直接影响农民收入的高低且对稳定农业生产具有重要意义，未来我国应积极发展农业收入保险。二是收入保险与种粮积极性。方蕊和安毅（2019）通过实证分析，指出"保险+期货"模式下的收入保险可以激发农户的种植积极性，从而保障国家粮食安全。袁祥州（2016）从粮农风险管理角度论证农业收入保险的重要性。三是农业收入保险的经济效应。王保玲和孙健（2017）利用Copula模型估算不同农产品的保险费率，发现在相同的保障水平下，实施收入保险所带来的经济效益更为明显。在农业收入保险实施效果方面，我国农险专家从农业收入保险对乡村振兴影响角度展开研究，多位学者提出，农业收入保险是有效的扶贫工具，通过开办扶贫保险，将收入保险作为重要的扶贫工具予以运用（林智勇，2017；邹东山，2018；张海军，2019；张海军等，2020）。可通过收入保险模式创新以起到减贫作用，如"政府+保险"模式以及综合收入保险等（石践，2018）。

农业收入保险是农业保险创新升级的突破口，该项保险计划符合新型经营主体有效需求（石践，2016）。为更好地服务乡村振兴战略，农业收入保险需不断提升服务效能，覃梦妮和贾磊（2020）指出，发展农业收入保险需搭建基层收入保险服务平台，不断优化收入保险产品服务。收入保险完善我国多层次农业保险体系，实施收入保险可更好地服务于乡村振兴战略（周爱玲，2018；冯文丽和苏晓鹏，2019；郑军和盛康丽，2019）。农业收入保险在我国尚处于幼稚期，未来需要将收入保险作为出发点，深入分析农业保险在减贫过程中存在的典型问题（林智勇，2017），不断进行保险减贫模式创新。

1.3.4 农业收入保险购买意愿分析

农业收入保险作为一项新型保险产品，在购买意愿方面与传统农业保险既有相同之处，又有新的影响因素出现，基于此，国内外学者就农业收入保险购买意愿展开理论分析。部分学者（Mishra，2003；Sherrick，2003；Mishra，2006）对农业收入保险购买意愿展开研究。马基（Makki，2001）指出农业收入保险能够吸引更多的农户购买该项保险，使更多的农户从产量保险转向收入保险，与此同时，保险合同的设计（保费、保额和保障水平）对农业收入保险的购买意愿具有显著影响。谢里克（Sherrick，2004）则指出，种植面积大、是否具有农业贷款、更多依赖土地租用和产量风险认知程度高的农户更愿意购买农业收入保险，而沙伊克（Shaik，2005）则认为，由于农业收入保险的价格弹性较产量保险更高，因此，种植价格变化幅度更大的农作物的农户更需要农业收入保险，而产量变化幅度大的农户更喜欢产量保险，此外对产量和价格风险认知程度高的农户更倾向于购买收入保险。

自 2015 年我国开始实施农业收入保险试点以来，收入保险试点在各地零星展开。我国学者对收入保险展开实证研究，主要是围绕收入保险购买意愿展开，林乐芬和李远孝（2020）基于风险因素、经营特征对规模农户水稻收入保险参与意愿进行实证研究，发现经营特征、风险因素以及保险条款是否易于理解是影响农户购买农业收入保险的因素。我国收入保险试点中，以期货市场定价模式的"保险+期货"最为典型、发展最为迅速，尚燕和熊涛（2020）通过实证分析，指出农户的风险规避态度可提高农业收入保险参与意愿，但对"保险+期货"的参与意愿无显著影响。方蕊和安毅（2019）指出，农户对保险补贴越是满意，购买收入保险的意愿就越强。王步天（2018）从新型农业经营主体角度对水稻收入保险购买意愿进行实证分析指出，水稻生产区的差异性以及新型农业经营主体认知程度对水稻收入保险需求具有显著影响。

1.3.5 农业收入保险的国际借鉴

国内学者试图通过介绍典型国家农业收入保险，从中挖掘国外典型农业收入保险与我国现实国情的结合点。学者们主要通过介绍美国、加拿大及日本等发达国家农业收入保险的产生背景、运作模式、保险产品、保费补贴等，将其成功经验引入我国保险市场，如中国赴美农业保险考察团（2002）较早介绍美国的农业收入保险，此后，多位学者对美国和日本收入保险进行深入研究（叶明华和丁越，2015；何小伟和方廷娟，2015；朱俊生和庹国柱，2016；方言和张亦弛，2017；王学君和周沁楠，2019；夏益国等，2019）。美国收入保险主要依托完善的农产品期货市场，收入保险品种较为丰富（叶明华和丁越，2015；何小伟和方廷娟，2015；朱俊生和庹国柱，2016）。日本实施收入保险晚于美国和加拿大，但呈现出较快的发展趋势，自愿参保的前提下以蓝色申报为参保条件，实行"应保尽保"（王学君和周沁楠，2019；穆月英和赵沛如，2019；王鑫和夏英，2020）。

不同国家在经济发展阶段、国家体制等方面存在差异，但仍然存在一些共性可供我国农业收入保险参考，国内学者指出收入保险的发展需要高度重视收入保险制度的顶层设计并严格遵循国际规则约束（王学君和周沁楠，2019；朱晶等，2020）。何小伟和方廷娟（2015）认为，我国收入保险应从完善财政对农业保险保费的补贴机制出发，国家应鼓励保险公司进行农业收入保险产品创新并及时对农业保险的政策目标进行动态调整。结合农业收入保险的特点应强化农产品价格基础数据的积累和数据库建设，并建立和完善农业保险大灾风险分散机制。

1.3.6 文献述评

农业收入保险是基于农业经营过程中多重风险背景，为有效防止灾害及减少不确定性因素导致的农户种植收入的下降，以实现稳定农业种植收入进而激发农户种植积极性的一项重要的农业政策供给。当前国内外学者围绕农业收入保险的运行、精算、实施效果以及参与农业收入保险的农户响应态度与行为等内容展开研究并取得极为丰硕的研究成果。已有研究有助于充实和完善有关农业收入保险基础性和经验性知识，对中国推进农业收入保险试点实践具有重要的参考价值，也为本书的顺利开展提供重要的参考依据。但通过对国内外农业收入保险文献研究进行梳理发现，已有研究仍存在以下需要完善和丰富之处。

（1）本书为检验我国农业收入保险试点实施效果提供一定的实证参考，同时也完善了我国农业收入保险的实证研究。目前，我国农业收入保险试点已小范围展开，试点能否稳定农户种植收入及参保后农户种植行为和满意度是否有所变化，亟须验证。我国学术界对农业收入保险研究不断丰富，但研究多集中于国外借鉴、费率厘定及典型试点案例介绍，尚缺乏对农业收入保险试点政策进行综合性的实施效果评估。本书基于农业收入保险典型试点调研数据，从农户微观视角出发开展实施效果的实证评估，不仅有助于综合考察农业收入保险试点实施效果，也可以丰富我国对农业收入保险政策事后评估的不足。

（2）从研究对象看，农业收入保险的研究主要集中在美国和日本等典型发达国家，而对以中国为代表的欠发达国家的研究不足。美国和日本农业收入保险的研究理论和实证文献对我国农业收入保险理论研究和实践展开具有重要的参考价值，但聚焦于具有自身特点的发展中国家的农业收入保险政策实践探索显然不是很丰富和完善。农业收入保险是农业保险的升级版，保障程度更高，而该项保险计划在发展中国家起步较晚，缺乏经验性研究的证明。本书借鉴已有发达国家农业收入保险的研究方法、理论及研究思路对我国农业收入保险典型模式、运行机理及实施效应展开有针对性且深入的探讨，不仅有助于推进现有农业收入保险试点运行，更有利于丰富现有农业收入保险相关理论。

（3）从研究视角看，基于微观农户角度研究农业收入保险政策实施效应的研究较少。已有研究多集中于技术层面、宏观政策制定及国家战略层面，如农业收入保险保费厘定，农业收入保险国际借鉴、农业收入保险与传统农业保险的关系等。虽然已有少量的研究尝试进行实证分析，但研究比较零散且多以意愿为主，对农业收入保险的关键利益者和参与主体，即从农户视角研究农业收入保险相关问题（如农户购买农业收入保险后行为决策的变化）的研究亟待补充和完善。

（4）从研究内容上看，对农业收入保险实施效应的研究有待扩展与深化。一是已有研究在农业收入保险对农户种植收入、农户行为决策的影响等方面取得一定研究成果，但缺乏实证研究证据。二是对政策效应的研究维度较为单一，缺乏对农业收入保险农户满意度的研究。三是现有研究多聚焦于农业收入保险的单一模式，鲜有对两种典型模式运行机理进行研究，缺乏对农业收入保险不同模式及实施效应的研究。

（5）从研究方法角度看，农业收入保险量化研究的成果明显缺乏，研究体系有待扩展和完善。发达国家农业收入保险的研究在实施效果和农户响应等方面展开全面且深入的研究，形成系统且全面的政策评估方法体系。相比国外发达国家的研究结果，我国农业收入保险的研究主要集中于定性研究，特别是对农业收入保险实施效应评价的成果明显不足，尽管已有文献进行政策实施效果的分析，但此类研究多采用简单的统计描述分析、案例分析等定性分析，采用计量实证分析的研究成果不多。

既有农业收入保险研究的不足为本书留下研究空间，鉴于此，本书立足于中国农业收入保险政策，以政策落实的主要参与者和关键利益者——微观农户为切入点，理论分析和实证相结合研究现行农业收入保险试点能否达到保障农户收入、激发农户种植热情的效果。本书在构建农业收入保险实施效果框架及农户参与农业收入保险后是否影响其行为决定决策的基础上，以我国农业收入保险典型试点为准试验，基于试点调研数据，综合运用扎根理论、PSM、DID、有序Logit以及工具变量等经典的研究方法，较为全面地实证分析农业收入保险的实施效果及其运行机理，以此综合评估农业收入保险运行效应，以期丰富和拓展现有研究，也为优化我国农业收入保险制度与政策实施、推进农业收入保险制度构建和形成提供一定的实证证据和理论参考。

1.4 研究目标、研究思路与研究内容

1.4.1 研究目标

本书的研究总目标是探究农业收入保险典型模式运行机理及农业收入保险实施效应。由于农业收入保险的参与主体有政府、保险公司及农户，而农业收入保险的实施效果也有多个维度，因此，本书的具体目标如下：（1）归纳并分析我国农业收入保险试点中存在的典型模式，进一步对典型模式运行机理进行剖析并探究其适用性以及堵点难点；（2）对农业收入保险实施效应进行全面评估，构建农业收入保险效应评估框架，基于不同维度对实施效应进行评价，即农业收入保险未来响应（购买意愿）、农业收入保险稳定种植收入（收入效应）、农业收入保险对农户种植决

策（生产效应）及满意度（综合效益）四个维度全面评估收入保险实施效应。

1.4.2 研究思路

本书立足于我国农业收入保险政策实施情况，利用典型试点地区农户微观调研数据，分析农业收入保险政策实施效应以及农户未来购买意愿，研究思路如下。

首先，方案论证与设计。初步构思研究方案和目标，回顾国内外对农业收入保险研究的相关文献并对其进行整理，将研究目标与理论分析相结合设计调研问卷并进行预调研，检验研究设计以及问卷是否合格。其次，研究实施与输出。构建农户参与农业收入保险的效应产生机理的分析框架和效应评价框架。再其次，实地调研我国农业收入保险试点实施情况，基于微观农户调研数据进行实证分析。根据效应评价框架，在理论分析的基础上分别按照"农业收入保险政策—未来购买意愿""参与农业收入保险—收入效应""参与农业收入保险—生产效应""参与农业收入保险—农户满意度"的分析路径，分别从农业收入保险购买意愿、参与农业收入保险对农户种植收入、参与农业收入保险对农户生产效应及农业收入保险对农户满意度四个维度评价农业收入保险的实施效果。最后，研究总结与应用。在以上分析的基础上结合世界典型经验，从国家层面、保险公司层面和农户层面提出政策建议。

1.4.3 研究内容

美国、加拿大和日本等发达国家开始推行农业收入保险，该保险政策已经成为美国的主流险种。我国尚未形成有效的粮食价格支持体系和行之有效的大宗农作物风险防控机制，如何有效保障农户种植收入及保障国家粮食安全是国家支农政策需要完善的重要方面。以美国和日本为代表的少数国家将收入保险作为重要的支农工具予以运用，在政策设计、产品研发以及赔付机制等方面为我国推行收入保险提供一定的启示和借鉴。目前，我国收入保险试点过程中面临诸多亟待解决的理论难题，哪种模式更适合我国的国情农情？未来收入保险将以何种具体形式落地？收入保险制度应如何设计？这些现实问题的探讨对于丰富我国收入保险体系具有重要的理论意义。本书遵循"现实基础—实施效果—政策调整"这一主线，解析农业收入保险试点项目发展的现实特征，从个体视角评价农业收入保险政策实施效果，并结合国外典型农业收入保险实施经验，提出我国农业收入保险制度完善的建议。

本书共有 9 章，可分为四部分，具体安排如下。

第一部分基础研究。通过查阅大量的国内外文献、系统梳理农业收入保险国内外研究进展并进行文献评述。根据研究内容确定本书的研究方法、研究内容、技术路线，并构建本书的基础框架。在概念界定的基础上，确定农业收入保险、农户行为及效应评估等核心关键概念；在理论运用上，本书以农业风险管理理论、制度变迁理论、利益相关者理论及农户行为理论为基础，为分析农业收入保险运行机理、经济影响及对农户行为决策的影响奠定理论基础。

第二部分主要介绍我国农业收入保险的产生背景、实践发展及国内外收入保险发展的对比分析。首先，介绍我国农业收入保险产生背景，并重点阐述我国农业收入保险的实践发展。其次，对农业收入保险的类型和模式进行分类并介绍国外收入保险典型模式，对比分析我国农业收入保险与世界典型国家之间的差异和启示。

第三部分是本书的主体部分。本书结合典型试点案例，对农业收入保险的响应效应、收入效应以及行为决策进行实证分析，并运用质性分析的典型方法扎根理论对农业收入保险综合效应即满意度进行分析。首先，通过试点案例对我国农业收入保险典型模式进行研究，重点研究其主体合作、保险理赔及风险防范等内容，并对农业收入保险两种典型模式存在的堵点难点进行分析。其次，就农业收入保险未来购买意愿进行实证分析并深入挖掘影响农户购买意愿的影响因素，并通过 DID 以及 PSM 实证分析农业收入保险能否稳定农户种植收入；运用有序 Probit 以及工具变量等分析方法实证分析农业收入保险对农户种植决策的影响，得出结论：农业收入保险可保障农户种植收入，并可激发农户种植热情。最后，结合农户访谈通过质性研究的扎根理论对农业收入保险试点满意度进行定性分析。

第四部分归纳总结。基于以上各章节的研究分析，凝练出本书的主要结论并结合现有研究，指出本书的不足之处，并对农业收入保险未来的研究重点和方向提出展望。

1.5 研究方法与数据来源

1.5.1 研究方法

（1）问卷调研法。农业收入保险在我国尚处于小范围试点阶段，不同模式下的农业收入保险在运行机理、产品设计及保费补贴等方面存在较大差异。关于理赔金额、承保面积等尚无官方统计数据，同时本书重点研究的农业收入保险政策对农户农业收入和种植行为等方面的数据亦无统计，基于此，课题组于 2021 年 5 月—11 月对江苏省常州市武进区水稻收入保险、辽宁省海城市玉米收入保险和辽宁省锦州市义县玉米收入保险试点展开实地调研。在正式调研之前在河北省邢台市巨鹿县[①]进行预调研，在预调研过程中发现问卷中存在的问题并及时进行修改和完善，为随后的正式调研奠定坚实的基础。调研中重点访谈人员主要有参保农户、保险公司人员和政府部门负责农险的人员，研究中主要采用访谈和一对一填写问卷的方法获取所需数据。

---

① 河北省邢台市巨鹿县在 2020 年整县实施玉米收入保险，该项目是"大商所农保计划"收入保险整县推进试点之一。

(2) 计量研究方法。为确保对收入保险试点实施效果进行有效评估，在进行规范分析的同时，基于实地调研主要运用 DID、PSM、oprobit、ologit 模型、工具变量、CVM 和调节效应等经典实证研究方法。通过实证结果，运用规范分析方法提出完善我国收入保险试点运行的政策建议。

(3) 政策比较分析法。运用比较分析法，试图探寻中国式收入保险发展模式。重点选取区域监测定价模式（武进水稻收入保险）和期货市场定价模式（海城玉米收入保险和义县玉米收入保险），重点分析不同模式在主体合作、保险理赔和风险防范方面的异同，分析典型模式的适应性及难点堵点。通过对农业收入保险实施效果较好的日本和美国进行典型案例研究，对比分析国内外收入保险之间的差异并提出对策建议。

(4) 案例分析法。为加强文章的论证，本书选择收入保险试验时间久、效果显著的武进水稻收入保险、海城玉米收入保险及义县玉米收入保险三个典型试点进行案例分析。通过典型案例研究的方法，全面并深入地分析收入保险保单设计、保险理赔等关键环节和程序，以此来补充和论证全书观点。

(5) 访谈调查法。实地调研过程中，课题组对村委会的干部、保险公司负责人、农业种植户等进行访谈，从而获得农业收入保险的购买情况及收入保险政策在实施过程中遇到问题、取得与农业收入保险实施效果相关的关键信息，进而全面了解农业收入保险政策在农户间的普及程度和认知情况。

(6) 质性分析法。采用扎根理论对参保农户进行深度访谈，从原始表象数据中挖掘农业收入保险背后的运行机理，并结合适当的概念范畴对影响农户满意度的重要因素进行涵盖和析出，最终构建满意度理论模型。定性的扎根理论和定量研究模型相结合共同支撑起本书完整的逻辑主线。

1.5.2 数据来源

本书使用的数据主要是农户微观调研数据，并根据实际需要辅之以少量的宏观统计数据。

1. 数据来源

本书实证数据来自课题组于 2021 年 5 月—11 月对我国首批农业收入保险试点,即辽宁省锦州市义县玉米收入保险试点进行的实地调研,选择该地区作为研究区域主要基于以下考虑:首先,辽宁省是我国产粮大省,玉米种植面积大,对开展收入保险政策的准试验研究具有一定代表性;其次,义县作为我国首批收入保险试点于 2018 年实施为期三年(2018~2020年)的试验,这为本书的研究提供统一可行的时间节点;再次,义县在完成国家规定的三年试点后于 2021 年在本县继续实施玉米收入保险,无论是从时间维度还是实施范围上义县在全国范围内都极具代表性;最后,辽宁省是全国典型的玉米带,种植收入是农民主要收入来源之一,而玉米临时收储价格的取消使得玉米价格波动风险日益增大,在此背景下以义县为例研究农业收入保险对农户种植收入的影响具有典型性。玉米收入保险作为一项政策,可将该项政策实施作为一项准自然试验,不仅需要试点地区数据且需要选取与之高度相似的对照组进行研究,因此选取义县内未参保农户作为参照组。

2. 抽样方法

调研采取分层随机抽样方法从义县选择十多个乡镇,再从所选择的乡镇中随机抽取 3~5 个行政村,在综合考虑每个村的人口规模后,在该村随机抽取一定数量的农户作为重点调研对象。调研获取参保农户和非参保农户在 2018 年和 2020 年的家庭特征、玉米种植和玉米种植收入等信息,构成一个两期平衡面板数据。值得强调的是,调研中发现,收入保险政策的实施对当地农户而言具有一定影响,农户对该事件记忆深刻,农户对政策实施节点前(2018 年)、后(2020 年)的家庭生产、收入情况具有较深刻的记忆,能为本书的实证研究提供较为翔实可靠的数据。

研究中关于农户对收入保险认知和生产决策的数据均来自对玉米种植

户入户调研数据。调查采取问卷调研形式，对玉米种植者购买收入保险后的认知、保险评价和生产决策行为进行全面的调研。调研问卷涉及决策者基本信息、农户家庭基本情况、玉米种植情况等以及对收入保险的评价和未来购买情况。整个调研分为两个阶段，首先在河北省邢台市巨鹿县对收入保险购买者进行预调研，在完成预调研后对问卷进行补充和完善。从 2021 年 9 月开始，课题组对义县玉米收入保险实施情况进行实地调研。本次调研采取随机入户与发放问卷结合的方式展开，试验组和对照组合计发放问卷 636 份，收回有效问卷 623 份，有效率为 97.95%，样本分布情况如表 1-1 所示。样本涉及白庙子乡、城关乡等十余个乡镇 66 个村庄，采取多级抽样调查方法，对农户进行面对面的随机问卷调查，调研中重点选择户主或者家庭主要决策者进行问卷回答，在剔除问题问卷（如极端值、填写错误等）后，最终形成 623 户调研问卷。作为对照组，未参保农户问卷发放原则与参保农户类似，未参保农户问卷合计发放 216 份，收回有效问卷 207 份，有效率为 95.85%。

表 1-1 辽宁省锦州市义县调研样本点分布情况

乡（镇/街道）	样本数量（户）	占比（%）
白庙子乡	41	6.58
城关乡	40	6.42
大榆树堡镇	40	6.42
聚粮屯镇	46	7.38
七里河镇	45	7.22
前杨镇	42	6.74
稍户营子镇	38	6.09
头道河镇	40	6.42
头台镇	40	6.42
瓦子峪镇	44	7.10
九道岭	57	9.15
刘龙台镇	50	8.02

续表

乡（镇/街道）	样本数量（户）	占比（%）
张家堡镇	50	8.02
高台子镇	50	8.02
合计	623	100

3. 调研内容

问卷设计过程中借鉴该领域已有的关于农业保险和收入保险的研究，结合本书的研究目标和内容，初步设计调研问卷的初稿，根据预调研过程中集中出现的问题对问卷进行进一步的修改和完善。同时咨询专家和课题组成员对问卷进行反复修正，在经过大量的前期准备后完成问卷用于本次调研。

调研问卷内容主要包括五个部分：（1）家庭基本情况；（2）农户种植情况；（3）收入保险认知及购买情况；（4）农业保险购买评价；（5）农户对收入保险购买意愿及未来的期望。为保障调研数据的真实可靠性及提高问卷的效率，访谈中主要受访对象为能够代表家庭决策和熟悉种植情况且对家庭生产经营状况比较了解的户主或者家庭成员，此类受访者熟悉家庭经营情况，主要参与日常经营活动，对家庭的收支情况比较了解且关心种植情况，这些受访者的种植经营决策可有效代表家庭决策。

1.6 技术路线

本书遵循"目标导向—理论研究—实证分析—对策建议"的研究路径，文章包含五部分：第一部分是理论篇，包括第1章和第2章；第二部分是现状及经验篇，包括第3章；第三部分是典型模式及机理篇，包括第4章；第四部分是效应实证分析篇，主要包括第5章～第8章；第五部分是政策建议篇，包括第9章。图1-1为本书的结构框架及主要研究方法。

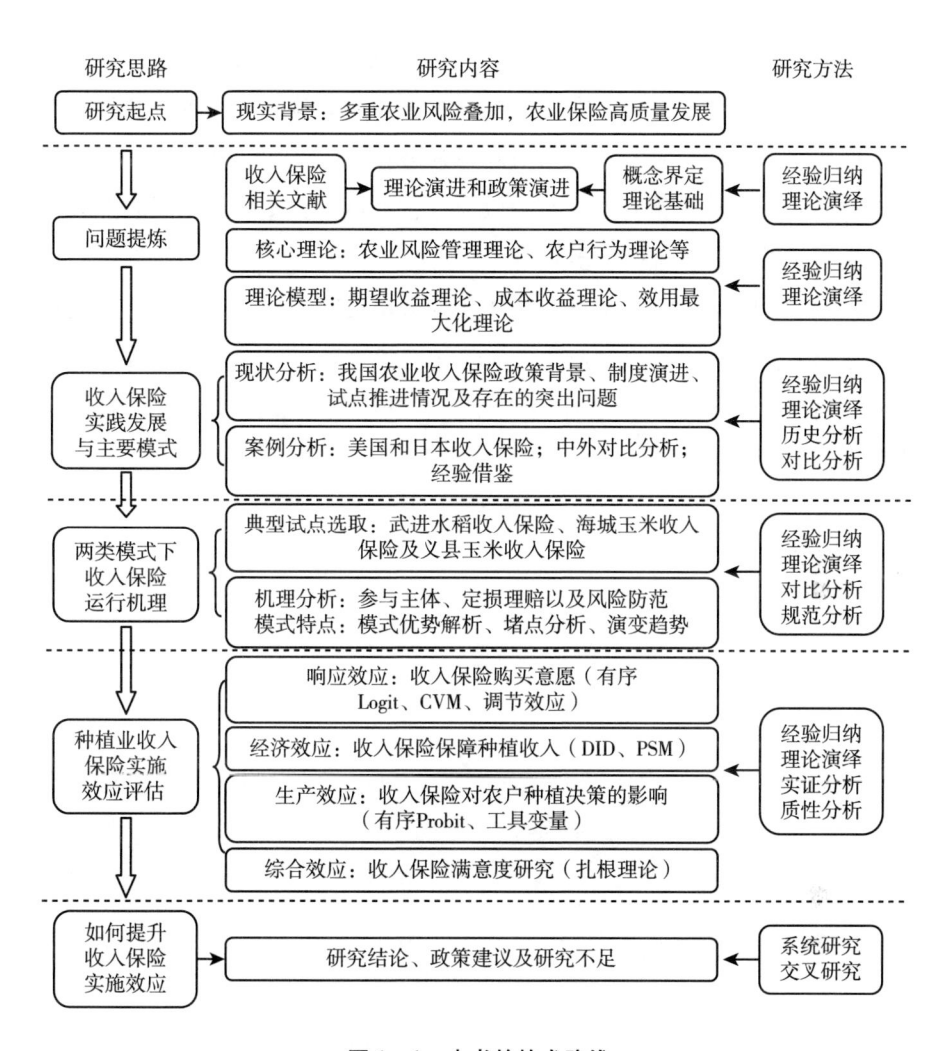

研究思路	研究内容	研究方法
研究起点	现实背景：多重农业风险叠加，农业保险高质量发展	
问题提炼	收入保险相关文献：理论演进和政策演进；概念界定理论基础	经验归纳 理论演绎
	核心理论：农业风险管理理论、农户行为理论等	经验归纳 理论演绎
	理论模型：期望收益理论、成本收益理论、效用最大化理论	
收入保险实践发展与主要模式	现状分析：我国农业收入保险政策背景、制度演进、试点推进情况及存在的突出问题	经验归纳 理论演绎 历史分析 对比分析
	案例分析：美国和日本收入保险；中外对比分析；经验借鉴	
两类模式下收入保险运行机理	典型试点选取：武进水稻收入保险、海城玉米收入保险及义县玉米收入保险	经验归纳 理论演绎 对比分析 规范分析
	机理分析：参与主体、定损理赔以及风险防范 模式特点：模式优势解析、堵点分析、演变趋势	
种植业收入保险实施效应评估	响应效应：收入保险购买意愿（有序Logit、CVM、调节效应）	经验归纳 理论演绎 实证分析 质性分析
	经济效应：收入保险保障种植收入（DID、PSM）	
	生产效应：收入保险对农户种植决策的影响（有序Probit、工具变量）	
	综合效应：收入保险满意度研究（扎根理论）	
如何提升收入保险实施效应	研究结论、政策建议及研究不足	系统研究 交叉研究

图1-1 本书的技术路线

1.7 研究创新点

国内农业收入保险的研究多聚焦于定性分析，缺乏足够的定量研究作为证据支持，且鲜有学者对农业收入保险典型模式展开研究，基于此，本书的创新点在于以下内容。

（1）构建"响应效应—经济效应—生产效应—综合效应"的政策效应闭环式分析框架。本书将国内外学者对农业收入保险的研究置于政策效应分析框架之中，从响应效应（未来购买意愿）、经济效应（稳定收入）、生产效应（农户种植决策）以及综合效应（满意度）四个维度，对农业收入保险实施效果进行多维度、多视角评估。

（2）采用社会学研究方法，基于质性分析法对农业收入保险参保农户进行典型案例分析，遵循农业收入保险运行机理，建立农业收入保险满意度理论模型并对影响我国农业收入保险满意度的关键性因素进行测度和提炼。

（3）提出农业收入保险过渡产品概念，即以"实物计量，货币结算"为核心的产品设计。

第 2 章

理论基础与研究框架

研究农业收入保险运行机理及效应评估之前，首先，需要对农业收入保险相关概念如政策性农业保险、农业收入保险等进行科学、准确的界定；其次，对所涉及的理论如农业风险管理理论、制度变迁等相关理论进行梳理和分析，为从农户视角全面评价农业收入保险政策实施效果提供理论基础；最后，结合相关理论分析从农户视角构建农业收入保险政策效应评估框架。

2.1 概念界定

2.1.1 政策性农业保险

农业保险是在农业种植经营过程中，为有生命的动物和植物由于自然灾害、意外事故等原因导致的经济利益受损而提供经济保障的一种保险（龙文军和胡海涛，2003），具有地域性、季节性、分散性、连续性、政策性、高风险性和保费来源多渠道性的特点。《农业保险条例》（2016年版）第二条规定："本条例所称农业保险，是指保险机构根据农业保险合同，对被保险人在种植业、林业、畜牧业和渔业生产中因保险标的遭受约定的自然灾害、意外事故、疫病或者疾病等保险事故所造成的财产损失，承担保险金责任的保险活动。"

农业保险是一项重要的支农惠农的农业政策，最大的特征就是具有"正外部性"（冯文丽，2004）。农业保险服务"三农"，为农业产业撑起"保护伞"，既符合现实诉求又满足理论意蕴。随着社会的变革、国内外农业环境的变化，农业农村发展到新的阶段面临新的问题和要求，农业保险的内涵和外延也随之产生变化。广义的农业保险涵盖种植业、畜牧业及服务业等多个领域；狭义的农业保险仅指种植业和养殖业。农业保险依据不同标准可细分为几大类（庹国柱和李军，2005）。一是依循农业生产的对象不同，农业保险可细分为种植业保险和养殖业保险。种植业保险主要保障植物性生产的保险标的，即种植业保险。养殖业保险主要是指承保动物性生产的保险标的保险，即养殖业保险。二是依循责任范围不同，可分为单一风险保险、多风险保险和一切险保险。三是依循缴费方式不同，分为政策性农业保险和商业性农业保险。四是依循保障程度不同，可分为成本保险、产量保险、价格保险和收入保险。成本保险主要是保障农作物在种植过程中因自然灾害和意外事故所导致的农产品产量的减少，保险主要补偿其物化成本。现阶段，我国成本保险主要保种子、化肥等看得见、摸得着物化成本，而人工成本尚不在补偿范围内。产量保险以投保标的在保险期间因保险约定范围内的自然灾害和意外事故引起的投保人的实际产量和保险产量之间的差额为理赔依据。目前，我国农业保险在理赔中的通用做法是事前约定以物化成本为基础的保险金额，然后以损失量的一定比例进行判断，按照该种方法核算，我国的农业保险虽为成本保险，实则为产量保险的一种特殊形式（周县华等，2012）。价格保险则是以约定的农产品销售价格为保险标的，一旦实际价格低于约定的价格则触发理赔，价格保险较传统的成本保险和产量保险，将市场风险考虑在内，是一种有效分散和转移农作物价格风险的一种风险管理工具。收入保险是一种以投保人农业收入为承保对象的新型农业保险，一旦实际农业收入低于承保中约定的收入则触发理赔。

政策性保险是农业保险中的一个类别，是为实现国家粮食和食品安全的战略目标而匹配的经济政策服务（庹国柱，2011）。2004年，我国开始尝试试验农业保险。政策性农业保险享有政府财政补贴、税收优惠等政策，具备经营农业保险能力的保险公司对种植业以及养殖业提供农业保险服务。政策性农业保险是相对于商业性农业保险而言的，是政府为实现农业农村经济发展目标而实施的农业保险或建立的农业保险制度。国内学者虽对政策性农业保险给出不同的界定，但究其本质具有一致性，即政策性农业保险属于财产险范畴。政策性农业保险承保的险种主要是关系国家国计民生的大宗农产品，是国家强农惠农支农的重要举措，具有较强的政策性和社会责任以及社会关注度高等典型特点，实践中坚持"政府引导、市场运作、协同推进、规范运营"的基本原则。政策性农业保险是农业保险的重要组成部分，政策性农业保险除具有农业保险典型特点外，还具有非营利性、政府支持、低保障、广覆盖、风险高以及强制性的特点。政策性农业保险首先是"政策性"，其次才是"保险"，实践操作中更多是体现"政策性"并将政策性作为保单设计、保险理赔的依据。

2.1.2 农业收入保险

农业市场的自由化将加剧农产品价格波动（Meuwissen et al.，1999），农产品价格风险是典型的系统性风险（庹国柱和朱俊生，2016），致使农产品的收入风险远大于产量风险。农业收入保险是农业保险的一种高级形态，在许多发达国家受到广泛推崇。农业收入保险源自"自然对冲"降低农业作物收入的风险，影响单个生产者实际生产的驱动因素（如天气条件）通常也会影响特定地区的其他生产者，因此，单个农场的产出与（一个地区或国家的）总产出水平相关，这意味着单一生产者的生产水平与这种产品的（当地）价格负相关"自然对冲"的保护将降低生产者的最佳对冲比率，可帮助农民预测低产量年份的较高农产品价格。收入保险则是借助"自然对冲"机制，使农产品价格波动具有可保性。加拿大、美国和日本等多个发达国家，均在国内推行这种升级版的农业保险，把收入保险作为传统的收入稳定政策的有效替代方案给予重视。

农业收入保险，名如其，承保农业收入即同时将产量和价格风险因素考虑在内。农业生产者收入的减少是由于生产产量的损失、价格低廉或两者兼而有之（Offutt et al.，1985），而收入保险事前锚定农户农业经营收入，承保农业经营者因自然灾害或市场因素所导致的产量下降，或者价格下跌，也或者两者共同作用引起的收入的减少。产量与价格两者本身具有相互对冲效应，从而使农业收入具有可保性。收入保险政策下，一旦农户实际收入低于保单约定的目标收入，则触发理赔。收入保险相比于传统成本保险、产量保险、价格保险，可明显提高农户预期收入且提高公共支出效率（Calkins et al.，1997），具有较强的防灾减损作用，对扩大农户种植面积、稳定种植收入具有重要的作用。农业收入保险按照承保对象可分为种植业收入保险和畜牧业收入保险，本书研究的农业收入保险仅指种植业收入保险，畜牧业收入保险不在本书的研究范围。

1. 农业收入保险要素构成

农业收入保险在美国、日本等发达国家得到普遍运用，而在我国则尚处于小规模试点阶段。农业收入保险触发理赔的条件是在保险期间内，投保人种植的农作物，一旦出现实际收入低于保单约定的目标收入时即视为保险事故发生，保险公司按照合同约定进行赔偿。"目标收入"和"实际收入"是农业收入保险中两个核心关键：目标收入＝目标价格×目标产量；实际收入＝实际价格×实际产量。因此，农业收入保险构成要素主要有四个，即实际价格、实际产量、目标价格和目标产量（见表2-1）。

表 2-1　　　　　　农业收入保险产量和价格因素核算依据

项目	核算依据
约定收入（目标收入）	方式一：目标收入 = 目标价格 × 目标产量 × 保险责任水平； 方式二：目标收入 = 目标价格 × 目标产量
	目标价格：a. 期货合约的价格；b. 最低收购价；c.《全国农产品成本收益资料汇编》
	目标产量：a. 本地区历史平均产量；b.《全国农产品成本收益资料汇编》
实际收入	实际收入 = 实际价格 × 实际产量
	实际价格：a. 期货合约的价格；b. 权威监测机构发布的价格
	实际产量：a. 参保农户实际测定产量；b. 本地区实际产量平均值

资料来源：调研及网络资料整理。

第一，目标收入。目标收入由目标价格和目标产量决定。（1）目标价格是一种参考价格，该价格具有一定的未来预测性质。目标价格的确定需要遵循一个核心原则，即能真实反映农作物实际销售价格。农业保险保单中的目标价格需要与最终农作物实际价格接近，能较好地拟合并接近农业收入保险到期后的农作物实际市场价格。目标价格选定标准与实际价格类似，一是期货价格，二是权威机构监测价格或者国家最低收购价。以水稻收入保险为例，目标价格以国家发布的最低收购价格为基准，而玉米收入保险可在期货市场上可选择玉米期货合约价格作为目标价格。（2）目标产量。农业收入保险中，目标产量是指种植者所期望获得的单位面积产量，通常在播种前或者投保之前确定。目标产量的确定通常采用地域平均法，即以该区域历史平均产量为基准。目标产量以历史平均产量为计算标准，因种植技术的迭代更新，种植产量总体呈上升趋势，因此时间过久不能充分反映真实种植情况，通常为近三年到近五年产量为准。在目标收入核算过程中，可通过设定保险责任水平有效防止道德风险和逆向选择，农户实际缴纳保费因保险责任水平不同而不同。

第二，实际收入。实际收入是农业收入保险重要构成要素，而实际收入由实际价格和实际产量乘积决定。（1）实际价格又称有效价格，是指农户在市场上销售单位农产品获得的真实价格。实际价格是由市场供需双方在市场机制下基于资源配置得到的真实价格，是在我国境内供需双方通过在市场上竞争机制而产生的一个相对均衡的价格，该价格具有地域性和季节性，即农作物能够在有效的地域范围内销售的价格。农业收入保险中实际价格是指在农作物收获期间农户销售农作物的真实价格，实际价格在实际核算中存在较大差异，以玉米为例，不同省份玉米价格不同，即使同一省份不同农户的销售价格也存在差异，因此，如果以农户真实销售价格为依据，核算收入保险中的实际价格则实际操作难度较大。通常，农业收入保险中实际价格的测定有两种形式。一是期货价格，即以期货市场对应农产品期货价格为基准，如玉米收入保险，实际价格的锁定以在观察期内每个交易日玉米期货合约收盘价的算数平均值为实际价格。二是国家权威机构定价。某些农作物品种在期货市场没有对应的交易品种，如茶叶、水稻、辣椒以及蔬菜等，针对此类农作物则可通过国家权威机构的定价作为实际价格，即权威机构监测定价。荣科（Ronco，2020）通过对西班牙柑橘类水果收入保险进行分析，指出当季橘类平均价格可以很好地代表田间价格。（2）实际产量是指农户在收割季节投保农作物的真实产量，该产量通常以实际测定产量为准。实际产量通常有两种具体做法：一是单户单测确定实际产量，采用此类做法可以真实反映投保农户农作物产量信息，但对农业保险公司而言工作量较大；二是以整县平均产量为准确定实际产量，采用此类做法可减少农业保险公司工作量，以整县平均产量为标准可在一定程度上减少道德风险和逆向选择的发生，但难以实现精准赔付。

农户在购买农业收入保险后，在保单生效一年之后的收割季节所能获得赔付金额为：

$$I_{IP} = \max\{\lambda_{IP}\max[E(p),p] \cdot E(Y) - Y \cdot p, 0\} \quad (2.1)$$

其中，Y 和 p 为随机变量，分别表示农作物的产量和价格，而 λ_{IP} 为农业收入保险的保障水平参数。从式（2.1）不难发现，农业收入保险触发理赔的条件为当农户实际收入低于预期的保障收入（目标收入）时，保险公司进行理赔（见图2-1）。

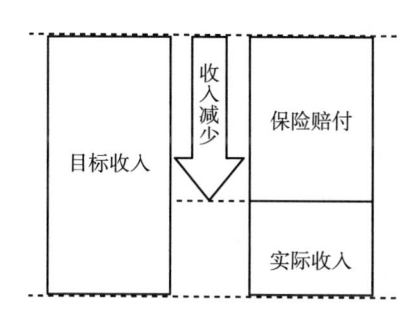

图 2-1　农业收入保险触发理赔条件

2. 农业收入保险典型特征

农业收入保险政策可以根据农户收入波动情况有针对性地为其提供收入风险保障，该项农业支持政策不扭曲市场且在最大限度保护种植者利益。农业收入保险作为一项支农惠农的公共服务政策，相比于传统农业政策具有以下特征。

一是不改变农作物市场价格。保险公司确定的目标收入，主要起到锁定种植收入的作用，农户按照农作物市场价格进行随行就市销售农产品，收入保险政策可最大限度避免政府定价对农作物的价格产生影响，该项政策不会对农作物市场价格产生影响，促使农作物比价关系回归正常的供需。

二是最大限度保障农户种植收入，有效激发农户种植积极性。农户购买农业收入保险后，一旦在保险期内农户实际收入低于目标收入则触发理赔，农户便可获得两个收入之差，从而弥补收入损失。政策有效保障参保农户的基本收益，使得农户种植收入得到保障，还可以通过市场机制鼓励农户种植、提供优质优价农产品。

三是对产量和价格信息要求较高。收入由产量和价格乘积产生，因此，相对于产量保险，农业收入保险对产量和价格方面的数据要求更高，准确、及时的数据信息是保障农业收入保险高效运行的必要条件。农业收入保险核算收入时，目标产量需真实反映农户种植情况，但拉姆齐（Ramsey，2020）指出，随着时间的变化，对产量进行建模并精准预测产量具有一定难度,产量的随机性由农作物生长期的天气、病虫害及土壤质量等多重因素决定,而随着农业信息技术和管理的不断更新,产量的分布也发生着巨大的变化,而通常在农作物生长过程中,产量每年仅测一次,无疑对产量的准确性提出挑战。随着近年特定天气变化(Hansen,2019),如厄尔尼诺现象,对产量的测量产生更大的影响(Tack,2013;Tack,2015),无疑加大了产量测量难度。除产量信息外,农业收入保险另一个重要的信息便是价格,农业收入保险所需要的价格需满足真实、准确且公布及时。Black-Scholes(BS)期权定价模型在美国联邦农作物保险计划的保险定价中起关键作用,基于期权的价格波动率是一个前瞻性的预测,现货价格和期货价格在很多情况下是不同的(Goodwin,2018)。传统农业保险仅要求产量信息,而农业收入保险则对产量和价格两个因素均有较高要求,任何一个要素信息不够精准,则影响农业收入保险最后的实施效果。

3. 农业收入保险比较优势

农业收入保险与传统农业保险相比优势明显,该项保险计划集产量和价格双保障于一体,较传统农业保险而言保障范围更明显,可有效减缓财政压力。

一是保障范围更全面。传统农业保险可有效防范自然风险,对因市场变化及政策因素引起的农作物价格波动无能为力,为弥补传统农业保险缺陷,美国和日本等发达国家纷纷将承保范围更为全面的农业收入保险作为重要风险防范工具予以运用。农业收入保险承保自然灾害和市场价格波动而导致的农业收入的减少,农业收入保险的保额主要由两个因素构成,即产量和价格,一旦在保险期内出现农作物实际收入低于保单约定的目标收入则理赔启动,该项保险项目可在最大限度范围内保障农户种植收入。

二是符合国际规则。即使在农业高度发达的美国和日本,农业的高风险性仍需要政府给予补贴。各个国家为保障农业高效发展,对本国农业的发展给予不同程度的补贴,但囿于WTO"黄箱"政策,各国在制定农业补贴政策时需要严格遵守国际通用规则。农业收入保险既不是价格支持政策也不属于直接补贴政策，而是属于 WTO 规定的"绿箱"政策中的农业保险政策，该项政策不扭曲市场，但作为"绿箱"政策的农业收入保险有着严格的要求，徐亮（2022）指出我国 2018 年试行的农业收入保险试点方案在未来大规模推行过程中可能存在一定的挑战，由此可知，农业收入保险真正被定义为"绿箱"政策需要严格按照国际规则要求，政府在对保险公司和农户进行双向补贴时需兼顾国际规则，以此规避 WTO 国际规则对农业进行直接补贴的限制。

三是减缓财政压力。农业收入保险将农产品产量和价格风险从农户手中转移到保险公司，保险公司对农业收入保险进行精准定价，实现成本与收益的平衡。保险公司使用大数法则，实现风险的转移和分担，与此同时，政府对参保农户给予保费补贴，该费用远低于政府直接进行农产品托市收购政策所支付的成本，对政府而言，农业收入保险是有效降低成本、提高财政使用效率的重要且有效的风险管理手段。

四是实现农户梯度福利效应。与传统农业风险管理工具托市收购或农业信贷相比，农业收入保险在转移农户种植风险方面更具灵活性。农业收入保险基于不同的保障水平，能够满足不同规模、不同种植风险农户的多层次需求，即农户可根据其种植规模、风险承受能力、资金状况选择不同保障程度的农业收入保险，从而实现农户收入风险转移的梯度福利效应。

2.1.3 效应评估

"效应"本质上指的是在某种特定环境下的一种因果关系，包括影响的方向及程度的大小，多用于社会现象以及自然现象的研究。某项政策的实施所产生的因果关系称为政策效应，可通过计量方法加以度量。本书中，农业收入保险的参与主体有政府、保险公司和农户，而农户是主要的利益参与方。首先，农业收入保险改变农户的收入情况，通过保费支出直接减少农户收入而通过保险赔付金额增加农户收入，因此农户购买农业收入保险后因目标收入的锁定，势必对农户种植收入产生影响；其次，农户购买农业收入保险后收入的变化和农业收入保险收入可期使得农户种植积极性发生变化，农户种植积极性的提高使得其种植面积发生改变，进而间接影响农户种植收入；最后，农业收入保险通过影响农户种植收入、种植积极性以及风险感知等影响农户综合福祉（满意度）。

农业收入保险是一种具有补贴性质的农业支持政策安排，是农业保险的一种高级形态。一项新政策能否形成或变迁，取决于该项政策是否具有预想的实施效果，对农业收入保险项目实施效果的评估需要多角度、多维度进行综合评估，即从农业收入保险主要参与方政府、保险公司和农户三方进行全面的考量且需综合评估短期和长期实施效果。农业收入保险设计的初衷在于，承保因自然灾害和市场波动而引发的农户种植收入的波动，农业收入保险政策是否能够保障农户种植收入、能否实现保险公司可持续经营及该项政策能否大范围推广，是检验农业收入保险试点项目是否有效的核心关键。因此，对农业收入保险试点实施效果进行全面评估，可通过"政策制定—政策执行—直接政策效果—间接政策效果"框架（见图2-2）。

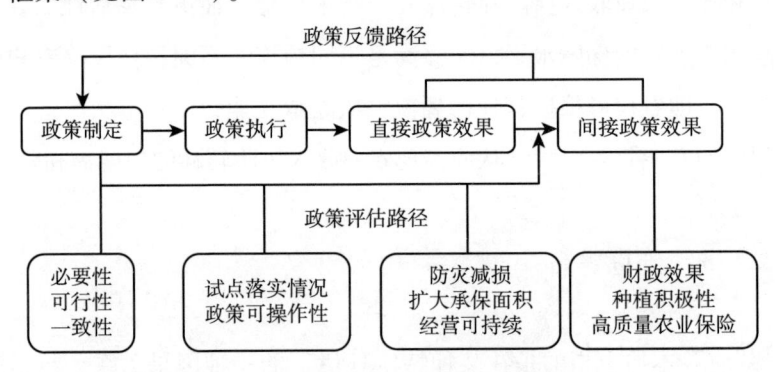

图2-2 农业收入保险实施效果评估框架

通过对农业收入保险必要性、可行性和一致性分析对农业收入保险政策制定进行分析，而政策执行环节则重点分析农业收入保险典型模式运行情况，以及是否具有可操作性。农业收入保险作为典型的风险防范工具其政策效果应从政府、保险公司和农户三个主体进行综合分析，政策效应短期内其直接政策效果主要表现在对农户和保险公司方面，即农户稳定种植收入、承保面积的变化，而对于保险公司则是该项政策能否实现其经营可持续；长期而言，通过直接效果所导致政策的传导效果，即从农户角度而言，主要是满意度提升、种植积极性的提高，而政府则通过农业收入保险不断丰富高质量农业保险体系，最终达到放大财政补贴使用效果。

本书中，农业收入保险政策效应评定标准应落脚于直接政策效应及间接政策效果的体现上，具体在效应评估时可运用多种方式进行测度，如收入效应、种植积极性等可量化的效应可通过实证加以佐证，而针对保险公司可持续经营以及财政效果则可通过公开数据及保险公司提供的统计数据予以判断。囿于农业收入保险政策在我国实施时间短、范围有限，并考虑数据的可得性，本书对农业收入保险政策效应的评估主要侧重于农户角度，即农户购买农业收入保险后对其产生何种政策效应。

2.2 理论基础

为更好地了解农业收入保险对农户购买后产生何种效应，本书分别基于农业风险管理理论、制度变迁理论、利益相关者理论、福利经济学理论和农户行为理论对农户参保农业收入保险后的行为及满意度进行研究。

2.2.1 农业风险管理理论

人们普遍认为"风险"一词的起源是阿拉伯语"risq"或拉丁语"risicum"。劳伦斯（Lowrance，1976）将风险定义为"不良反应的可能性和严重程度的度量"；罗威（Rowe，1977）将风险定义为"事件或活动的不良负面后果的可能性"；哈达克（Hardaker，2000）对风险作出解释，即不良结果的可能性、结果的不确定性及结果的可变性。可以说风险是对事件、决策或行动过程的不利影响的概率和严重性的一种度量，是指发生损失的一种不确定性（孙蓉和兰虹，2015）。从本质上讲，风险既不是积极的也不是消极的，而是指结果的不确定性，这种风险可以是时间、对象已发生状况的不确定（粟芳和许谨良，2006）。朱淑珍（2002）提出风险可以用损失的大小和程度来确定，农业面临各种风险，如自然风险、价格风险以及收入风险等（Kansal，2010），而农业保险作为一种常用的事前风险管理工具，在国内外农业风险管理上得到普遍运用，风险管理策略（如农业保险）可以减少不确定性（Kim，2012；Cornaggia，2013），从而可以提高生产率（Mishra，2001；Santeramo，2016）。

在农业生产和经营过程中，各种自然灾害和人为风险，给农业生产带来损失（周稳海等，2015），农业生产面临多种不确定因素，故普遍存在农业风险，而这种风险只会给农户带来损失（Parry et al.，1985）。农业风险不仅给单个农户带来不确定性，同时也造成社会影响。农业风险具有来源多元化、相互性强的特点（Huirne，2003），农民在种植过程中需要面临和管理不同类型的农业风险。农业风险具体可分为生产风险、市场风险、制度风险、法律风险及农业生产经营者自身的不确定性风险（Harwood，1999；Cole，2014；张峭和王克，2015），因此，农民可能同时面临和管理多种风险（Hardaker，2004；Winsen et al.，2013；Wauters et al.，2014）。在众多风险来源中，以自然风险最为常见（周衍平和陈会英，1998；杜志雄和王宾，2020），但随着经济的发展，农业越来越多暴露在高风险之下，市场状况和经济、政策等因素的变动也加剧农业风险的发生（周衍平和陈会英，1998）。科纳吉亚（Cornaggia，2013）指出风险管理与生产力之间的正相关关系。农业生产的过程是抗击风险的过程，如何有效管理农业风险，是各国农业政策关注的重要内容。

基于不同的目的及风险来源不同，农业风险分类不尽相同（见表2-2），本书中农业风险的主要关注点从农业种植者角度出发重点关注自然风险及市场风险。农业市场风险主要指因市场供求结构失衡、农产品价格波动及经济环境变化等因素引起农户经济收入遭受损失（周帮扬和李攀，2018），随着农业市场国际化发展，农业面临的市场风险和竞争日益加大，农业中市场风险多表现为农产品价格下降（尹成杰，2015）。自 20 世纪 90 年代后半期以来，关于农业风险管理的讨论一直在全球范围内进行。关于农民风险敞口的文献通常涵盖价格风险（Goodwin，2000；Ray et al.，1998；Harwood，1999）、产量风险（Harwood，1999；Ramirez，1997）、价格和产量风险（Coble，2000）及农业中最常用的风险管理工具的范围（Meuwissen，2008；Miranda，1997；OECD，2000；OECD，2009）。大多数学术论文都致力于将农业保险作为支持农业领域稳定的最活跃和最实用的工具的问题（Coble，2000；OECD，2000）。未来的农业发展中，风险管理在农业中的重要程度将会增加（Musshoff，2011；Bielza，2008），尤其是由于气候条件变化造成的生产风险增加（Torriani，2007）。

表 2-2 农户面临的主要风险

风险类型	因素	影响结果
自然风险	冰雹、水灾、旱灾等极端气候	减产及收入减少
市场风险	农产品降价及需求失衡	降价及收入减少
制度风险	支持价格或者限制价格	降价及收入减少
技术风险	传统技术被新技术替代后，因操作复杂程度变化所造成的风险	减产风险
政策风险	政局变动、市场骚乱等	成本变化及市场准入难度加大
身体风险	疾病和伤亡等	减产及收入减少

正因为风险普遍存在，才有风险管理的必要性。风险管理（risk management）是家庭或企业在面临风险时，在风险发生前使用各种风险管理的策略和技术对其进行处理的过程（张琴和陈柳钦，2008）。农业风险具有普遍性，且风险管理和生产率之间存在潜在的反向因果关系（Ramaswami，1993），农户需使用风险管理工具应对自然和市场风险，以减轻各种风险带来的潜在负面影响（Challinor et al.，2014）。风险管理旨在降低多元化风险可能造成的绩效下降，由于降低风险需承担高成本，故将负面影响降

至最低并不一定会消除风险,相反,风险管理者需平衡风险和成本之间的替代关系,选择适当的替代方法(Schmit et al.,1990)。风险的客观存在给农业生产者和经营者带来损失,而农业经营管理的目的在于通过全面的分析风险,从而选择适当的管理方法,试图通过最小的投入达到有效分散风险的效果。

农业收入保险是其他风险工具的潜在替代品(Coble et al.,2000;Mahul et al.,2003),在我国,现行的农业保险实则为产量保险的一种特殊形式,"广覆盖、低保障"的农业保险难有效体现农业风险管理的初衷,未来,价格风险管理将成为风险管理的重点和难点,而期货和期权则是最优的风险管理工具,但价格风险的系统性使其不具可保性,价格与产量之间存在"对冲关系"使得农业收入具有可保性,因此,农业收入保险成为我国重点发展的农业风险管理工具(庹国柱和朱俊生,2016;王保玲等,2017)。

2.2.2 制度变迁理论

制度是社会的博弈规则(North,1990),农业保险本质上是一种制度安排,建立何种保险制度关系到农业持续与稳定发展,是决定农业保险能否成功运行的关键核心问题。制度变迁是一种效益更高的制度替代另一种制度的过程,其实质是对制度非均衡的一种反应和改变。技术改变,环境变化、需求的改变以及相关制度的改变都会引起制度非均衡(卢现祥等,2012)。

农业风险管理理论中提出,保险是一种事前防范型风险管理工具。由于WTO协议约束,政府对灾难性事件的救助已从以往的灾难救助转向事前的保险,依保障程度划分,农业保险可细分为成本保险、产量保险、价格保险和收入保险。默维森(Meuwissen,2008)等众多国外学者普遍认为,农业收入保险可能是对农民有用的风险管理工具。农业收入保险在成本保险、产量保险及价格保险的基础上演化而来的一种创新型农业保险,其产生正是制度经济学在农业保险市场上的最优选择体现，是制度变迁理论在农业保险市场上的运用。以美国为例，美国联邦农作物保险计划经历几次重大的政策变化（Glauber，2013），是制度变迁的结果。农业保险从低层次的成本保险发展到高层次的农业收入保险，需要通过无数次微小且具体的非正式的约束变化积累而成，而这些众多的微小的变化则在整体上形成根本性的制度变迁（North，1990）。在条件满足的情况下，制度变迁才会完成，新旧制度交替的必要条件是新制度存在旧制度不具备的潜在利润，潜在利润是促成制度变迁的核心动力。潜在利润只是必要条件，而真正实现或者发生制度变迁还需进行成本—收益的比较和分析，只有在新制度产生的收益大于旧制度时，即制度变迁的净收益额为正时，制度变迁才会真正发生。

世界范围内农业保险市场普遍存在市场失灵问题，究其根源，系统性风险、信息不对称和正外部性等成为其主要成因。美国和日本农业保险堪称农业保险的典范，市场失灵问题同样困扰两国农险发展多年，最终，两个国家经过多年的制度变迁，将困扰农业保险发展中的系统性风险、信息不对称和正外部性等问题得以很好地解决，如今，两国农业保险取得较大的成果，在稳定国内农业风险方面成效显著。农业收入保险作为农业保险的升级版，在美国和日本两国历经多年模拟和试验最终落地且在全国范围内推开，其间均无一例外经历多次改革和创新，对农业收入保险不断修正和完善。

我国自1982年恢复农业保险以来，农业保险取得长足发展，已成为亚洲第一的农业保险大国，但以"低保障、广覆盖"为发展原则的农业保险已经不能适应乡村振兴的新形式和投保人多样化的保险需求，为更好地服务乡村振兴，农业保险亟须从"保产量"到"保收入"转变，充分发挥农业保险防灾减损的功效，从而稳定种植户种植收入。农业保险从低层次到高层次，从成本险到收入险，符合制度变迁的一般规律。美国和日本的农业收入保险均依托原有的保险体系发展而来，两国农业收入保险对我国收入保险全面落地具有重要的借鉴意义，但同时需要明确，我国农业收入保险在最终制度设计方面，需从国情农情出发，以现有农业保险制度体系为基础，探索出一个有别于美国和日本的农业收入保险体系。

2.2.3 利益相关者理论

一个人或者一个团体要实现其目标需要各方利益相关者的参与，团体或者组织追求的不是单纯的某个参与主体的利益，而是整个团体或者组织的整体利益。农业保险是多个行为主体共同参与的制度安排，涉及保险公司、农户和政府，任何一方利益得不到满足都会导致该项制度的低效甚至是无效。收入保险的顺利开展离不开保险公司、农户和政府三个主要参与者的认可和支持，利益相关者理论下，制定科学合理的农业收入保险需要综合平衡各参与主体的利益，既是制定合理科学的农业收入保险的首要前提，又是提升农业收入保险整体运行效率的重要保障。

农业收入保险的总成本由三部分构成，即 $C = C_1 + C_2 + C_3$，同样，总收益由三部分构成，即 $R = R_1 + R_2 + R_3$。当农业保险三方利益主体成本和收益相匹配时，才会实现帕累托最优。其中，C_1 为参保农户成本，该部分成本主要指农户保费支出；C_2 为保险公司成本，主要指经营农险的保险公司相关费用支出，该部分费用主要通过农户缴纳保费的形式转嫁给参保农户；C_3 为政府成本，目前，我国政府对农业保险的支持和扶持，主要是保费补贴以及对农业保险公司的营业税减免。R_1 为投保农户收益，主要指保险赔付，R_2 为保险公司的收益，主要是指农户缴纳的保费，R_3 是指政府因农业保险所得的收益，从福利经济角度而言，农业保险对政策产生正效应。农业收入保险的开展需要农户、保险公司和政府三方认可和支持，三方成本与收益需要平衡才会实现农业收入保险可持续。

2.2.4 福利经济学理论

福利经济学以研究社会经济发展和社会福利改善关系为宗旨，涉及经济学、社会学、伦理学以及政治学等学科。费友海（2005）指出，农业保险会提升全社会福利水平，但孙香玉和钟甫宁（2008）认为，政府对农业保险的财政补贴在某些地区会导致社会福利的净增加，而与此同时，政府的财政补贴在多数的地区则会产生相反的效果，即导致社会福利的净损失。从福利经济学理论角度而言，政府对农业收入保险进行财政补贴将会促进农业收入保险市场均衡。从增加福利角度而言，农业收入保险要明显优于产量保险（Goodwin，1998；Meuwissen，1999；Mahul，2003；Chung，2013）。初级生产者收入的减少多源于产量和价格的不稳定，而农业收入保险可很好解决该问题，且农业收入保险可减少政府对农业的支出（Offutt et al.，1985），同时，收入保险提高公共支出效率（Calkins et al.，1997）。

农业收入保险政策是一种有效防范农户种植风险的农业支持政策，旨在保障生产者的正常收益。图2-3中的 S 和 D 分别代表农作物供给曲线和需求曲线，考虑到大宗农作物供给弹性大于需求弹性的特点，容易造成在买方市场条件下即使农作物没有自然灾害造成的减产时，造成丰产不丰收的"谷贱伤农"的现象。农业收入保险高保障程度能够增加社会福利，卢斯克（Lusk，2017）则指出取消农业补贴对不同地区农户的生产者剩余和消费者剩余产生不同影响。

假设没有农业收入保险，则农产品供给曲线为 S_0，需求曲线为 D，则消费者剩余为 P_1AP_0。由于农业收入保险具有较高的保障程度，承保因自然灾害、市场风险以及政策因素等引发的市场价格波动最终导致农业种植收入的减少，因此，农户购买农业收入保险之后实现收入可期，即在农业收入保险购买初期便可预知未来农作物收入情况。农业收入保险的"收入保障效应"极大稳定农户种植决心，因此农户会增加农产品的供给，随着农产品供给的增加，由于农产品（大宗农作物）缺乏弹性，因此农产品价格降低（Young et al.，2001），供给曲线从 S_0 移动到 S_1，相应的农产品价格因供给的增加而降低，即由 P_0 移动到 P_2。因农产品价格发生变化则此时的消费者剩余和生产者剩余发生变化，消费者剩余增加 P_0ABP_2，生产者剩余为 P_2BO，因消费者剩余和生产者剩余同时增加，则社会福利增加。

因此，农户购买农业收入保险后既增加生产者剩余也同时增加消费者剩余，最终使得社会整体福利增加，如图2-3所示。

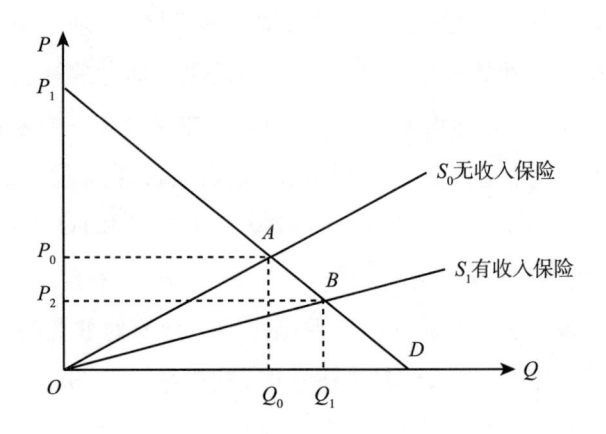

图2-3 我国农业收入保险实施后的福利变化

目前，我国对农业保险的扶持主要集中在保费补贴方面，通过保费补贴激发农户购买意愿及激发保险公司提供保险服务以缓解农户保费压力。我国农业收入保险尚处于小范围试点阶段，全国范围内未得到中央统一财政补贴，试点地区有中央财政补贴，而非试点地区农业收入保险的保费主要由地方财政和农户承担，期货市场定价模式下部分试点三大期货交易所对其进行保费补贴。农业收入保险作为政策性农业保险的升级版，在美国和日本等典型国家均得到中央财政补贴。

根据期望效应理论，对农民与保险公司行为进行数量分析，农户的期望效应函数为

$$EU = \int_{\min R}^{\max R} U[R + I(R) - \delta - wx] \mathrm{d}G(R,x) \quad (2.2)$$

其中，x 表示农户种植过程中的投入数量，R 表示种植收入，$I(R)$ 表示收入灾后农户得到的保险赔付，δ 表示农业收入保险政府补贴，w 表示各种农业要素投入量 x 的价格向量，$\min R$ 表示农户当期最低农业收入，$\max R$ 表示农户当期最高农业收入。假设农户购买收入保险，且得到国家保费补贴，农户自缴保费金额为 M，且 $M < R$，则农户购买收入保险后的

期望效用为

$$EU = \int_{\min R}^{\max R} U[R + I(R) - M - wx] dG(R,x) \qquad (2.3)$$

在其他条件不发生变化的前提下，对比式（2.2）和式（2.3），农户参加农业收入保险后效用明显增加，农户的经济福利因为有政府补贴也明显增加。假设农业收入保险无免赔额，则保险公司在承保后，保险公司将承担所有的农业风险，此时，保险公司的期望效用为

$$EU = \int_{\min R}^{\max R} \{\delta - I(R) - c[I(R)]\} dG(R,x) \qquad (2.4)$$

其中，$c[I(R)]$为保险公司经营农业保险的成本，假设在其他条件不变的情况下，国家对农业保险公司经营农业保险行为减税或者进行经营补贴，则会提高保险公司的整体效用水平。

2.2.5 农户行为理论

农户生产行为是指在一定的经济社会环境中，在自然资源等多因素条件制约下，农户在主观意识支配下，为实现生存和发展，以实现自身利益最大化为目标，在遵循一定的规范前提下而进行的一系列与生产相关的行为选择。农户生产行为受到内外因素共同影响，生产行为具有目的性、方向性、可塑性和预见性。具体到种植生产者而言，农业种植行为由一系列阶段和环节构成，如要素投入、种植选择行为和技术选择等。"理性经济人"假设是西方经济学研究的基础，农户行为理论可分为三大学派。一是以舒尔茨（1964）为代表的"形式主义学派"，该学派以"理性经济人"为假设，该理论认为农户是理性的，其生产决策是在综合权衡各种利弊之后在利益最大化的前提下做出的。二是以恰亚诺夫（1996）为代表的"实体经济学派"，该学派认为农户的经济行为主要目的是满足家庭需要，农户生产的目的是追求家庭效用最大化，农户行为并非经常"理性"，有时农户为考虑家庭安全会做出"非理性"的选择。农户生产目的是满足家庭消费需求与劳动之间的平衡，其经济行为是为有效规避风险而非市场利

润。三是以黄宗智（1986）为代表的"历史经济学派"，该学派认为农户是"半无产化"的农业生产者。农户生产受到耕地规模的制约，农户因其劳动机会成本几乎为零且缺乏就业机会。学者对农户行为的研究，包括农户微观主体的决策，即农户家庭内部资源利用情况及兼顾农户行为与外部的联系。

农户是市场经济的主体，基于农户行为理论，本书作出如下假设，即农户是理性经济人，任何经济行为均为实现效用最大化，农户的种植行为同样符合理性经济人假设。农户行为理论认为，农户作为理性经济人，其生产行为是一个系统化的决策过程，在做出农业保险购买决策和种植决策时主要基于本身所奉行的价值观念和行为偏好（Knapp et al.，2021），并综合考虑多方因素，最终做出能满足且实现其效应最大化的行为。农户生产、消费以及劳动力供给除受自身客观需求约束及本身拥有的资源限制外，社会经济环境和国家政策环境等外部环节也会影响农户生产行为。国外农业收入保险研究已证实，农业收入保险对农户种植收入具有一定的稳定作用，在美国农业收入保险已成为第一大保险，而日本农业收入保险参保人数逐年上升，增幅明显高于传统农业保险。农业收入保险下农户行为决策改变，即种植积极性较传统农业保险更高，农业收入保险高保障程度决定农户在传统农业保险和农业收入保险之间更倾向于农业收入保险。农业收入保险政策下，农户行为发生改变，这种改变短期内体现在参保面积的变化，而随着农业收入保险试点范围的扩大及保障程度的提高，长期则体现在农户种植面积的变化。除种植积极性改变外，农业收入保险的高保障性极易出现道德风险和逆向选择问题，此类农户行为会降低农业收入保险的实施效果。其实，无论何种理论，农户生产的目的都是追求利益最大化，虽然在具体行为上存在差异，但其本质均遵循理性经济人假设，因此，本书认为农户是具有理性的且追求利润最大化的经济个人，生产经营的目的是追求利润最大化。农业收入保险政策效应评估最终落脚在农户的行为响应上，因此本书重点聚焦在种植者种植决策阶段，即是否继续种植、是否扩大种植规模及是否愿意购买农业收入保险。

2.3 研究框架

2.3.1 农业收入保险效应评估分析维度

本书主要目的在于实证分析农户购买农业收入保险的政策效应,基于概念界定和理论基础,并结合典型试点农业收入保险实施情况以及农业收入保险对农户影响的现实,构建农业收入保险实施效应框架。农业收入保险作为农业保险的升级版,其保障农户种植收入功效更为突出,农业收入保险的实施会产生一定的经济效应,进而稳定农户种植收入,激发农户种粮积极性并有效提升农户满意度,最终实现促进国家粮食生产稳定发展的宏观目的。

根据效应产生的原因,本书将农户购买农业收入保险后的主要效应归纳为经济效应、生产效应、综合效应和响应效应四类,其中经济效应是指收入保障、生产效应是指农户种植决策、综合效应主要指农户满意度、响应效应指未来购买意愿。农业收入保险锁定农户种植收入,实现农户收入可期,因此从理论分析的角度,农业收入保险政策会在一定程度上保障农户种植收入,而对农户种植决策等效应产生何种影响,有待实证检验(见表2-3)。

表2-3 农业收入保险政策的效应类型和预期方向

效应类型	实际效应	含义	影响方向	原因分析
经济效应	收入效应	稳定种植收入	+	保费支出减少家庭收入,保险赔付增加农业种植收入
社会效应	生产效应	农户种植决策	?	高保障水平防范种植风险,激发农户种植积极性
社会效应	响应效应	购买积极性	?	高保障水平防范种植风险,影响农户购买积极性
经济效应	融资效应	提高融资能力	?	融គ银行、订单农业,将农业收入保险作为抵押,提升融资能力

续表

效应类型	实际效应	含义	影响方向	原因分析
经济效应	消费效应	提高消费能力	?	农户种植收入增加，提高家庭消费能力
经济效应	生产效应	规范化种植	?	保险条款约束下，农户规范化种植
生态效应	生态效应	农药化肥投入量	?	道德风险和逆向选择
综合效应	满意度	增加农户满意度	?	影响农户种植收入、行为决策

农业收入保险可产生经济效应、社会效应甚至生态效应，但考虑到目前我国农业收入保险尚处于小范围试点阶段，某些效应如生态效应、融资效应以及消费效应等尚需要充足的数据支撑和时间检验，因此本书仅对部分短期效应进行检验。结合我国农业收入保险试点情况以及数据可得性等因素，本书重点研究农业收入保险的经济目标（能否稳定种植收入）、社会目标（农户种植决策，保障国家粮食安全）、前提条件（稳定农户种植积极性、是否扩大投保面积以及未来是否愿意继续购买）、综合效应（提高农户满意度）的实际情况来考察农业收入保险的政策效应。

（1）检验农业收入保险的经济效应是评估农业收入保险政策是否有效的首要依据。我国农业收入保险试点目前在各地尚处于小规模试验阶段，从政策实施的目标来看，短期内在于稳定农户种植收入，长期则在于将农业收入保险定位于"准公共物品"，促进我国农业现代化和产业化发展，实现政府转移支付，为我国农业发展保驾护航。无论是短期目标还是长期目标，农业收入保险首要政策目标是保障农户种植收入，因此评估农业收入保险的经济效应（收入效应）是本书效应研究的首要目标。

（2）评价农户参与农业收入保险后的生产效应，即是否影响农户种植决策是检验农业收入保险政策社会效应的重要标准，是效应研究的第二个重要目标。农业收入保险是一项保障程度更高的农业保险政策，较传统农业保险而言优势明显，农户购买农业收入保险后如果对保险理赔、保费缴纳以及保险服务等内容满意度高，则会提高农户再次购买农业收入保险的意愿并激发农户种植积极性。

（3）评估农户购买农业收入保险后的满意度是检验农业收入保险政策

福祉目标以及是否具有综合效应的重要标准，是效应研究的第三个目标。作为反应农户福祉的重要指标，满意度能够全面反映和衡量农业收入保险对农户种植收入、种植积极性以及未来参保意愿的综合影响。2019 年中央全面深化改革委员会第八次会议审议并原则同意《关于加快农业保险高质量发展的指导意见》，提出农业保险高质量发展要求并将农户满意度的提升贯穿始终，农民满意度是反映农业保险高质量发展的关键性指标。国内众多学者提出"农业保险满意度"这一概念，因此，农户购买农业收入保险后满意度能否提升成为衡量和判断农业收入保险是否有效以及可持续经营的关键因素。

综上所述，农业收入保险政策下，农户参与农业收入保险效应评价的总体概念框架如图 2-4 所示。

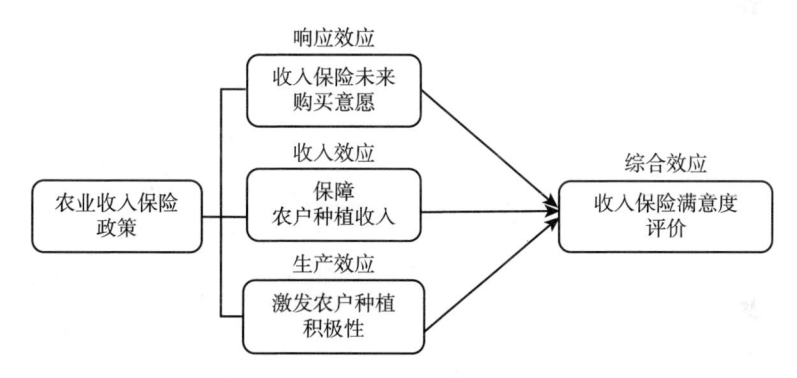

图 2-4 农户参与农业收入保险效应评价的总体概念框架

2.3.2 农业收入保险效应评估路径解构

对农业收入保险政策评估是一种公共政策评估，需要明确三个问题，即为谁评估、何时评估和评估什么。首先是"为谁评估"问题，本书对农业保险政策评估的目标在于探索农业收入保险试点工作的成效和存在的典型问题，为我国探索农业收入保险政策的发展与实现模式提供参考依据。其次是"何时评估"问题，政策评估根据评估的时机可细分为事前评估、事中评估和事后评估，本书以辽宁锦州义县玉米收入保险典型试点为例，因该试点是农业收入保险首批试点且三年试验期结束，因此本书针对农业收入保险政策展开的政策效果评估属于事后评估。最后是"评估什么"问题，即评估的主要内容和范畴，本书中农业收入保险政策评估既包括对试点政策方案的评估又包括对政策执行及政策实施效果的评估。

明确评估对象后需要进一步确定评估的标准，只有按照一定的标准才能对农业收入保险政策作出科学有效的评价。本书从事实标准和感知标准两个维度对农业收入保险进行评估，事实标准是基于实地调研数据，包括统计数据、试点调研及农户访谈等形式获取的实际数据作为事实依据。感知标准主要是通过农户对农业收入保险的直观描述及判断评估收入保险政策效果，同时从参保农户购买农业收入保险的满意度方面判断政策是否符合试点地区农户的偏好，以此判断是否能够满足其政策需求。

综上所述，本书以试点地区农户对农业收入保险政策的认知度、满意度作为评估农业收入保险感知标准的主要方面（见图2-5）。

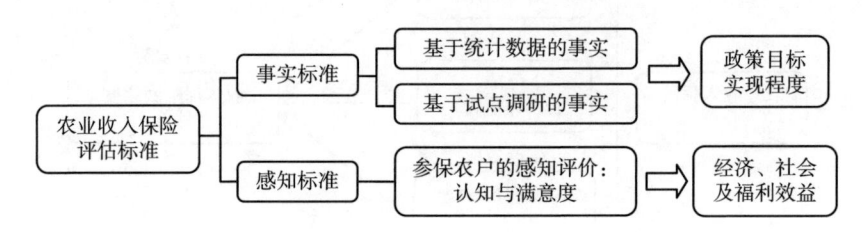

图2-5 农业收入保障政策评估基本标准

在明确本书研究对象和基本标准后，本节进一步对其具体作用路径进行解构。首先，农业收入保险通过保费支出以及保险赔付直接影响农户种植收入，农户种植收入得到稳定，收入的稳定使得农户满意度提升。其次，农户作为理性经济人其生产决策是在综合权衡各种利弊之后在利益最大化的前提下做出的，农业收入保险在稳定农户种植收入后，基于农户行为和感知理论，农户风险感知能力得到提升进而激发农户种植积极性，影响农户参保决策和种植决策。农户风险感知能力的提升以及种植积极性的激发对于农户而言，基于农业种植生产所带来的满足感和满意度会增强。最后，在农业收入保险稳定种植收入以及有效激发农户种植积极性共同作用下，农户对农业收入保险购买意愿得到提升，最终在经济效应以及社会效应共同作用下，农业收入保险综合效应即农业收入保险满意度得到提升。

综上所述，农业收入保险政策通过影响农户种植收入预期、种植行为、保险满意度，从收入维度、社会维度及福祉维度全面评估农业收入保险政策目标效果，遵循"农业收入保险试点—购买意愿—稳定种植收入—激发种植积极性—厚植农户满意度"作用路径。

2.3.3 农业收入保险效应评估研究框架的构建

在明确农业收入保险效应评估分析维度以及评估路径解构后，本节将构建农业收入保险研究框架。结合本书的内容设计，"模式比较—机制解析—效应分解—行为响应"的逻辑进路，重点分析农业收入保险"购买意愿""能否稳定种植收入""能否激发农户种植积极性""农业收入保险满意度"四个科学问题。农业收入保险的产生符合"内生主导"和"外生推动"，在自然灾害和市场风险的共同作用下，农户种植风险日益增大，农户需要高质量的农业保险稳定种植收入，而国家从粮食安全角度考究，需要推出高质量的农业保险以稳定农户种植积极性。农业收入保险覆盖自然灾害以及市场价格波动等主要风险源，亟须高质量农业保险稳定农户种植收入，激发农户种植积极性。

图2-6为农户购买农业收入保险的效应机理分析框架，在此分析框架下本书着力回答以下科学问题。

科学问题一：作为传统农业保险升级版的农业收入保险，农户对该项保险政策是否认可，农户购买意愿如何，哪些具体因素影响其购买意愿？

科学问题二：农业收入保险政策能否保障农户种植收入以及对不同种植规模农户的影响程度是否一致？

科学问题三：农业收入保险政策对农户种植行为产生何种影响？能否激发农户种植积极性（影响农户种植决策），从而实现保障国家粮食安全的宏观目的？

科学问题四：农户在购买农业收入保险后对该项政策是否满意，以及构成农户满意度感知评价的维度有哪些？

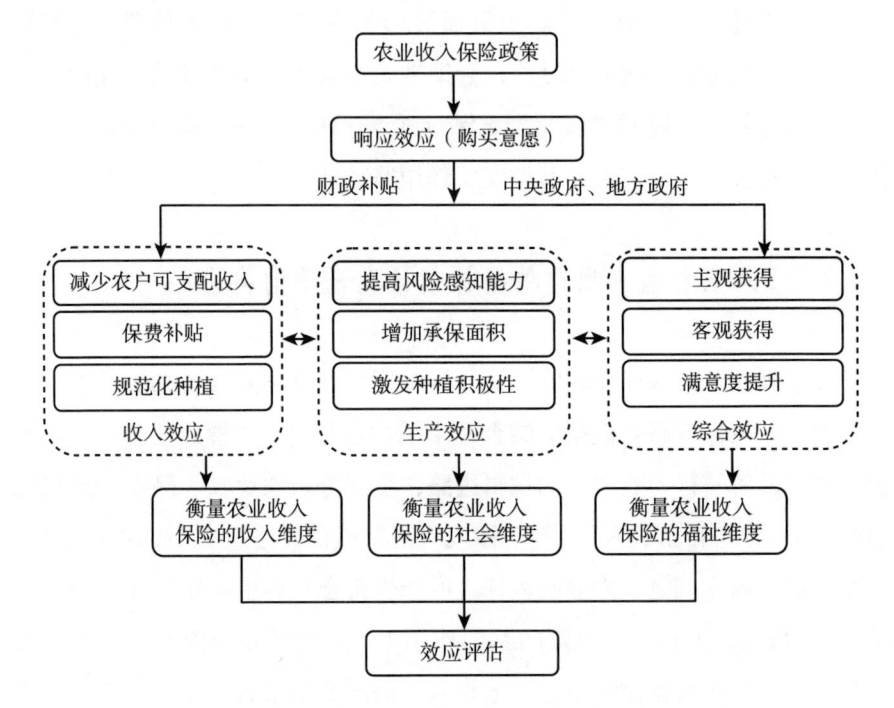

```
                        农业收入保险政策
                              ↓
                       响应效应（购买意愿）
              财政补贴          中央政府、地方政府
        ┌──────────────┐  ┌──────────────┐  ┌──────────────┐
        │ 减少农户可支配收入 │  │ 提高风险感知能力 │  │ 主观获得       │
        │ 保费补贴       │↔│ 增加承保面积   │↔│ 客观获得       │
        │ 规范化种植     │  │ 激发种植积极性  │  │ 满意度提升     │
        └──────────────┘  └──────────────┘  └──────────────┘
            收入效应            生产效应            综合效应
               ↓                  ↓                  ↓
         衡量农业收入       衡量农业收入        衡量农业收入
         保险的收入维度     保险的社会维度      保险的福祉维度
                              ↓
                           效应评估
```

图 2−6　农户购买农业收入保险的效应机理分析框架

2.4 本章小结

本章首先对本书所涉及的政策性农业保险、农业收入保险等核心关键概念进行界定，详细介绍农业收入保险的概念，要素构成、典型特点及比较优势。其次，对相关理论进行梳理，主要包括农业收入风险管理理论、制度变迁理论、利益相关者理论及农户行为理论，并结合农业收入保险政策目标及实际试点运行状况，构建农户参与农业收入保险的影响评估框架。最后，通过对相关理论的分析，在农业收入保险效应产生机理及分析

维度、评价框架的基础上，明确本书的四个核心问题：一是影响农户购买农业收入保险的因素分析；二是农业收入保险能否保障农户种植收入；三是农业收入保险能否影响农户种植决策；四是对农户购买农业收入保险后的满意度进行研究并分析出影响满意度的关键因素。

第3章

农业收入保险政策背景、实践发展与主要模式

第2章从概念界定、理论基础和分析框架三个方面给出本书的主要理论研究依据,然而,要客观全面评估和分析我国农业收入保险政策实施效应,需要厘清农业收入保险产生的背景、发展历程及主要模式,为本书的实证分析提供政策和现实依据。基于此,本章重点介绍农业收入保险产生的背景和发展进程,旨在对农业收入保险有一个清晰的认识,并为后续章节研究提供背景和铺垫。

3.1 我国农业收入保险政策背景

农业收入保险集产量和价格双保障于一体,是传统农业保险的转型升级,在美国和日本等多个发达国家得到普遍推广。自2016年《中共中央 国务院关于落实发展新理论加快农业现代化实现全面小康目标的若干意见》首次提出发展农业收入保险,各地保险公司纷纷试水。探寻和研究农业收入保险,需了解其产生的背景,只有知其"开端",明其"始终",才能深刻认识和理解农业收入保险政策。

3.1.1 满足新型经营主体需求

国家粮食安全问题是一个永恒的课题，需要将粮食主动权牢牢把握在中国人手中。传统农业保险可在一定程度上防范自然风险，2016 年，随着玉米、大豆临时收储政策的取消，农产品价格的市场化趋势明显，农民种粮积极性受到打击，2016 年粮食作物播种面积所占比例明显下降，如何激发农民种粮积极性以稳定国家粮食安全，这不仅是一个社会问题更是一个国家战略问题。传统农业保险仅保障直接物化成本，农业收入保险集产量和价格风险因素于一体，可最大限度保障农户种粮收入，在此背景下，加快构建符合中国国情农情的农业收入保险制度体系迫在眉睫。

近年来，新型农业经营主体在我国得到迅猛发展，但仍处于不成熟的成长阶段，整体抵御风险能力弱，加之近年世界范围内环境恶化自然灾害频发以及农产品价格波动，多风险积聚加剧新型农业经营主体的运营风险。除自然因素和市场价格波动外，新型经营主体在农业生产经营过程中，存储、流动等领域也面临诸多不确定因素，使得新型农业经营主体整体运行风险大于传统农户。农业现代化离不开新型农业经营主体，需要积极培育以发挥其示范、引领和带动的作用，基于对新型农业经营主体风险和重要性的研判，农业保险必将成为稳定其生产经营的重要风险防范工具。传统农业保险的"低保障、广覆盖"难以满足新型农业经营主体对农业风险防范的现实需求，为更好地服务于新型农业经营主体，确保农业"压舱石"作用，需实施农业收入保险以满足新型农业经营主体防范多元化生产经营风险。

3.1.2 国际竞争加剧农作物价格波动

随着我国加入 WTO，日益开放的市场环境使得农民更多地暴露在国际竞争环境下，大宗农产品价格波动风险加大，我国亟须丰富和完善现有风险管理工具以应对国际新形势。农作物保险具有明显的促进产出作用（Xu et al.，2014），自1982年我国实施农业保险以来，作为重要的风险管理工具，农业保险在稳定国家粮食安全、保障农民种植收入方面发挥重要作用，但受成本和销售价格的"双板挤压"及WTO"黄箱"约束下，我国农业种植过程中的利润日渐收窄，致使我国农业整体竞争力不断下滑，农业发展过程中所面临的困境要求我国实施供给侧结构性改革。党国英（2016）指出，有效提升农业竞争力是农业供给侧改革的核心目标，在此背景下，我国农业支持政策亟须适时调整，从增产导向转变为竞争力导向（叶兴庆，2017）。学术界和保险界就如何转变农业支持政策已得到共识，即将农业保险作为重要的支农工具予以运用。

2004年，我国取消实行多年的农产品保护价收购政策，农产品被推向市场，使我国本就脆弱的农业面临更多的风险，市场风险和竞争日益增大，价格风险已成为农业中继自然风险后另一制约我国农业生产经营的重要风险，其破坏力不容小觑（尹成杰，2015），建立农产品目标价格制度成为农产品价格形成机制的重点（黄季焜等，2015）。农业收入保险相对于传统农业保险优势凸显，在保障农户种植收入、防范和化解农业生产经营风险等方面效果更为明显。集产量和价格双重保障于一体的农业收入保险受到美国和日本两个农业大国的重视，均将该项保险计划作为支农政策的重点予以运用，实施农业收入保险有助于丰富和完善现有风险管理工具且能够提升财政补贴效率（汪必旺，2018）。

3.1.3　实现高质量农业保险发展的要求

新制度经济学视角下，对额外利益的不懈追求是制度创新的动力源泉，只有在潜在利润大于支付成本时制度创新才会发生。随着中国农业日益融入世界农业体系，农业保险需与世界农业保险发展保持同步。以美国和日本等发达国家农业收入保险为借鉴，我国农业保险进入创新发展新阶段，农业保险亟须提档升级，朝着保障程度更高的高层次高质量农业保险发展，即向"全成本保险"和"农业收入保险"跨越，以创新求发展。基于现实诉求，自2016年起，历年中央一号文件频频提出发展农业收入保险。2019年，中央全面深化改革委员会第八次会议审议并原则同意《关于加快农业保险高质量发展的指导意见》，明确提出"扩面、增品、提标"的要求，并积极推动农业保险转型升级，即由"保产量"向"保价格"和"保收入"转变，从而稳定农户种植收入。

2018年和2021年，财政部、农业农村部和中国银保监会联合下发《关于开展三大粮食作物完全成本保险和收入保险试点工作的通知》和《关于扩大三大粮食作物完全成本保险和种植收入保险实施范围的通知》两个重要文件，明确提出实行农业收入保险，从"开展"到"扩大"是农业收入保险发展史上一次重大飞跃。农业收入保险的高保障能最大限度减缓农业生产中的风险，从而促进农业产业发展。农业收入保险目标收入下农户在购买保险时便实现收入可期，农户种植收入得到有效保障，农业收入保险的保障收入的功能为乡村振兴所要实现的"生活富裕"提供重要保障。完全成本保险和农业收入保险成为我国农业保险未来发展的主流方向，在如何发展农业收入保险方面，美国和日本给出了很好的答案，但制度只能借鉴不能移植，未来农业收入保险扎根中国农村，需在理论上进行探讨和突破，在实践上进行大胆尝试，不断丰富和完善我国农业收入保险制度体系。美国农业收入保险历经多年才有如今的巨大成功。农业收入保险在中国作为一种保险制度创新，在路径依赖影响下，全面实施农业收入保险需要一个相当长的过程，需要对这一过程有清晰的认识，并结合我国农业保险制度变迁和发展规律，构建符合我国农业农村发展的农业收入保险制度安排，才能实现农业收入保险中国化。

3.1.4 满足多元化农业经营风险管理需求

近年来，全球极端天气频发，农作物种植过程中较过去面临着更多的风险，农业保险需要较传统农业保险提高效率（Hazell et al., 2020）。农业全球化趋势下，农作物市场价格波动已成为农业种植过程中不可忽视的重要风险，产量风险和价格波动多重风险叠加使得农业种植风险日益增大。农业收入保险集合产量和价格双重保障于一体完全契合现阶段我国农业经营过程中经营风险的痛点，精准保障产量和价格波动所引发的农业收入的变动，是一种符合新时期农业风险特点的新型农业保险。2007年以后，我国在东北三省和内蒙古自治区实施玉米临时收储政策，该政策在特定的历史阶段对保障农民种植收入和激发农户种植热情，为保障国家种粮安全发挥了重要的作用。然而，在新的市场环境下，临时收储政策在一定程度上扭曲了粮食价格形成机制。随着国际粮价的回落，外国粮食价格对国内粮食价格形成较大冲击，国内玉米消费需求大幅下滑，库存高企，粮食价格改革迫在眉睫。2017年，国家取消玉米临时收储政策，标志着玉米价格市场化的来临，以玉米种植为例，2004~2019年全国玉米种植成本不断提高，2004年为314.26元/亩，在2013年增加到1012.04元/亩，随后几年一直居高不下。2004~2018年，玉米种植总成本增长幅度达178%。总成本的增加伴随着净利润的减少，2004年玉米净利润为134.94元/亩，到2015年净利润为负，一直到2019年玉米种植净利润一直为负（见表3-1）。

表3-1　　　　　　2004~2018年全国玉米成本收益情况

年份	玉米产量（千克/亩）	总成本（元/亩）	生产成本（元/亩）	净利润（元/亩）	现金成本（元/亩）	现金收益（元/亩）	成本利润率（%）
2004	423.60	375.70	314.26	134.94	192.39	318.25	35.92
2005	422.60	392.28	324.46	95.54	191.12	296.70	24.36
2006	423.50	411.77	338.32	144.76	203.28	353.25	35.16
2007	422.40	449.70	358.52	200.82	217.07	433.45	44.66
2008	457.20	523.45	420.29	159.22	265.91	416.76	30.42
2009	429.94	551.10	433.66	175.37	264.36	462.11	31.82
2010	452.74	632.59	495.64	239.69	287.86	584.42	37.89
2011	472.24	764.23	603.94	263.09	341.28	686.04	34.43
2012	492.55	924.22	742.98	197.68	391.11	730.79	21.39
2013	488.01	1012.04	815.08	77.52	408.87	680.69	7.66

续表

年份	玉米产量（千克/亩）	总成本（元/亩）	生产成本（元/亩）	净利润（元/亩）	现金成本（元/亩）	现金收益（元/亩）	成本利润率（%）
2014	499.79	1063.89	839.48	81.82	417.12	728.59	7.69
2015	488.81	1083.72	844.94	-134.18	426.59	522.95	-12.38
2016	480.29	1065.59	827.65	-299.70	424.68	341.21	-28.13
2017	501.53	1026.48	816.18	-175.79	425.03	425.66	-17.13
2018	487.02	1044.82	817.28	-163.34	435.13	446.35	-15.63

资料来源：历年《全国农产品成本收益资料汇编》。

2004～2018年，全国玉米总成本远高于净利润（见图3-1），在成本增加、利润降低共同作用下农户种植积极性受到重创。临时收储政策的取消，如何保障农户种植积极性成为政策亟须突破的难点。2014年，中共中央、国务院印发《关于全面深化农村改革加快推进农业现代化的若干意见》，明确指出"2014年，启动东北和内蒙古大豆、新疆棉花目标价格补贴试点，探索粮食、生猪等农产品目标价格保险试点"，至此，拉开农产品目标价格改革序幕。在政策的牵引下，各保险公司在探索农业保险品种上热情高涨，随后，在新疆、内蒙古及东北三省开始目标价格保险试点。各地保险公司纷纷展开目标价格保险的探索和尝试，但价格保险有典型的系统性风险，不具

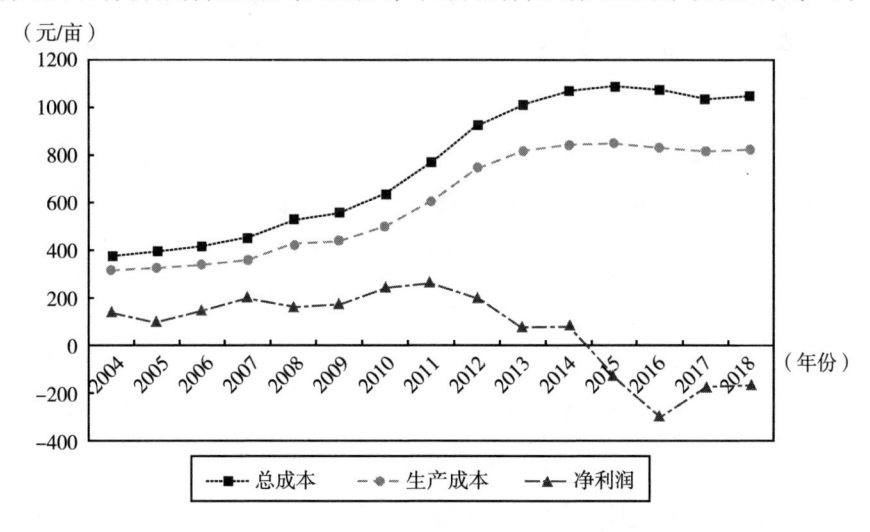

图3-1 2004～2018年全国玉米总成本、生产成本及净利润趋势

有可保性（庹国柱等，2016）；而农业收入保险将自然因素导致的产量风险和市场风险导致的价格下跌风险同时考虑在内，具有可保性，且该保险项目在美国和日本得到普遍推广，是未来农险改革和创新的主要方向。

3.1.5 农业发展新阶段对农业保险提出高要求

乡村振兴提出五大发展战略，"共同富裕"是根本目标，而"产业兴旺"则对农业产业发展提出高要求。农业保险作为一项公共服务政策，在农业农村进入全面快速发展的新阶段需更好地服务于乡村振兴战略。农业保险是国际公认的"绿箱"政策，随着大豆、棉花和玉米临时收储政策的取消，如何激发农民种植积极性及保障农民种植收益成为国家制定政策的重点。近年来，伴随着我国产业政策和国家战略发生调整，农业保险始终以服务国家产业政策和战略目标为导向，不断提升服务能力和水平。作为新型支农工具，农业保险以其普惠和增信功能，服务于国家战略和产业政策，为农业的经营发展提供全面的风险管理。

我国农业保险以满足"三农"实际需求为导向，在保险品种创新、保障水平以及保险覆盖面等方面不断探索创新。2017年，中共中央、国务院发布《关于深入推进农业供给侧结构性改革加快培育农业农村发展新动能的若干意见》，明确要求农业保险"扩面、增品、提标"，"探索建立农产品收入保险制度"。农产品市场价格风险成为严重影响农民种植收入的因素，如何防范农产品价格风险成为众多国家农业保险改革的重点和方向，"价格保险""指数保险""综合农业保险""收入保险"等创新型保险产品层出不穷。提升服务软实力是农业保险公司在适度竞争的农险市场中提高市场效率的必然选择，涉农保险公司借鉴国外先进经验，在产品研发、保费厘定以及数据共享等方面不断完善和创新。农业保险公司为有效提高经营水平，积极探索农险与大数据相结合，全面提升农险服务水平和效率。基于现实诉求，自2016年起，历年中央一号文件频频提出发展农业收入保险。2019年，财政部等部门联合印发《关于加快农业保险高质量发展的指导意见》，明确指出到 2022 年，收入保险将成为农业保险的重要险种。为更好地服务于农业农村发展，完全成本保险和农业收入保险成为我国农业保险未来发展的主流趋势。

3.2 我国农业收入保险政策演进及政策梳理

3.2.1 我国农业保险政策演进

1. 农业保险恢复发展阶段（1978~1992 年）

1978 年，党的十一届三中全会召开，我国农村主要经营方式转变为家庭联产承包责任制，与此同时，农户农业经营风险加大，农户面临更多的自然风险和市场风险。为应对农业高风险，国务院批转中国人民银行《关于国内保险业务恢复情况和今后发展意见的报告》，明确指出，在农村逐渐放开农村财产保险、畜牧业保险等业务，我国农业保险在这一阶段得到恢复和发展。家庭联产承包责任制下，我国农业保险展开新的篇章，此时的农业保险主要由中国人保公司经营，经营模式为商业保险经营模式，保险公司直接面对广大的分散农户，在没有国家保费补贴的情况下，农业保险公司面临较大的经营风险。农业保险公司在这种大干大赔、亏损严重的情况下，只能通过公司内部的"抽肥补瘦"方式进行自我消化，但在市场化和利润最大化原则下，农业保险业务发展缺乏活力。

2. 农业保险停滞萎缩阶段（1993~2003 年）

自 1993 年起，我国开始了国有企业的市场化改革。在市场化改革的驱使下，保险公司全面商业化运作，此时，保险公司的"抽肥补瘦"机制俨然不符合发展趋势，农业保险的发展缺少了内部的助推后，其业务规模大幅度下降。1992 年，我国农业保险保费收入超过 8 亿元，但在 1993 年保费收入骤降至 5.61 亿元，此后多年农业保险保费收入水平维持在 5 亿元左右，在 2001 年更是降到 3 亿元，保费收入的逐年递减使得我国农业保险发展进入了停滞萎缩阶段。

3. 农业保险稳步发展阶段（2004～2013 年）

2003 年，中国共产党第十六届中央委员会第三次全体会议通过《中共中央关于完善社会主义市场经济体制若干问题的决定》，明确指出要对农业进行支持和保护并加大对农业的投入和支出。而在 2004 年《中共中央 国务院关于促进农民增加收入若干政策的意见》中则提出建立政策性农业保险并给对其进行相应的财政补贴，此后全国多地成立了农业保险公司，如江泰保险经纪公司、上海安信农业保险公司等。2007 年，国家在四川、湖南、江苏、新疆、内蒙古、山东 6 省（区）试点投入 10 亿元助推农业保险发展。自 2004 年开始到 2013 年，农业保险政策多次出现在历年中央一号文件中，国家对农业保险的支持力度空前加大，而农业保险保费收入也屡创新高，更是在 2013 年突破了 300 亿元，我国农业保险进入稳步发展新阶段。

4. 农业保险全面推行与创新发展阶段（2013 年至今）

我国农业保险在跌宕起伏中不断发展和演化，直到 2012 年我国首部农业保险条例出台即《农业保险条例》，此后我国农业保险试验阶段结束，进入全面运行的新阶段，我国农业保险"政策性"性质明确。《农业保险条例》对我国农业保险的经营性质、补贴比例、补贴品种等进行详细的说明，我国农业保险进入规范化运行阶段。《农业保险条例》出台后，各保险公司对经营农业保险态度发生极大变化，且农户的投保热情高涨，保险业务也是快速增长。在这一阶段，农业收入保险、价格保险、指数保险等新品种不断涌现，农业保险在支农惠农方面发挥着重要的作用，成为保障农民种植收入的重要稳定器。

3.2.2 我国农业收入保险政策演进及梳理

诺思（1990）指出"制度是一个社会的博弈规则，或者更规范一点说,他们是一些人为设计的、形塑人民互动关系的约束",同时诺思认为,重大的制度变迁往往是通过无数次具体且微小的非正式约束的变化积累而成的,而这些微小变化在整体上构成根本性的制度变迁。农业保险是典型的农业风险管理工具,其本身具有制度创新属性。党的十一届三中全会以后,中国经济开始步入发展快车道,经济社会的变化对社会各项制度提出新的要求。经济社会在"均衡—非均衡—均衡"的不断循环反复中延续发展,农业保险在有效防范农业经营风险过程中起到重要的作用,但随着乡村振兴战略的提出,传统"低保障、广覆盖"的农业保险与乡村振兴提出的高质量发展存在弊端,如何实现农业保险高质量发展、精准服务乡村振兴和农业现代化成为农业保险领域亟须突破的理论难题。农业收入保险在保障农户种植收入方面具有无法比拟的优势,已在包括美国和日本在内多个发达国家予以运用。早在2012年,我国保险公司便尝试农业收入保险,但当时的农业收入保险还不是很成熟,随后各地保险公司纷纷试水。我国农业收入保险制度演变经历三个阶段。

1. 农业收入保险政策演进

(1) 政策萌芽期 + 小范围试点阶段 (2012~2017年)。

美国和日本分别于1996年和2019年在全国范围内推出农业收入保险,我国农业收入保险在时间维度上晚于美国和日本。2012年,安信农保和上海松江区尝试试验收入保险项目,为上海市松江区的残疾人提供收入保险服务并建立扶贫基地,但需要明确的是该试点项目具有福利性质,并不是传统意义上的收入保险,该项目在具体操作、保险设计等方面与美国和日本收入保险存在较大差异。

2016年,《中共中央 国务院关于落实发展新理念加快农业现代化实现全面小康目标的若干意见》(以下简称《文件》)首次提出探索农业收入保险试点,农业收入保险实现从无到有。2016年,国家率先在东北三省和内蒙古取消玉米临时收储政策,至此拉开农产品价格市场化改革序幕,为稳定农产品价格,《文件》提出探索农业收入保险试点。随后,各地保险公司纷纷试水，农业收入保险试点在该阶段小范围试验。实践中主要沿两种路径展开，一是国家改革试验区，二是期货公司牵头试点。国家改革试验区主要以江苏武进区水稻收入保险为试点，此后，沅陵县和青岛等地纷纷展开农业收入保险的试验，既有大宗农作物又有经济作物。期货公司牵头农业收入保险源自《文件》提出的"保险+期货"试点，在三大期货交易所配合下，"保险+期货"模式已在全国遍地开花，从大宗农作物到经济作物，从"价格险"到"收入险"，从"零星分散"到"整县推进"。以大商所为例，截至2021年农业收入保险试点整县推进项目共19个，涉及黑龙江、吉林、内蒙古等多个省份，品种包括玉米、大豆、水稻三大粮食作物。这一阶段的主要特点是：农户及保险公司总体持观望态度、参与度不高、农业收入保险试点规模小；国家层面试点主要集中在改革试验区。

（2）推广试验期+规范化运行阶段（2018年至今）。

第二阶段（2018年至今）：规范化试点阶段。2018年，财政部、农业农村部、中国银保监会联合印发《关于开展三大粮食作物完全成本保险和收入保险试点工作的通知》，提出在内蒙古、辽宁各选2个县（旗）开展收入保险试点，至此，我国农业收入保险进入规范化试点阶段。为扩大试点范围，2021年，《关于扩大三大粮食作物完全成本保险和种植收入保险实施范围的通知》（以下简称《通知》）明确提出："2022年实现13个粮食主产省份产粮大县全覆盖"。两个文件具有里程碑式的意义，是农业收入保险发展史上的第一次"破冰"，从"开展"到"扩大"，我国农业收入保险进入快速发展阶段。《通知》提出，扩大三大主粮收入保险试点范围，由2018年的2个省，扩大到13个省。《通知》明确收入保险的试点范围、补贴政策，推动农业收入保险试点工作快速发展。2022年中央一号文件则提出在2022年实现种植业收入保险在主产省的粮食大县全覆盖，相对于2021年所提出的500个产粮大县全覆盖，项目整体步伐稳中有进（见图3-2）。这一阶段主要特点是：各地政府及保险公司积极参与、试点范围逐步扩大、试验品种不断丰富。

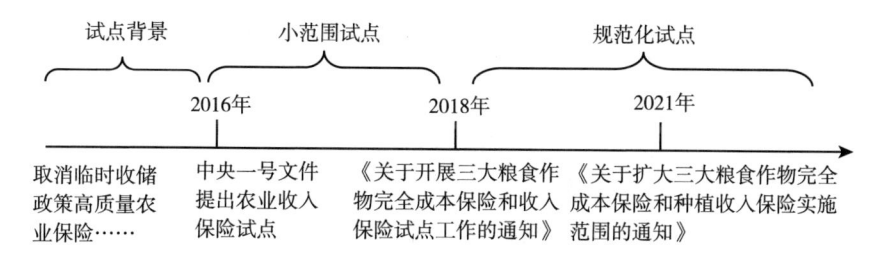

```
试点背景        小范围试点              规范化试点
              2016年          2018年            2021年
取消临时收     中央一号文件    《关于开展三大粮食作    《关于扩大三大粮食作物完全
储政策高质量农  提出农业收入    物完全成本保险和收入    成本保险和种植收入保险实施
业保险……      保险试点        保险试点工作的通知》    范围的通知》
```

图 3-2　我国农业收入保险政策历程时间轴

农业收入保险在此之后，也迎来了规范化的快速发展期，加速农业收入保险从"盆景"变"风景"。

2. 农业收入保险政策定位

（1）农业收入保险与传统农业保险区别。

农业收入保险属于政策性农业保险，该项保险计划与传统农业保险既有相同之处又存在明显的差异。农业收入保险与传统农业保险最大的相同之处在于均是有效的风险管理工具，而农业收入保险与传统农业保险最大的区别在于保障程度上，相对于仅保障自然灾害导致的产量减少，农业收入保险同时将产量风险和价格风险涵盖其中，保障农户因产量和价格风险所导致的农户种植收入的减少。农业收入保险在运行过程中较产量保险而言，保险公司面临更高的经营风险，而收入保险因需要锁定农作物价格实践中可与期货公司进行合作，运用期货市场的价格发现和转移风险的功能，为农业收入保险提供价格参考和转移风险的有效渠道。传统农业保险参与主体主要有政府、保险公司以及农户，而农业收入保险在此基础上参与主体更为广泛，最为典型的是融入的期货。

（2）农业收入保险政策定位。

农业收入保险是传统农业保险的升级版，是一项创新型的农业保护政策，农业风险管理是该项保险计划的首要政策定位。农业收入保险作为农业保险的升级版其政策定位与传统农业保险具有共同之处，并且根据农业收入保险的特点其政策定位呈现新的特点。农业收入保险主要是弥补农户在种植过程中因自然风险、市场风险及政策性风险引发的产量减少及价格波动所导致的农业种植收入的减少，保障程度明显高于传统产量保险。

农业收入保险政策定位首先是风险管理，即弥补农户在种植过程因自然灾害抑或市场波动所引起的产量的减少或者价格的降低所导致的农户种植收入的减少，因此，现阶段农业收入保险与现有农业支持政策，如托市收购政策以及传统农业保险之间并非替代关系，而是相互补充关系，农业收入保险所具有的高保障性是对传统农业风险管理工具进行的补充和完善。随着临时收储政策的取消，农户在种植过程中面临的风险进一步加剧，农户种植积极性受挫，粮食安全成为农业政策关注的重点。稳定粮食生产的关键在于激发农户种植积极性，而提高农户种植积极性则需要从稳定农户种植收入入手，即将农户种植过程中的产量风险和价格风险综合考虑在内，从而稳定农户种植收入。农业收入保险与现有农业政策相辅相成，与产量保险、完全成本保险等传统保险品种配合使用，借助农业收入保险市场化的保险手段，打造多层次农业风险管理体系，为农户提供全方位的风险分散保障，共同推动农业高质量发展。农业收入保险以其锁定收入的功能，使得农户实际收入低于预期收入时获得赔付，从而稳定农户种植收入，因此农业收入保险可在"收入"和"面积"两个方面保障我国的粮食安全问题。农业收入保险的政策目标与传统农业保险政策相辅相成，以期通过市场化手段，为农户开通收入风险转移和分散的渠道，共同致力于农业产业振兴和共同富裕。

基于以上分析，我国农业收入保险政策定位需聚焦乡村振兴战略目标，微观层面以稳定参保农户种植收入、鼓励农户不断尝试农业生产创新，最终实现提升农民竞争力的微观目标；宏观层面以稳定粮食生产、防范和化解农业生产经营风险、促进传统农业向现代农业转型、促进农业农村经济发展，最终实现提升农业整体竞争力的宏观目标（王鑫和夏英，2021）。

3. 农业收入保险政策内容

"立法先行"是解决农业收入保险问题的关键，美国和日本非常重视农业收入保险的立法工作，从法律层面规范农业收入保险的体系及运行规则。我国自提出农业收入保险以来，国家和地方层面频频出台相应的政策法规，旨在让农业收入保险进入有法可依的新阶段。

首先，中央顶层设计明确农业收入保险的方向性。2015年，《关于加大改革创新力度加快农业现代化建设的若干意见》提出"积极开展农产品价格保险试点"，"农产品目标价格保险"首次在国家高层次文件中被提及。国家层面高度重视，各地方积极配合参与。随后，农业收入保险第一次出现在2016年中央一号文件中，文件明确提出探索开展重要农产品目标价格保险，以及收入保险、天气指数保险试点，稳步扩大"保险+期货"试点。此后，农业收入保险连续五年出现在中央一号文件中（见表3-2），财政部、农业农村部等部门也积极出台相关政策，2018年，财政部、农业农村部和银保监会联合下发《关于开展三大粮食作物完全成本保险和收入保险试点工作的通知》，是农业收入保险发展史上一次重要的探索和制度设计。《关于开展三大粮食作物完全成本保险和收入保险试点工作的通知》中对农业收入保险具体实施作出规定，一是明确试点时间，本次试点时间为2018~2020年；二是保障金额不得高于农作物种植收入的85%，保障金额的计算重点参考《全国农产品成本收益资料汇编》；三是保险品种不得设置绝对免赔额；四是农户自缴保费比例不得低于总保费的30%。农业收入保险三年试点届满后，2021年，财政部、农业农村部和银保监会联合下发《关于扩大三大粮食作物完全成本保险和种植收入保险实施范围的通知》，明确提出农业收入保险试点进一步扩大，此次实施范围规模更大、水平更高。

表3-2　　　　历年中央一号文件关于农业收入保险政策汇总

年份	文件内容
2016	探索开展重要农产品目标价格保险，以及收入保险、天气指数保险试点；探索建立农业补贴、涉农信贷、农产品期货和农业保险联动机制；积极探索农业保险保单质押贷款和农户信用保证保险；稳步扩大"保险+期货"试点
2017	探索建立农产品收入保险制度，深入推进农产品期货、期权市场建设，积极引导涉农企业利用期货、期权管理市场风险，稳步扩大"保险+期货"试点

续表

年份	文件内容
2018	探索开展稻谷、小麦、玉米三大粮食作物完全成本保险和收入保险试点，加快建立多层次农业保险体系
2019	推进稻谷、小麦、玉米完全成本保险和收入保险试点；扩大农业大灾保险试点和"保险+期货"试点
2020	推进稻谷、小麦、玉米完全成本保险和收入保险试点；优化"保险+期货"试点模式，继续推进农产品期货期权品种上市
2021	健全产粮大县支持政策体系；扩大稻谷、小麦、玉米三大粮食作物完全成本保险和收入保险试点范围，支持有条件的省份降低产粮大县三大粮食作物农业保险保费县级补贴比例
2022	探索开展糖料蔗完全成本保险和种植收入保险，2022年适当提高稻谷、小麦最低收购价，稳定玉米、大豆生产者补贴和稻谷补贴政策，实现三大粮食作物完全成本保险和种植收入保险主产省产粮大县全覆盖

资料来源：根据历年中央一号文件整理。

2021年出台的《关于扩大三大粮食作物完全成本保险和种植收入保险实施范围的通知》在我国农业收入保险发展历程中具有里程碑式意义，对农业收入保险的承保品种、保费补贴等作出统领性规定，但缺乏详细且具有针对性和操作性的手段，指出"鼓励各地结合实际探索开展农业保险创新试点"，不难发现中央将制订农业收入保险具体实施方案的权力更多下放到地方层面。

其次，地方层面积极探索并出台农业收入保险相关政策。除历年中央一号文件规划外，各地方政府在完善农业收入保险运行方面积极探索（见表3-3)，以江苏省和江西省为例，政府出台专门政策法规以推动试点工作顺利开展，如2020年江苏省农业农村厅等四部门联合印发《关于新增和调整农业保险险种的通知》，是国内最早且较规范的地方性农业收入保险法规。

表3-3　　　　　　农业收入保险地方政策汇总（部分）

年份	政策文件	文件内容
2020	山西省财政厅、山西省农业农村厅等三部门联合印发《关于开展省级政策性小麦、玉米完全成本保险、产量保险、收入保险和未转移就业收入损失保险试点实施方案》	明确农业收入保险试点品种、适用对象、试点地区、保费、费率、保险事项和赔偿处理

续表

年份	政策文件	文件内容
2020	江苏省财政厅、江苏省农业农村厅等四部门联合印发《关于新增和调整农业保险险种的通知》，江苏省财政厅会同江苏省农业农村厅、江苏银保监局印发《关于开展三大粮食作物完全成本保险和种植收入保险的通知》	中央财政给予35%的保费补贴，省财政补贴30%，农户自缴比例不高于30%，差额部分由地方财政承担
2020	江西省金融监管局联合江西省农业农村厅等多部门联合印发《关于积极开展特色农业价格（收入）保险试点工作的通知》	鼓励市、县（区）政府自主开展以小农户为主要扶持对象的特色农业价格（收入）保险，探索建立地方特色农产品价格采集和发布机制，保费省级财政承担50%，县级财政承担25%，参保农户承担25%
2021	黑龙江省财政厅、黑龙江省农业农村厅等联合印发《黑龙江省三大粮食作物完全成本保险和种植收入保险试点工作方案》	中央财政补贴比例为45%，省级财政补贴比例为25%，试点县本级财政补贴比例为10%。其中，玉米收入保险保费85元/亩，保险金额1074元/亩，费率7.91%

资料来源：作者整理。

地方性农业收入保险政策作为中央政策的延续和细化，以江苏省为例，省财政牵头出台《关于开展三大粮食作物完全成本保险和种植收入保险的通知》，明确收入保险保费补贴及保险公司的综合费用率，而江西省金融监管局联合省农业农村厅等部门联合印发《关于积极开展特色农业价格（收入）保险试点工作的通知》，指出农业收入保险试点主要为本地特色优势种植业、养殖业和综合种养业服务，扶持对象主要为小农户，并积极探索建立地方特色农产品价格采集和发布机制。

3.2.3 我国农业收入保险推进情况

我国自2016年提出实施农业收入保险政策以来，全国农业收入保险覆盖区域和试验品种逐步扩大，实施规模呈明显上升趋势。总体而言，农业收入保险试点模式差异化明显且不断趋于成熟、防灾减损效果明显。

（1）覆盖区域不断扩大、试点品种不断丰富。我国农业收入保险试点在品种选择上以大宗农作物为主，如江苏武进区水稻收入保险、玉米收入保险和大豆收入保险。除大宗农作物外，部分试点小范围尝试经济作物，如山东蓝莓收入保险、湖南沅陵茶叶收入保险等。各试点在农业收入保险探索上不尽相同（见表3-4），在不同品种和运行方面进行前瞻性试验。

表3-4　　　　　农业收入保险试点基本情况（部分）

省份	试点地区	保额（元/亩）	保费（元/亩）	费率（%）	财政补贴
内蒙古（玉米）	托克托县	水地：600~870 旱地：430~650	水地：48~69.6 旱地：43~65	水地：8 旱地：10	中央财政补贴40%，地方财政补贴30%
	扎鲁特旗	水地：730~870 旱地：370~510	水地：58.4~69.6 旱地：37~51	水地：8 旱地：10	
辽宁（玉米）	义县	700	77	11	
	铁岭县				
江苏（水稻）	武进区	2017年：1800 2018年：1600 2019年：1600		6 6 6%×0.9	区、镇两级财政补贴80%
湖南（茶叶）	沅陵县	春茶：1500 秋茶：1000	90 60	6 6	省级财政补贴30%，县级财政补贴30%
山东（蓝莓）	西海岸新区	15000	1350	9	区财政补贴80%
海南（橡胶）		900	108	12	省级财政补贴30%，市县级财政补贴30%，胶农40%；海胶集团天然橡胶收入保险的保费财政补贴为40%，自缴保费的比例为60%

资料来源：网络资料及调研数据，海南橡胶保险为2018年数据。

（2）实践中涌现出多种模式。我国地域广阔，各地自然气候条件存在较大差异，使得各地主要农作物品种不尽相同，从而导致各地区农业收入保险的模式也各不相同。农业收入保险既有国家改革试验区牵头领办，如江苏武进水稻收入保险、湖南沅陵茶叶收入保险等，又有三大期货交易所牵头领办的"保险+期货"收入保险。各试点在试验品种、运行机制等方面存在较大差异。实践中除广泛存在的玉米、水稻、大豆单一农作物收入保险外，承保范围更广的收入保险模式也不断涌现，如江苏省淮安市淮阴区推出的"村集体经济收入保险"。

（3）由分散到整县推进。农业收入保险在实践中不断突破、复制和推广，试验品种不断丰富，试点地区不断扩大（见表3-5）。以区域监测定价模式为例，试验品种有水稻、茶叶、蓝莓等，目前该模式在江苏省全省33个产粮大县全县推进。期货市场定价模式从最初仅对个别种植户进行承保，到2019年整县推进。大商所作为该模式的重要参与方，2019年，在山东、河南、黑龙江、辽宁、河北选取1~2个县进行玉米收入保险整县推进试验，而山东、黑龙江、内蒙古、辽宁则主要试验大豆收入保险，2020年和2021年整县推进试点规模持续扩大，影响力上升。如今，农业收入保险试点已"多地开花"，在实践中不断总结经验教训凝练典型做法。

表3-5　　　　　　　　　农业收入保险试点（部分）

品种	省份
玉米	吉林、黑龙江、内蒙古、辽宁、山东、河南、河北
大豆	黑龙江、辽宁、山东、安徽
水稻	江苏、广西
棉花	新疆
天然橡胶	海南
茶叶	湖南
蓝莓	山东
苹果	陕西
辣椒	湖南
河蟹	江苏
食用菌	贵州
蔬菜	云南

资料来源：网络资料及调研数据。

农业收入保险试点范围不断扩大，但整体而言规模有限，难以满足农户对农业收入保险的需求。目前，收入保险试点中，期货市场定价模式呈明显上升趋势，从最初的"零星试点"到"整县推进"，以"大商所农保计划"为例，2019年，以县域覆盖试点为主的"保险+期货"模式，推出12个县域覆盖的农业收入保险试点样本（见表3-6），实现期货市场定价模式的重要突破。2020年和2021年，"保险+期货"模式整县推进项目持续扩大，试点覆盖的省份也逐年增加，2021年已扩大到辽宁、黑龙江等8个省份覆盖19个县，品种主要是玉米和大豆。但囿于期货公司保费压力，试点范围有限，以"大商所农民收入保障计划"为例，大商所鼓励在2018年、2019年曾是国家级贫困县的县级区域开展项目，且同一个县级区域连续参与县域覆盖项目不得超过3次。

表3-6　2019~2021年大商所大豆、玉米收入保险县域项目

年份	省份（试点个数）	项目地点
2019	黑龙江（4个）、吉林（3个）、山东（3个）、内蒙古（2个）	吉林双阳、山东陵城、黑龙江海伦、黑龙江桦川、吉林四平、黑龙江九三管理局、辽宁庄河、山东嘉祥、内蒙古扎鲁特、内蒙古托克托、吉林东辽、黑龙江赵光农场
2020	山东（4个）、黑龙江（3个）、河南（2个）、辽宁（2个）、安徽（1个）、内蒙古（1个）、河北（1个）	山东济阳、山东武城、河南沈丘、河南太康、山东嘉祥、山东临淄、黑龙江木兰、黑龙江海伦、黑龙江桦川、安徽利辛、内蒙古呼伦贝尔、辽宁新民、河北巨鹿、辽宁普兰店
2021	黑龙江（5个）、山东（5个）、辽宁（3个）、河南（2个）吉林（1个）、河北（1个）、内蒙古（1个）、安徽（1个）	黑龙江嫩江、河南息县、山东武城、辽宁海城、河北曲阳、吉林双阳、内蒙古乌拉特、安徽太和、山东恒台、山东兰陵、黑龙江海伦、黑龙江同江、河南长恒、辽宁台安、黑龙江北安、黑龙江汤原、辽宁庄河、山东济阳、山东文登

资料来源：作者整理。

3.2.4　农业收入保险试点运行中存在的突出问题

相对于发展完善的美国农业收入保险，我国农业收入保险尚处于试点阶段，同农业保险高质量发展要求所需存在较大差异。宏观层面农业收入保险的顶层设计和布局已初步显现，各地试点取得一定成效，但仍存在诸

农业收入保险政策背景、实践发展与主要模式

多问题,如缺乏科学合理的产品设计、缺乏财政补贴及理赔不够精准等。

1. 中央财政投入不到位,地方财政负担加重

农业收入保险保障责任涵盖自然风险和市场风险两方面,整体保障程度远高于传统农业保险,但目前"农业收入保险"尚未列入中央财政保费补贴目录,仅依赖地区财政以及三大期货交易所进行补贴,高昂的财政补贴数额和可能产生的财政支付风险压力,使得全面推动农业收入保险风险加大。未来如农业收入保险大范围推广,中央财政补贴不可缺席。2021年6月,财政部、农业农村部、中国银保监会联合印发《关于扩大三大粮食作物完全成本保险和种植收入保险实施范围的通知》(以下简称《通知》),明确提出在河北、内蒙古等13个粮食主产省份的产粮大县实行农业收入保险,农业收入保险和完全成本保险在2021年覆盖500个产粮大县,约占粮食主产省份产粮大县的60%,并给予中央财政补贴,即补贴标准为在省级财政补贴不低于25%的基础上,中央财政对中西部地区和东北地区补贴45%,对东部地区补贴35%。《通知》所规定的财政补贴力度与传统农业保险补贴力度相仿,农业收入保险补贴力度是否合理,尚需实证检验。目前,纳入中央财政补贴范围的省份仅13个,而其余省份农业收入保险项目目前仍未获得中央财政补贴。中央财政仅对玉米、大豆、水稻三大主粮进行保费补贴,而其他农作物均未得到补贴,中央财政补贴不到位,成为制约农业收入保险试点大范围推广的首要问题。

农业收入保险是美国重要的农业保险品种,2019年农业保险保费收入高达101亿美元,其中,农业收入保险保费收入约占总保费收入80%以上,政府补贴保费63.67亿美元,实际理赔101.31亿美元。在我国,2019年中央全面深化改革委员会第八次会议审议并原则同意《关于加快农业保险高质量发展的指导意见》,提出到2022年农业收入保险成为农业保险的重要险种,重要险种的保费收入应该达到30%左右的比重,保费收入应该在245亿元左右。2019~2020年我国共有6个省份24个产粮大县试验农业收入保险和完全成本保险,2019年保险收入为7.52亿元,2020年保费收

入为 8.28 亿元，其中辽宁和内蒙古分别有 2 个县（旗）试行农业收入保险，内蒙古玉米收入保险两年累计保费收入为 2.1 亿元左右，辽宁为 2.05 亿元左右。2021 年，《通知》指出 2022 年实现实施地区产粮大县全覆盖。以 500 个产粮大县为标准，保费收入大概为 164 亿元，若是 500 个产粮大县全部覆盖，则需要保费 263 亿元。按此计算，三大主粮推行收入保险，玉米在三大主粮中占比为 43%，未来如果玉米全部实施农业收入保险，则需要 113 亿元左右，短期内很难实现"收入保险成为重要险种"的目标。

2. 风险分散机制不健全，加大整体运行风险

现阶段，我国农业保险再保险体系尚不健全，缺乏完善的再保险制度，从而加剧了农业保险经营主体的运行风险。农业收入保险集产量和价格双重保障于一体，产量风险可通过大数法则进行分散，价格风险具有系统风险的特点，因此不具有可保性。以"保险+期货"收入保险为例，保险公司与期货公司合作，将期货市场作为再保险分散农产品价格风险，该模式中目标价格和实际价格多以期货市场价格作为定价基准，以此为定价基准具有一定合理性，但同时需要考虑我国期货市场整体容量有限，期货市场品种有限制约期货市场的再保险功效。风险分散机制不健全加大农业收入保险整体运行风险，亟须生成一个多层次的风险分散机制才能推动农业收入保险可持续良性发展。

3. 存在交叉投保问题，降低财政使用效能

农业收入保险与现行农业保险补贴政策在衔接方面存在不通畅问题。收入保险试点运行中，农业收入保险与传统直接物化成本保险如何衔接是目前试点中出现的典型问题。调研中发现，试点地区易出现参保农户双重保险即农业收入保险和直接物化成本保险同时享有，两种保险交叉投保。农业收入保险与传统农业保险之间衔接不顺畅直接降低财政补贴使用效率，双重保费无疑加大农户保费负担。此外，交叉投保问题加剧保险公司间竞争问题，易出现过度竞争隐患。

4. 保险服务支撑系统不够完善，难以实现精准理赔

农业收入保险在数据信息上有更高的要求。2021年6月，财政部、农业农村部、中国银保监会联合印发《关于扩大三大粮食作物完全成本保险和种植收入保险实施范围的通知》，指出"承保到户、定损到户、理赔到户"，同时也指出如农户同意，可基于乡镇或者村为单位进行抽样以确定损失率。但在实际操作过程中，我国各地区尚未构建完整的农业保险数据信息系统，在农业保险运行初期，利用县（市）历史产量进行产量风险分析是可行的，且在一定程度可以减少农业保险成本费用，降低道德风险和逆向选择的发生，但未来随着农业收入保险大面积推广落地，需实现定损理赔精细化，这需要完善的产量和价格数据信息支撑体系。

农业收入保险试点在保险条款设计方面缺乏精细化，我国地域辽阔，不同地区的农作物在种植成本、产量和价格信息方面存在较大差异。不同农户间对农业收入保险需求度不同，因此在保费和保障程度方面存在差异，而试点中在保险条款设计方面多采用全县统一保额和费率，未能将区域因素和农户实际情况考虑在内。保险条款缺乏精细化设计成为试点运行中的典型问题，未来全面推广农业收入保险需实现保险条款精细化并做好风险区划，建立基于风险区划的科学费率拟定机制，推动农业收入保险精细化发展。

3.3 我国农业收入保险的类型和模式

我国各地在资源禀赋及农业发展程度方面存在较大差异，加上农业收入保险在我国尚处于试点阶段，各地在具体做法上不断创新，实践中具体的发展模式不尽相同。目前，国内尚缺乏对农业收入保险分类及典型模式的归纳和总结，本书结合我国现有试点情况，依循参与主体、补贴来源、价格锁定、再保险及保险对象等不同划分标准，对我国农业收入保险类型和模式进行划分，具体见表3-7。

表3-7　　　　　　　　我国农业收入保险类型的划分

划分标准	保险类型
保险品种	种植业收入保险、养殖业收入保险
补贴来源	政策性收入保险、商业性收入保险
基准价格因素	期货市场定价收入保险、区域监测定价收入保险
保障范围	农户单一农作物收入保险、单一农户家庭收入保险、村集体经济收入保险
参与主体	保险公司牵头模式、保险和期货公司合作模式

资料来源：根据公开资料整理。

3.3.1　按保险品种不同划分

我国农业收入保险试点中按照保险品种不同，可细分为种植业收入保险和养殖业收入保险。种植业收入保险主要是以农作物为承保对象，对其在种植过程中发生的因实际收入低于目标收入而造成的种植收入的减少并承担损失赔偿的一种保险类型，如玉米收入保险、大豆收入保险等。养殖业收入保险指承保对象为养殖过程中的动物，投保人在缴纳一定保费后，对养殖过程中遭受保险责任规定范围内的意外、疾病、价格波动以及自然灾害所引起的实际收入低于目标收入而给予补偿的一种保险，如2021年人保公司在江西省吉安市推出小龙虾收入保险。本书的研究对象主要是种植业收入保险，养殖业收入保险不在本书研究范围内。

3.3.2　按补贴来源不同划分

目前，我国对大宗农作物的农业保险进行补贴，农业收入保险作为升级版的政策性农业保险，国家理应对其进行补贴。现阶段我国对小麦、稻谷、玉米三大主粮实施农业收入保险试点并给予财政补贴。实践中，政府通过对保险公司和农户进行补贴，进而激励保险公司积极推出农业保险，激发农户购买热情。我国首批农业收入保险试点中，中央财政对试点地区进行保费补贴是典型的政策性农业保险发展模式。除政策性农业收入保险外，商业性农业收入保险是农业收入保险的另一种模式，该种模式适合经济价值高且经营风险大的农作物或畜牧业，我国早在 2017 年，人保公司就推出国内首单具有商业性质的农业收入保险，即大豆收入保险。目前，我国大范围推广的是以玉米、大豆等大宗作物为主的农业收入保险，此类保险得到国家财政补贴。本书的研究重点是政策性农业收入保险，而未获得国家财政补贴的商业型特色农业收入保险不在本书研究范围以内。

3.3.3 按基准价格因素不同划分

通过第 2 章对农业收入保险构成要素进行研究，不难发现，价格和产量因素是构成农业收入保险的核心要素，其中，目标产量可基于历史产量计算，实际产量则根据实割实测确定，而如何锁定"价格"因素是农业收入保险的关键。农业收入保险的难点和重点是如何精准锁定"目标价格"和"实际价格"，柯勒（Cole，2010）指出农业收入保险价格指标需要具备五个典型的特征，即标准化、可量化、频繁的价格发布、具有竞争性的定价以及都能较好地反映标的价值。我国收入保险试点中，就如何确定价格因素，产生两种截然不同的模式。

依循价格锁定因素不同，我国农业收入保险可细分为期货市场定价模式和区域监测定价模式。期货市场定价模式主要适合存在期货合约价格的大宗农作物，如玉米、大豆等，因玉米和大豆期货市场较为开放，在期货市场有对应的合约，该类农作物农业收入保险价格锁定重点参考期货市场价格；区域监测定价模式主要适合不存在全国性的价格的农作物，如水稻、小麦及区域性的经济作物。以水稻和小麦为例，因期货市场开放程度较差，该类作物期货市场呈现弱有效特征，针对缺乏有效期货市场价格的农作物，其价格锁定则可选择某一区域权威监测价格为依据进行目标收入和实际收入的核算。本书将以权威监测机构公布的价格为核算依据的农业收入保险称为"区域监测定价模式"，而采用期货市场这一全国公开性价格核算农业收入保险的形式称为"期货市场定价模式"。

3.3.4 按保障范围不同划分

农业收入保险保障对象是农户收入,按照保障对象不同可细分为不同类型和模式。一是农户单一农作物收入保险。"农业收入"可以是该农户单一农作物的农业销售收入、农业纯收入等,也可以是该农户所有种植农作物的农业总收入。目前,在北美销售的大多数收入保险都是单一农作物保险,单一农产品保险补贴所带来的收入转移大于全农场保险的总保费。二是单一农户家庭收入保险。此类农业收入保险目标群体为处于贫困边缘的农村低收入户,承保其因病、因灾所导致的家庭收入的减少,如中国太保在青海省海东市推出的首款商业性收入保险"防贫保"。三是以村集体为单位的农业收入保险。此类农业保险以村集体经济成员为对象保障其全体成员的农业收入,如江苏省淮安市淮阴区推出的"村集体经济收入保险",该保险项目对因自然灾害、意外事故等导致的村集体经济实际收入低于目标收入的参保户给予保险赔付,该模式改变传统农业收入保险的"保障一人""保障一家"的模式,首次尝试将参保对象范围扩大到一个村,该种模式在返贫方面具有一定的创新性。

3.3.5 按参与主体不同划分

根据农业收入保险参与主体不同,可将农业收入保险细分为保险公司牵头模式以及保险期货合作模式。我国农业保险主要参与主体有三个,即政府、保险公司和农户,农业收入保险作为传统农业保险的升级版,政府、农户和保险公司是主要参与主体,但实践中为拓宽风险分散渠道,期货公司也积极参与到试点中,期货公司在农业收入保险中主要充当再保险功能。

保险公司牵头农业收入保险模式与传统农业保险相似,即主要由保险公司牵头负责产品设计,国家给予财政补贴,我国农业收入保险试点中如武进水稻收入保险及义县玉米收入保险均是该种模式。而保险和期货公司合作模式，则是由期货公司和保险公司共同合作分散农户种植风险，期货公司在该模式下主要扮演再保险角色并给予农户一定的保费补贴。相比于传统农业保险，农业收入保险保障程度更高，与此同时，对于保险公司而言经营风险也更大，因此收入保险再保险必不可少，再保险是该项保险计划可持续运行的关键环节，以目前的农业收入保险试点项目运行来看，保险和期货公司合作模式下，保险公司多通过期货市场分散经营风险，而保险公司主导模式下，经营农险的保险公司多通过再保险公司分散经营风险。保险和期货公司合作模式以"保险+期货"形式在我国多地区多品种进行试验，该模式中经营农业收入保险的保险公司与期货公司合作将农业收入保险运行风险转移到期货市场，在理论和实践层面得到认可。

农业收入保险运行风险较传统农业保险而言更高，推行农业收入保险需要匹配完善的农业保险大灾风险分散机制，我国目前尚缺乏有效的农业巨灾风险分散机制（李彦，2018）及科学的风险分散制度（黄延信和李伟毅，2013）。农业收入保险试点中风险分散主要有两种：一是再保险公司；二是期货市场。如图3-3所示，提供农业收入保险服务的保险公司通过大数法则转移农户种植过程中的种植风险，既可通过再保险公司转移风险又可通过在期货市场上购买期权的形式转移价格风险。区域监测定价模式下农业收入保险多通过再保险形式分散风险，而期货市场定价模式下保险公司既可以选择通过再保险公司分散风险，也可以选择通过期货市场分散风险。

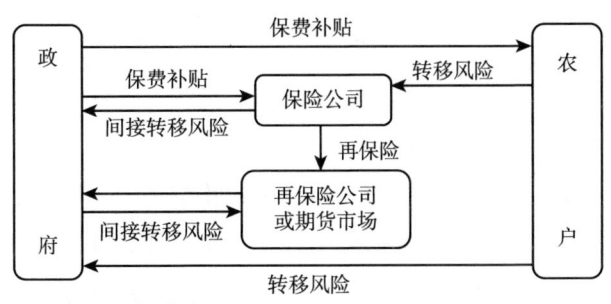

图3-3 农户参与农业收入保险的风险转移和防范

保险公司经营农业收入保险后，可以通过与中国农业再保险公司签订再保险合约分散风险，随后各保险公司根据自身风险经营情况，安排整体的农业保险分出合约，在一定程度上实现风险分散的目的。但整体而言，目前，我国尚缺乏专门针对农业收入保险的再保险产品供给，一旦出现大灾，保险公司将面临较大的风险敞口，风险分散作用有限。经营农业收入保险的公司除通过与再保险公司签订再保险合约外，还可以通过期货市场较好的分散价格风险。近年来，"保险+期货"模式得到普遍推广并取得较好成绩。三大期货交易所均开展"保险+期货"业务，以大商所为例，2015~2019年，累计推动56家期货公司、11家保险公司在全国23个省份、100余个县开展超过200个试点项目，累计覆盖种植面积1525万亩，服务农户61.46万户。然而，在具体业务监管方面，尚缺乏专门的监督依据和监督机构，存在一定的合规风险。

3.4 本章小结

首先，本章介绍我国收入保险产生的背景；其次，对我国农业收入保险实践历程进行梳理并通过试点推进情况对试点运行中存在的典型问题进行归纳；最后，对收入保险的类型和模式进行分析，研究发现以下结论。

（1）农业收入保险是我国农业在面临内外因多重风险叠加下对农业保险未来发展提出的新要求，为满足国家粮食安全、有效应对国际竞争、多元化农业经营风险管理、实现高质量农业保险发展以及农业发展新阶段经营风险管理的要求，传统农业保险亟须转型升级，而农业收入保险以其高保障成为未来农业保险发展的重点。

（2）农业收入保险作为传统农业保险的转型升级，相比于传统农业保险既存在相同之处，又存在明显差异。农业收入保险与传统农业保险均属于国家政策性农业保险，政策定位是风险管理，但农业收入保险保障程度更高，在稳定农户种植收入方面较传统农业保险优势更为明显。农业收入保险与现有农业支持政策（如托市收购政策以及传统农业保险）之间并非替代关系，而是相互补充关系。

（3）我国农业收入保险自试点以来，呈现良好发展势头，如试点覆盖区域不断扩大、试点品种不断丰富，实践中涌现出多种模式以及各项规章制度不断建立和完善。我国农业收入保险试点在保障水平方面较传统农业保险明显提高、防灾减损效果明显，但在取得成效的同时也暗含诸多问题，如中央财政投入不到位，加重地方财政负担；风险分散机制不健全，加大整体运行风险；存在交叉投保问题，降低财政使用效能；保险服务支撑系统不够完善，难以实现精准理赔。

（4）我国各地在农业收入保险试验过程中大胆创新，实践中形成多种模式，依循不同划分标准产生多种类型，如依循基准价格因素可细分为期货市场定价模式和区域监测定价模式，而这两种模式也是现阶段在我国发展速度比较快的两种主要模式。

第 4 章

两类模式下农业收入保险运行机理及实践困境：以试点地区为例

依循价格因素不同，我国农业收入保险试点中存在着两种典型模式，一是区域监测定价模式，二是期货市场定价模式。本章重点选取江苏省常州市武进区水稻收入保险、辽宁省锦州市义县玉米收入保险和辽宁省海城市玉米收入保险典型试点为研究对象，就两种典型模式的运行机理及实践困境进行深入分析。

4.1 农业收入保险典型试点选取依据

目前，我国农业收入保险存在多种运行模式，不同模式在不同地区和品种间进行试验。在发展速度和规模上，以期货市场定价模式和区域监测定价模式发展最好。期货市场定价模式以"保险+期货"形式在全国得到迅速推广和普及，该模式已经成为我国近年来金融市场探索推出的支持"三农"发展和服务农业供给侧结构性改革的重要工具，并逐步向全域覆盖、纯商业化模式进行探索；区域定价模式则在特定品种间进行尝试。两种典型模式在具体运行方面各有千秋，取得良好试验效果。本章重点选取武进水稻收入保险、海城玉米收入保险和义县玉米收入保险进行典型案例研究，基于此，2021 年 6~11 月对江苏省武进区、辽宁省海城市和辽宁省锦州市义县的农业收入保险试点进行调研（见表 4-1）。

表 4-1　　　　　　　　农业收入保险典型案例基本情况

试验品种	所在区域	试点时间	模式	主要参与主体
水稻	江苏省常州市武进区	2017~2021 年	区域监测定价模式	政府、保险公司
玉米	辽宁省海城市	2018 年、2021 年	期货市场定价模式	政府、保险公司、期货公司
玉米	辽宁省锦州市义县	2018~2021 年	期货市场定价模式	政府、保险公司

资料来源：根据调研数据整理，数据截至 2021 年 11 月。

选取这三个典型试点原因如下。

一是价格锁定因素。武进水稻收入保险是典型的以区域监测定价为基准核算农业收入保险，而海城和义县则是典型的期货市场定价模式收入保险，目标价格以期货市场价格为基准参考核算目标收入。海城试点和义县试点在目标价格的锁定方面以期货市场价格为基准，但在具体运作方面却呈现较大差异，海城玉米收入保险运行中保险公司主要承担产量险部分，而价格风险部分则由期货公司分担，而义县玉米收入保险在具体运作中仅以期货市场价格作为参考，并未与期货公司合作分担风险。

二是试点时间。武进自 2014 年开始试验水稻收入保险改革项目，其规模从最初参保农户 4 户扩大到 2021 年的全区推进，取得良好试点效果。义县玉米收入保险自 2018 年以来已经连续三年推进，参保农户、承保面积已初具规模，试点效果初步显现。武进水稻收入保险和义县玉米收入保险，两个试点项目的试验时间久，试点效果凸显，便于对比分析。

三是保险品种。武进主要种植稻谷，目前国家在稻谷主产区实行最低收购价政策，而玉米在取消临时收储政策之后按照市场价格购销，两种不同的农作物分别基于不同的价格形成机制，可以更全面地分析区域监测定价模式和期货市场定价模式的运行差异。

四是后期跟踪。武进水稻收入保险和义县玉米收入保险两个试点项目已形成规模且典型做法已得到复制和推广，试点项目在全国范围内具有一定的影响力，便于后期继续跟踪研究。2021年，江苏省将水稻收入保险在全省进行推广，实施范围进一步拓宽。辽宁义县玉米收入保险在结束国家三年试点期后，在2021年开始新一轮的玉米收入保险试验。

4.2 区域监测定价模式

区域监测定价模式顾名思义是以区域性权威价格作为基准价格核算目标收入和实际收入，该模式适合以区域性种植为主的小品种农作物，如江苏武进水稻收入保险、山东蓝莓收入保险和湖南沅陵茶叶收入保险。本节选取江苏武进水稻收入保险作为典型试点案例，对区域监测定价模式收入保险运行机理及实践困境进行探究。

4.2.1 武进水稻收入保险试点背景介绍

作为重要的粮食生产区，江苏省农业现代化程度高，而位于江苏省南部的常州市武进区素有"鱼米之乡"美誉，具有悠久的水稻种植历史，但近年来，受极端天气的影响，加之水稻价格波动，区内水稻种植面积大幅度减少。自2004年开始，江苏省水稻种植成本不断提高（见图4-1），稻农净利润呈现下降趋势，稻农种粮积极性受到重创。江苏省水稻价格从2004年的525.35元/亩上升到2017年的1300.13元/亩，上涨幅度为147%，水稻总成本逐年上涨的趋势大大削弱稻农种植积极性。除水稻总成本呈上涨趋势外，江苏水稻现金收益波动幅度较大，2004~2017年中有6年现金收益出现减少，最低年份出现在2005年，现金收益为516.83元/亩，最高年份出现在2014年为1192.51元/亩。现金收益的大幅度波动说明水稻价格变化较大，稻农在水稻种植过程中种植收入不确定性因素加大。2004~2017年，水稻的成本利润率呈现较大波动，最高的利润率为

2004年的85.90%，而最低的2013年则是16.66%，且从2012年的52.51%开始下降，一直到2017年成本利润率再也没有到达过50%以上。

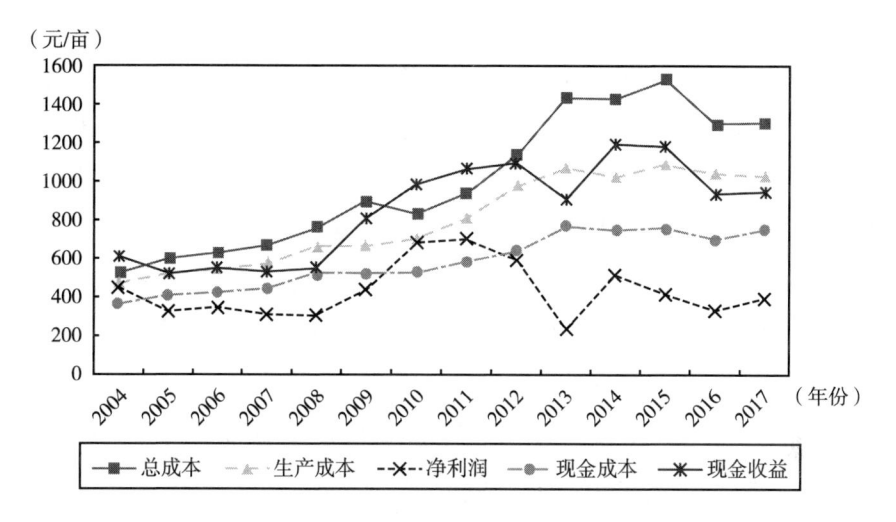

图4-1 2004~2017年江苏粳稻成本、利润情况

资料来源：《全国农产品成本收益资料汇编》。

通过对水稻种植过程中成本和收益的分析不难发现，水稻种植在成本增加及利润降低共同作用下导致稻农种植积极性受到重创。农户种植收入的不稳定致使农户在水稻种植过程中积极性减弱，为稳定农户种植收入农业保险亟须优化升级，而水稻收入保险集产量和价格因素于一体，通过水稻收入保险稻农实现种植收入可期。

4.2.2 区域监测定价模式的运行机理

1. 政府主导，保险公司商业化运作

区域监测定价模式收入保险与传统农业保险在运行机理上既有相同之处，又存在明显的不同。区域监测定价模式收入保险参与主体有政府、保险公司及农户三方主体，这与传统农业保险并无差异（见图4-2）。区域监测定价模式下的收入保险，政府在其运作中起重要作用。一是保费补贴。试点地区地方财政对收入保险试点进行财政补贴，以武进水稻收入保险为例，区政府对水稻收入保险提供80%的保费补贴。二是宣传教育。水稻收入保险实施过程中，区政府承担起保险宣传、教育的职责。武进区政府牵头成立收入保险试点工作领导小组，统筹多部门，明确责任分工，有序推进水稻收入保险试点工作。区政府承担对收入保险的宣传工作，积极引导农户参保，提高参保率。在保险公司选择方面，区政府要求承保公司具备设计农业收入保险的能力，做好条款设计、费率厘定等相关工作，具备完善的再保险和大灾风险安排。三是基础设施服务。农业收入保险较传统农业保险对产量和价格信息要求更高，政府与保险公司合作，不断完善数据库建设，并搭建价格信息发布平台，以武进水稻收入保险为例，区政府与保险公司合作，通过科学论证设计出一套符合水稻种植且操作性强的基础数据库，为水稻收入保险试点顺利进行提供强而有力的数据信息保障。

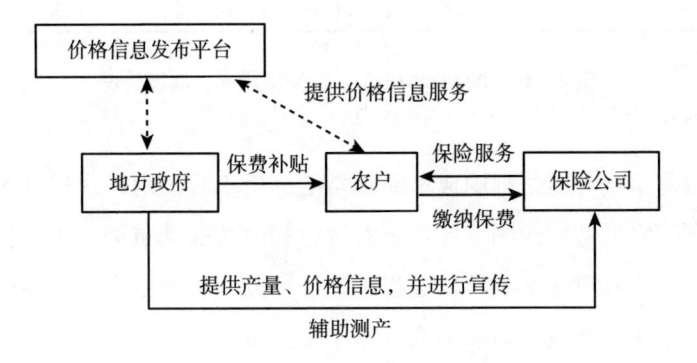

图4-2 区域定价模式收入保险主要参与主体

武进水稻收入保险试点中，稻农对水稻收入保险持肯定态度。稻农参与意愿强，保险公司在经营过程中实现业务经营可持续，政府基于国家粮食安全角度出发，积极推行农业收入保险试点工作。政府、保险公司和参保农户三方博弈的结果是政府基于国家粮食安全角度，对农业收入保险实施保费补贴，而农业保险公司在经营水稻收入保险过程中拓宽公司业务，实现可持续运行，而农户只需缴纳小额保费便可实现保障种植收入的目的，最终达到三方均衡并实现帕累托最优（见图4-2）。

武进水稻收入保险具体运作模式参照以往农业保险的成功经验，将农业收入保险列入政策性农业保险范围。武进区政府通过与保险公司"联办共保"（见图 4-3）的模式试验农业收入保险，即武进区政府和人保公司合作推行水稻收入保险，武进区政府主要负责组织推动、各方面的沟通协调以及监督水稻收入保险的具体实施。政府与保险公司以 1：1 比例承担风险责任，其中，区财政承保保费 80%，稻农仅承担 20% 保费，便可获得保险约定的风险保障。区政府对水稻收入保险的保费实施专项管理、封闭运行、盈余滚存，考虑到农业收入保险运行风险高于传统农业保险，区政府建立大灾风险准备金制度，并鼓励保险公司建立巨灾风险。武进水稻收入保险除设置大灾风险准备金，还通过再保险方式化解经营风险，截至 2019 年风险池资金已达到 3000 多万元。水稻收入保险试点实行以奖代补政策，对试点成效显著的镇、村进行适当奖励，奖补资金从农村改革试验工作专项扶持基金中列支。水稻收入保险试点建立目标价格保险月报统计制度，经办农业收入保险的机构定期向武进区委办提供承保及理赔的相关材料。水稻收入保险核心要素是产量和价格数据，为此，武进区建立公开、透明的价格发布体系，确定权威的信息发布平台，建立和完善信息发布制度，规范发布方式、范围、程序和周期，确保信息真实可靠。武进水稻收入保险在保费补贴、产品设计、费率厘定等方面大胆创新，形成可复制、可推广的经验。

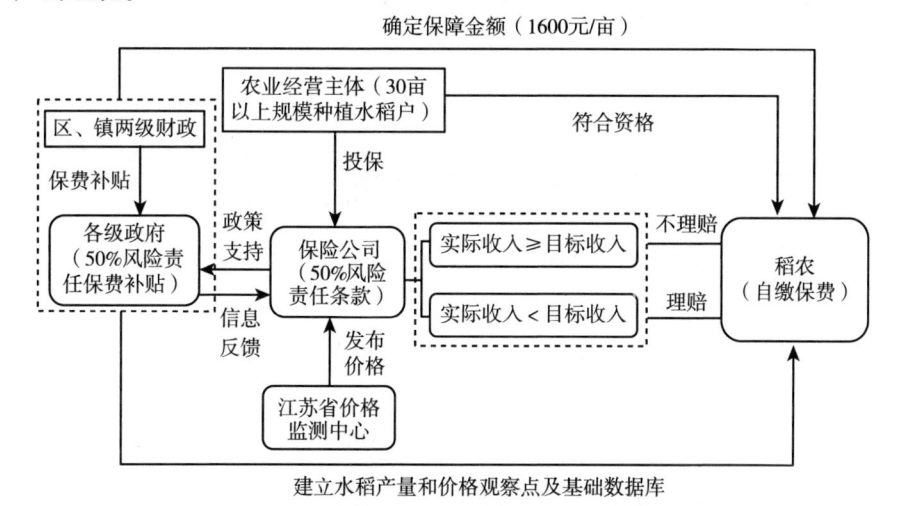

图 4-3　区域监测定价模式下水稻收入保险运行机制

2. 区域价格，锁定农作物两个收入

农业收入保险赔付机制与传统政策性农业保险赔付机制有较大区别，以武进水稻收入保险试点为例，人保公司首先明确保险责任期，即水稻保险期间自水稻在田间移栽成活返青后开始，到水稻收割后约定上市期结束为止，但不得超出保险单载明的保险期间范围。在确定保险期限后，触发理赔条件与传统水稻保险也存在较大差异，即保险期间内投保人种植水稻的实际种植收入低于水稻收入保单所约定的目标收入时，则触发理赔视为保险事故发生，保险公司按照保险合同约定对投保人进行赔偿。试点运行中，因水稻地域性明显，缺乏全国统一的定价机制，武进水稻收入保险在核算目标收入和实际收入时重点参考区域性定价，具体规定为：水稻收入保险目标价格主要以国家发布的水稻最低收购价格为基准，而目标产量则重点参考当地水稻正常年景前三年平均产量，实际价格则是按照江苏省价格监测中心发布的水稻价格进行计算，实际产量则通过武进区农险办在赔付前召集成员单位和乡镇农业部门对水稻实行田块抽样测产，实割实测以确定水稻平均产量（见表4-2）。

表4-2　　　　　　　　　武进区水稻收入保险条款设计

参保主体	水稻种植大户（30亩以上）
触发理赔	赔偿金额=(每亩保险金额-约定上市期间的平均监测收购价格×每亩平均监测产量)×(保险数量-全损数量)
目标收入	目标价格：国家发布的水稻最低收购价格； 目标产量：当地水稻正常年景前三年平均产量
实际收入	实际价格：省价格监测中心发布的价格； 实际产量：实割实测以确定水稻平均产量
理赔金额	赔偿金额=(每亩保险金额-约定上市期的平均监测收购价格×每亩平均监测产量)×(保险数量-全损数量)
保险费率	费率6%，当所保险的水稻在上一年保险责任期内没有发生赔付时，费率调整系数降至0.9
费率补贴	区、镇两级财政补贴80%，农户自缴20%

资料来源：笔者调研数据。

3. 浮动费率，有效防范道德风险

作为一种新型农业保险，农业收入保险保障农户种植收入是一种保障程度更高的险种。国外农业收入保险实施过程中道德风险和逆向选择问题是此类保险产品最容易出现的问题，也是近年来国外学者关注的重点和研究的难点。武进水稻收入保险为有效防范道德风险和逆向选择问题，实施浮动费率制度，其目的在于引导稻农提升风险防范意识，积极主动开展自控。水稻收入保险试点保险费率统一定为6%，同时规定保险水稻在上一年保险责任期间内未发生赔付，费率调整系数为0.9，以2019年为例，因2018年水稻收入保险未发生理赔，则2019年费率下调为5.4%，浮动费率制度对稻农参与水稻收入保险后道德风险和逆向选择的发生具有一定约束作用，极大地降低保险公司的运行风险。

武进水稻收入保险运行中，保险公司充分运用高科技手段设计一套符合水稻种植且操作性强的基础数据库，从而准确掌握农户水稻种植收入情况，以测产为例，为保证测产数据的精准科学，试点中政府对水稻田块选择采用随机抽样，现场确定，并对收入保险续保户实施每户必测，新保农户随机抽样，并在每个乡镇随机抽样一定数量未参保农户田块进行测产（未参保稻农测产田块不少于综测产田块数量的20%）。在测产过程中，对测产田块选择也有要求，测产田块需符合水稻收入保险承保要求的品种，播种方式为机插，秧田、直播田及其他影响产量的非正常方式种植的田块不在测产范围内。在测产人员组成上由区农业农村局、区人保公司、各镇经管站、农计站人员和稻农参与，规范化、精确化的测产过程可最大限度缩小实际收入和目标收入之间的差距，提高农业收入保险精准度，从而降低保险公司运营风险。科学、有效的风险防范机制使水稻收入保险在实施过程中的风险得到有效的控制，有效降低道德风险发生概率。

4.2.3 区域监测定价模式可能性解析：基于参与主体利益视角

区域监测定价模式下农业收入保险参与主体有政府、保险公司和农户。基于成本收益角度分析政府、保险公司和农户在参与农业收入保险过程中的收益情况。

一是政府目标,即保障国家粮食安全。政府实施农业收入保险的目的在于保障国家粮食安全和促进农业产业发展。中央或地方政府推出农业收入保险的目的都是追求一定利益即实现 GDP 以及财政收入的增加,农业收入保险对 GDP 或者财政收入的影响为

$$Y_{it} = \alpha + \beta W_{it} + \delta W_{it-1} + \phi W_{it-2} + \varphi \prod + \mu_i + \varepsilon_{it} \qquad (4.1)$$

式(4.1)中,i 为实施农业收入保险的地区,t 表示实施年份,Y_{it} 为被解释变量即为政府 GDP、预算内的财政收入,关键解释变量 W_{it} 和 W_{it-1} 表示农业收入保险推广量。由此公式可以考察农业收入保险对政府 GDP 的影响,如果系数为正,则考察政府为提高政绩进而会推出农业收入保险的激励和效应。基于式(4.1)分析可知,政府完成其政策目标的一个重要衡量指标是政绩,即政府的利益可以通过政绩表示,而政绩主要是指在农业收入保险实施后国家粮食产量情况对政府 GDP 产生何种影响。

农业收入保险属于政策性农业保险范畴,推行农业收入保险的目的是让农户在种植过程中通过缴纳少量的保费,获取一定的保险保障以弥补农业种植经营风险过程中可能发生的损失。农业保险公司推行农业收入保险的目的是盈利,但考虑到农业收入保险风险高于传统农业保险,所以政府必须对经营农业收入保险的保险公司给予保费补贴,减少保险公司的潜在损失,以激励保险公司积极推行农业收入保险。

二是保险公司目标,即追求利润最大化。保险公司在推出农业收入保险的过程中其目标是追求利润最大化,经营农业保险的保险公司是自负盈亏的企业,其利润率可表示为

$$\pi = \frac{S_t - C_t}{I_t} \qquad (4.2)$$

式(4.2)中,S_t 表示保险公司推出农业收入保险的总收入,C_t 表示推出农业收入保险的费用成本,I_t 表示投资。只有在 $\pi>0$ 时,保险公司才会推出农业收入保险;而 $\pi\leqslant 0$ 时,保险公司则会减少农业收入保险的供给。

三是农户目标,即损失最小化。农户购买农业收入保险是将其作为一种分散自然风险和市场风险的一种避险工具,农户作为理性经济人,旨在通过农业收入保险的购买平滑其农业种植收入。假设农户对农业收入保险的支出预算为 B',农业收入保险的保障程度为 x,保险费率为 P^*,农户对除农业收入保险以外的保险的保障程度为 y,保险费率为 P'^*,T 为农户对各种风险的态度,K 则外部环境,如农村文化、法律法规等。农户保险预算约束线为

$$B' = xP^* + yP'^* \tag{4.3}$$

在其他因素不变的情况下,农户在保险投入的最大效应为

$$\max EU[x,y,T,K] \tag{4.4}$$

当 x 和 y 均为 0 时,则表示农户不对保险进行任何投入。在预算约束下农户在不同的保险品种之间进行选择,而影响其选择的因素有很多,如风险态度、法律法规等。农户在不同保险产品选择的过程中,会对其进行成本和收益的比较,只有当两种保险产品的边际效用相等时,即当 $\partial EU_1/\partial xP^* = \partial EU_2/\partial yP^*$ 时,农户才会选择农业收入保险和其他农村保险的方式分散各种风险;而当 $\partial EU_1/\partial xP^* > \partial EU_2/\partial yP^*$ 时,农户则会只选择农业收入保险进行风险分散。

基于收益视角分析农业收入保险不难发现,区域监测定价模式收入保险与传统的产量保险相似,在政府财政补贴下该模式得以顺利推开,最终实现三方共赢。

4.2.4 区域监测定价模式优势及堵点分析

以武进水稻收入保险为典型的区域监测定价模式在我国小范围进行试验,如青岛蓝莓收入保险、沅陵茶叶收入保险等,该模式优势明显,同时也存在着诸多现实困境。

1. 优势解析

一是巧借"区域性监测价格",破解缺乏价格锁定困局。水稻、茶叶

等农作物因缺乏全国统一的价格形成系统，而如何准确锁定农业收入保险核算中最为重要的核心要素——价格，成为制约农业收入保险在多品种间试验的主要原因。基于客观现实条件的约束，保险公司需要寻找一个能准确反映此类农产品的价格体系。区域监测定价模式是现行农业收入保险试点中普遍存在的模式，此类作物地域性强，在约定目标价格时因无权威可供参考的统一的市场定价标准，保险公司以权威监测机构价格为基准核算农业收入保险以此来弥补因缺乏定价带来的难题。以武进水稻收入保险为例，目标价格参考国家发布的水稻最低收购价格，而实际价格则参考省价格监测中心发布的价格。该模式适合区域性农作物、特色农作物及经济作物。农业收入保险核心要素是价格的锁定，标准化、可量化、发布频繁、具有竞争性的定价及能较好反映标的价格是收入保险成功的关键。区域性农作物及经济作物因种植面积呈现地域性、小范围种植特点，如水稻、茶叶等，该类农作物缺乏全国统一的价格形成机制，更适合区域监测定价模式。

二是政府有效介入，降低农业收入保险试行难度。区域监测定价模式下保险公司在核算目标收入和实际收入时需要选择能够真实反映农产品价格且农户公认易理解的价格标准，以武进水稻收入保险为例，武进区为顺利推进水稻收入保险运行，依托江苏省价格监测中心官网公布的水稻价格核算实际价格。政府公布水稻价格，该价格公开、透明、可信度高，在农户中具有一定的公信力。

三是鼓励规模化种植，提升农业收入保险实施效率。农业规模化经营下农业生产和农业投资环境得到改善，规模化的种植更适合农业收入保险。农业收入保险需要详尽的农产品产量和价格信息，且需要精准到户，农业收入保险需要投保农户提供尽可能详尽的数据信息，因此更适合规模化和规范化的种植户。农业收入保险的推行，使得农户更加规范化、规模化种植，详细记录历年产量和价格信息，从而准确核算历史收入。规范化和规模化种植可以提高劳动生产效率，而农业收入保险的实施有利于农户在生产经营在实际收入降低后快速恢复再生产，防范生产中的各自风险，更有助于农户扩大生产规模,最终进一步提高农业生产效率。以区域监测定价模式为例,因其多以经济作物或缺乏全国统一定价标准的农作物为主,故在参保农户规模选择上以规模化种植户为主。规模化种植农户种植面积大、规范化种植等特点便于保险公司对其进行查勘定损。以沅陵茶叶收入保险为例,保险公司对参保茶农设定门槛,即经营主体符合当地普遍采用的种植规范和技术管理要求,即种植面积100亩(含)以上、生长正常、尚未采摘且处于成熟期的生鲜茶叶才可成为保险标的。茶农种植在自家房前屋后的零星土地、自留地、堤外地、生荒地茶树,以及种植在蓄洪区、行洪区内的茶树不得参保。

四是简单易理解。区域监测定价模式下的农业收入保险,无论是水稻最低收购价,还是茶叶前三年田间收购价格均是公开价格,此类价格易获得且多为政府发布,具有较高的公信度,农户对该价格形成机制认可度高。区域监测定价模式在选定价格机制后,目标收入和实际收入的核算简单、易理解,具体计算为:目标收入 = 目标产量 × 目标价格;实际收入 = 实际产量 × 实际价格。触发理赔的条件也非常简单,即保险期间农作物的实际收入低于目标收入则触发理赔,整个理赔程序简单易理解,可操作性强。

2. 堵点分析

区域监测定价模式为缺乏全国统一定价机制的农作物实施农业收入保险提供一条可行的模式,同时,该模式存在着堵点,包括以下问题。

一是农业收入保险试点尚未得到上级财政补贴支持。一方面,农业收入保险保障责任涵盖自然风险和市场风险两个方面,以武进水稻收入保险为例,由于水稻成本保险享受市级以上财政补贴保费比例高达65%,而"收入保险"尚未列入市级以上财政保费补贴目录,仅依赖区内财政进行补贴,资金压力较大,如2017年参保3691亩,区内财政补贴保费31.89万元,2018年武进参保水稻收入保险6620亩,区内财政补贴保费50.84万元,两年合计区内财政补贴保费82.74万元(见图4-4)。如果20亩以上的农户参保水稻收入保险,全区面积约 2 万亩,按 1600 元/亩的保险金额换算,总保费 96 元/亩,财政补贴 80%（76.8 元/亩）,区内 2 万亩水稻合计财政补贴保费 153.6 万元。另一方面,2020 年启动江苏省版区域水稻收入保险条款运作后,条款尚需完善,基于高昂的财政补贴数额和可能产生的财政支付风险压力,推动农业收入保险扩面须持审慎的态度。

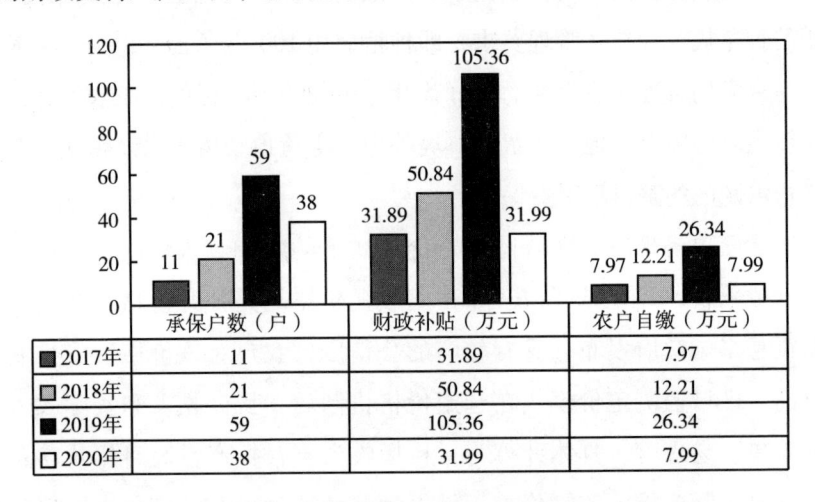

	承保户数（户）	财政补贴（万元）	农户自缴（万元）
2017年	11	31.89	7.97
2018年	21	50.84	12.21
2019年	59	105.36	26.34
2020年	38	31.99	7.99

图 4-4　2017~2020 年武进水稻收入保险财政补贴情况

注：2020 年因管理权限调整,武进区所有保险数据均剔除经开区数据,所以在承保户数、财政补贴及农户自缴上有所下降。

二是易出现价格锁定不精准问题。农业收入保险的重点和难点在于精准锁定目标收入,以武进水稻收入保险为例,试点中存在着价格锁定口径不同问题,水稻目标价格以国家发布的水稻最低收购价格为基准,但实际运行中,该价格往往是水稻收购的最高价格,以该价格锁定目标收入显然低估农户种植水稻的真实收入。在实际价格的锁定上,水稻收入保险重点参考省价格监测中心发布的价格,而农户对该价格的公信力产生一定质疑,目标价格和实际价格口径不同,势必导致两个收入之间会存在一定误差。

三是农业收入保险对勘查技术、管理条件要求较高,加大了保险公司实际工作量。农业收入保险是农业保险的高级形态,较传统政策性农业保险保障程度更高,故在理赔机制设计、保费补贴、保险设计等方面要求较高。以武进水稻收入保险为例，为准确核算水稻损失情况，武进区农险办在实际发生赔付前会召集保险公司和乡镇农业部门人员对水稻产量实行田块抽样测产，实割实测的方法可提高水稻产量的精准性。此方法可最大限度反映真实产量情况，但无形中加大了保险理赔的工作量。农业收入保险集产量和价格风险于一体，因此在保险条款设计过程中，较传统农业保险更为复杂，调研时，参保农户也反映该问题，即保险公司如何计算目标收入和实际收入，并对该计算方式和标准提出质疑。

四是参保农户、承保机构的风控问题。武进区农业保险产品普遍存在标的金额小、投保主体多、涉及范围广等特点，调研中发现武进区水稻种植者多为1~2亩的自给自足式种植模式，呈现出面积小、地块分散等特点。未来水稻收入保险大范围推广，根据投保人追求利益最大化的设定，极易出现因投保方信息不对称所导致的道德风险和逆向选择问题。

4.3 期货市场定价模式

期货市场定价模式是我国农业收入保险运行中另一种典型模式，不同于区域监测定价模式，期货市场定价模式在锁定目标价格和实际价格时重点参考期货市场合约价格。该模式主要探索并建立农业保险与金融衍生品之间有效的联动机制，主要适合大豆、玉米等大宗农作物，如玉米收入保险、大豆收入保险。本节选取我国首批农业收入保险试点的辽宁省锦州市义县玉米收入保险和国家综合改革试验区辽宁海城市玉米收入保险为典型试点案例，对期货市场定价模式收入保险运行机理与实践困境进行探究。

4.3.1 辽宁玉米收入保险试点背景介绍

我国在2016年率先取消玉米临时收储政策，改为在内蒙古和东北三省推行"价补分离"政策，这是农业供给侧结构性改革要求所决定的，标志着农产品市场化改革的进一步加深，意味着农户将不可回避因农产品价格波动而带来的市场风险，农民收入的不确定性增大。相比农业自然风险的防范，我国农业保险在防范转移农业市场风险方面的作用尚未开启，亟须补齐农业支持保护政策这一短板，加强农业保险在服务乡村振兴中的重要作用。

农业收入保险相比产量保险更具全面性和保障深度，在保障农户收入、有效防范和化解农业风险等方面优势更为明显。近年来，政府对农业风险防范的重视程度日益提高，而保险公司则积极探索农业保险与其他金融工具的有效结合，试图将多种金融工具联合以应对多元化农业风险。保险和期货两种金融产品虽作用机理不同但有着共同的目标，即稳定农户种植风险，促进农业转型升级、提高农业种养收入和增强农民福利。2015年，大商所首次尝试动员期货公司与保险公司合作，探索"保险+期货"两种金融产品对接。从 2016 年开始，"保险+期货"这一联动模式连续五年出现在历年中央一号文件，农业保险和农产品期货作为我国支农金融体系的重要组成部分，两者联合共同发挥风险防范的功效。"保险+期货"作为我国特有的农业风险管理模式，形成农业风险管理的闭环。2017 年中央一号文件继续丰富"保险+期货"模式，2019 年，财政部联合多部门印发《关于加快农业保险高质量发展的指导意见》，提出推进农业保险与信贷、担保、期货（权）等金融工具联动，期货市场定价模式综合运用多种金融工具，实现风险防范的目标。

2018 年，作为国家农村改革试验区的海城市承担了 8 项改革试验任务，其中 1 项便是试验农业收入保险。在试验任务正式获批后，海城市人民政府、中华联合财产保险股份有限公司鞍山中心支公司在海城市开展"订单农业+保险+期货"玉米收入保险试点，试点以规模农户为参保主体，小范围展开试点。2018 年，财政部、农业农村部、中国银保监会共同印发《关于开展三大粮食作物完全成本保险和收入保险试点工作的通知》，辽宁省锦州市义县率先成为农业收入保险全国 4 个试点之一，并于 2019

年、2020年和2021年连续三年整县推进试验玉米收入保险。以2020年为例，义县3.85万户玉米种植户购买玉米收入保险，玉米收入保险承保面积达68.63万亩，占全县玉米种植面积的83.15%，玉米收入保险为参保农户提供高达4.8亿元的风险保障。义县玉米收入保险与海城玉米收入保险在目标价格和实际价格锁定方面均重点参考期货市场价格，两个试点均属于期货市场定价模式。

4.3.2 期货市场定价模式的运行机理

1. 政府主导，保险期货多主体联动

期货市场定价模式与区域监测定价模式最大的区别在于目标价格锁定机制不同，期货市场定价模式在锁定目标收入和实际收入时主要参考期货市场价格，将期货市场内农作物合约价格作为重要参考依据。海城玉米收入保险和义县玉米收入保险在目标价格锁定上均参考大连期货市场玉米期货价格，但在参与主体方面，两个试点却有较大差异。海城玉米收入保险以"订单农业+保险+期货"模式开展，参与主体包括保险公司、期货公司、银行和订单企业，在保险期货基本形态下融合多元参与主体实现风险闭环运行，"订单农业+保险+期货"玉米收入保险的内在运行机理如图4-5所示。海城市政府、期货公司签订农民收入保障计划合作协议，玉米种植户向保险公司购买设计好的玉米收入保险产品，之后农户可与玉米加工企业签订玉米购销合同。保险公司在向农户出售保单后向期货公司（金瑞期货）购买亚式看跌期权（再保险），将价格风险转移到期货市场。玉米种植者用保单向银行申请贷款融资，而金瑞期货从期权交易日开始在大商所利用玉米期货合约进行复制期权交易，实现风险转移对冲，在玉米收获期，农业生产者依照协议将玉米销售给玉米加工企业或养殖户。期权到期进行清算，金瑞资本向保险公司进行赔付，若保险产品达到保单约定的理赔条件，则保险公司对被保险人进行理赔，最终形成风险分散的闭环。

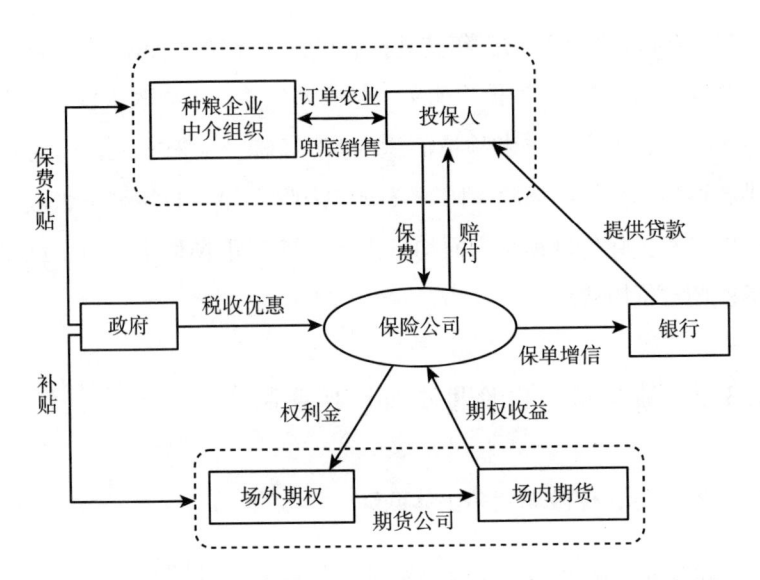

图4-5 海城市"订单农业+保险+期货"玉米收入保险运行机理

义县玉米收入保险与海城玉米收入保险均属于期货市场定价模式，但在参与主体合作方面存在明显差异。义县玉米收入保险在运作中仅参考期货市场价格，用期货市场价格核算目标收入和实际收入，保险公司承担产量风险和价格风险，并未通过期货市场分散风险。通过对比海城玉米收入保险试点和义县玉米收入保险试点不难发现，期货市场定价模式下，参与主体既可以是政府—保险公司—农户，又可以是政府—保险公司—期货公司—农户，期货公司在该模式中主要承担再保险功能。期货市场定价模式下不严格要求期货公司必须参加，保险公司可通过再保险公司分散风险也可以通过期货公司分散风险，期货公司是否参与其中可视为一种博弈，保险公司和期货公司基于成本与收益的考量决定是否合作。

2. 期货价格，锁定农作物两个收入

期货市场定价模式收入保险触发理赔的条件与区域定价模式相同，即在保险期内，参保农户投保的某种农作物实际收入低于目标收入则触发理赔。义县玉米收入保险与海城玉米收入保险在保险理赔机制设定方面相同，即：

第4章 两类模式下农业收入保险运行机理及实践困境：以试点地区为例

（1）保险金额的确定：保险金额 = 每亩保险金额 × 保险面积。

（2）赔款金额的确定：赔款金额 = （每亩保险金额 − 实际每亩收入）× 保险面积。

（3）实际收入的确定：实际每亩收入 = 实际每亩产量（吨/亩）× 约定时期内各交易日约定玉米期货合约收盘价的算术平均值。

（4）实际产量的确定：实际每亩产量由当地县级农业主管部门、保险人或其委托的专业机构测定。约定时期由投保人与保险人参照当年玉米收获、上市时间确定，最长不超出保险期间范围。保险合同所涉及的约定时期以保险单载明为准，玉米期货合约价格数据以大连商品交易所发布的数据为准。

以海城市玉米收入保险为例，保险期间为2018年6月4日至2018年10月31日，均值观察期为2018年10月8日至2018年10月31日。保险公司与农户约定，若均值观察期内挂钩标的（C901）的每日收盘的算数平均数乘以最终定产数量所得收入低于承保收入，则触发理赔。从保险条款可看出（见表4-3），海城市玉米收入保险被细分为价格险和产量险，金瑞期货通过向保险公司卖出期权为保险公司转移价格风险，保险公司支付的期权费即为价格保险费用。如果发生赔付，期货公司价格保险应赔付的金额通过保险公司支付给农户，产量保险定价则是中华联合保险公司根据海城市当地玉米近5年平均亩产、自然灾害频次等情况厘定产量险费用。2018年试点项目承保玉米面积4万亩，保障总额为4561万元，保费共计366万元，因当年发生保险条款内的风险，最终实际收入低于保险约定的目标收入，最终玉米收入保险触发理赔，赔付金额为2556811.68元。

表4-3　　　　　海城市玉米收入保险条款设计

项目	内容
期货公司	金瑞期货
保险公司	中华联合
参保主体	玉米种植大户
触发理赔	赔偿金额 = （承保收入 − 最终产量 × 约定月份玉米期货合约在约定期内各交易日收盘价的算数平均值）× 保险数量（吨）

续表

项目	内容
目标收入	约定价格：约定期货合约在投保日前一天或当天的收盘价（或收盘价的一定比例）； 约定产量：参保6个镇近5年玉米产量的平均值
约定价格	1810元/吨，即1.810元/千克
承保亩产	630千克/亩（700千克/亩，90%赔付比例，14%水分干粮，相当于864千克/亩30%水分湿粮）
承保总量	2.8万吨
承保亩数	4万亩
最低赔付	18.3元/亩
期权方案	价格低于1810元/吨（1.810元/千克），100%赔付
实际收入	实际价格：观察期内挂钩标的的每日收盘价的算数平均数； 实际产量：海城市政府和保险公司联合成立的测产队确定实际产量
保险费率	8.01%（总保费102元，其中价格险63.1元/亩；产量险38.82元/亩）
费率补贴	海城市财政补贴80%，农户自缴20%

资料来源：笔者调研数据。

义县玉米收入保险由中国人民财产股份有限公司辽宁省分公司承保，以2020年为例，玉米保险费率为11%，每亩保险金额根据不同等级地块每亩保险产量、历史时期玉米期货合约平均价格确定，即每亩保险金额为700元，财政补贴70%，农户自缴30%（23.1元/亩）。玉米收入保险的保险责任为在保险期间内，因本保险合同责任免除以外的原因造成保险玉米产量下降或因市场波动造成价格下降，导致保险玉米实际收入低于保单约定目标收入时，则触发理赔视为保险事故发生，保险人按照保险合同的约定负责赔偿。2020年，义县玉米种植过程中因旱灾造成损失，后期受价格波动综合影响导致农户玉米种植收入降低，保险公司组织勘查人员、农险专家以及村民代表，及时对受损标的进行共同勘查，根据现场农作物受损情况确认出险原因为旱灾，经现场勘查以及农险专家组测产确认，平均亩产为221.42吨/亩，农作物生长为第二期，经核实进行足额承保。根据当年市场交易价格乘平均亩产等于每亩玉米实际收入，因此，每亩玉米收入562元，最终玉米种植户每亩获得保费理赔金额为138元。

3. 期货再保险，有效转移保险风险

保险公司通常不承担系统性风险，但农业收入保险是一个例外，因为该保险计划为高度系统性的价格风险提供保障（Tiwari，2021）。农业收入保险较传统产量保险保障程度更高，保险公司面临较大的运行风险，如何防范运行风险成为农业收入保险能否实现可持续运行的关键。区域监测定价模式主要是通过再保险公司分散风险，而期货市场定价模式充分发挥期货市场的再保险作用，主要通过期货市场分散风险。

期货市场具有价格发现功能，学者从供给的角度指出期货市场价格具有价格发现的功能，基于此，美国农业收入保险充分利用期货市场价格发现功能核算目标收入和实际收入。蒂瓦里（Tiwari，2017）指出，想要抵消玉米收入保险固有的价格风险，保险公司可将各种套期保值工具与标准再保险协议相结合以防范农业经营风险。期货市场不仅具有价格发现功能更能转移价格风险，早在1973年罗伯特·戈西（Robert Goshay）和理查德·桑道（Richard Sandor）在《构建再保险期货市场的可行性分析》中就提出可将资本市场作为再保险的重要场所，以此化解再保险市场容量不足的问题。美国农业收入保险运行中，期货市场不仅承担价格发现的功能，更是主要的风险分散场所。我国期货定价模式则是借鉴美国农业收入保险的成功经验，充分利用保险和期货两个具有不同运行机理但具有风险转移的金融工具，使得"保险+期货"成为有效平滑农户种植收入的重要工具。

区域监测定价模式中参与主体主要有政府、保险公司和农户，而期货定价模式在参与主体上则相对复杂，既可以与区域监测定价模式相同，也可以在政府、保险公司以及农户三方参与主体上增加期货公司。以海城玉米收入保险试点项目为例，参与主体涵盖政府、保险公司、农户以及期货公司，是典型的"政府—农户—保险—期货公司"四方博弈。期货公司是否参与主要看期货公司以及保险公司之间是否合作，期货公司与保险公司直接的合作需要对分保比例进行商榷，即保险公司拿出保费总额的多少比例进行风险转移。以海城玉米收入保险为例,保险公司与期货公司合作设计收入保险保单,而收入保险被分为产量保险和价格保险两部分,产量险部分由保险公司承担,价格险部分期货公司承担。期货公司转移保险公司价格风险,起到再保险作用,保险公司与期货公司需强化合作机制,目标价格定得过低则保险公司承担较少风险责任,保险公司的利益可得到有效的保护;相反,如果目标价格制定过高则保险公司理赔概率增加,保险公司利益受损。期货市场定价模式中,保险和期货之间的合作至关重要,保险公司既可以选择与期货公司合作,也可以选择其他渠道分散风险,保险公司既可以采用期货市场价格作为目标价格基准,也可以选择其他价格作为目标价格基准。龙文军等(2019)指出"保险+期货"模式中,保险公司只是赚取通道费用,承担的风险较小,甚至可以通过制定较低的目标价格降低理赔概率以达到保护自身利益的目的。

期货市场定价模式目标价格和实际价格重点参照期货市场价格,其运行机理在于保险和期货金融工具均是有效的风险防范工具,保险与期货的融合,金融产品的跨界融合使得农业保险保障范围由"自然风险"向"市场风险"拓宽。保险和期货融合均是对未来价格波动引发的潜在风险的保护,基于农业保险的公信力、基层高普及度与期货(权)对价格管理上的高敏感,两者融合将不可保的市场风险转变为可保风险。投保人向保险公司购入价格保险产品或收入保险产品,保险公司通过期货公司买入看跌期权进行再保险,而期货公司则在期货市场进行价格对冲,并通过基差定价将价格风险分散给期货市场其他交易者,保险与期货融合最终形成风险分散的闭环(王鑫和夏英,2021),具体如图4-6所示。

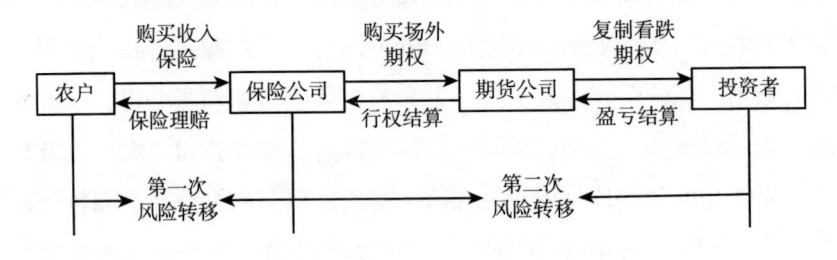

图4-6 "保险+期货"收入保险风险转移

海城玉米收入保险和义县玉米收入保险在锁定价格因素方面具有相同之处，即以期货市场价格为主要参考核算目标收入和实际收入，但义县试点和海城试点在风险分散方面存在明显差异。海城玉米收入保险属于典型的期货市场定价模式，该模式运行中保险公司与期货公司合作，将期货市场作为转嫁农产品价格风险的主要途径，利用期货市场的风险分散机制转移价格风险，期货市场事实上充当再保险的角色，最终形成风险闭环。由于有期货市场这一规避价格风险的渠道，期货市场定价模式的农业收入保险在我国多个省域、多品种进行试验，目前取得良好试验效果。但在义县玉米收入保险试点中，试点虽然没有通过期货市场分散价格风险，但在再保险方面通过与其他保险公司采取合保的方式分散风险，2019年，义县人保玉米收入保险分保比例46.62%，其中农共体承接23.31%、国际再保人承接23.31%。2020年，分保比例33.61%，其中农共体承接20.005%、国际再保人承接13.605%。

4. 以村为单位，集中承保和理赔

义县玉米收入保险在承保机制选择上充分考虑农业保险公司人员少、技术力量缺和定损经验不够丰富等现实因素，实践中以村为单位进行集中投保、集中核保、集中理赔。我国自1982年恢复农业保险到2013年正式实施《农业保险条例》，农业保险在曲折中前进和发展，尤其在农业保险获得财政补贴之后取得长足发展，但不容置疑的是在广大的农村，基础农险队伍和综合服务能力仍不能满足高质量农业保险的需求。农业收入保险属于政策性农业保险，其在实施过程中同样面临着以上问题的困扰。义县玉米种植户多以面积较小的一般种植户为主，受制于人力、物力和财力制约，在具体承保过程中保险公司选择以村为单位集中承保，即"全村统保"，一个村庄一张保单，保费由村统一收取或扣缴。一村一保单的做法符合我国现阶段农业农村实际，尤其是以小规模种植为主的地区，该做法可弥补保险公司人员不足的短板，有效降低承保费用，大大提高承保效率。

4.3.3 期货市场定价模式可能性解析：基于成本收益视角

期货市场定价模式下主要涉及四个参与主体：政府、投保人、保险公司和期货公司。实践中，随着试点不断深化和演进，期货市场定价模式在"保险+期货"基础上，演变出"订单农业+保险+期货""保险+期货+银行"等多种模式，但试点中主要以"保险+期货"为主。

政府、投保人、保险公司和期货公司四个参与主体在整个收入保险运行过程中有着不同的目的，就政府而言，政府通过推行农业收入保险拟实现一定的政策目标，即稳定农民种植收入、鼓励农户不断尝试农业生产创新，最终实现提升农民竞争力的微观目标；进而稳定粮食生产、防范和化解农业生产经营风险、促进传统农业向现代农业转型、促进农业农村经济发展，最终实现提升农业整体竞争力的宏观目标。在农业收入保险试点运行中，政府对投保农户给予保费补贴以鼓励其积极参与。投保人主要是指对农业收入保险有需求的种植户，农户支付保费购买保险公司设计的农业保险产品，一旦出现保单约定的理赔情况，即可获得保险赔付。保险公司是期货市场定价模式中关键的核心角色，保险公司与期货公司合作设计农业收入保险产品并将该产品销售给投保人，获得保费收入，与此同时，对投保人提供保险服务即出现理赔时给予保险赔付。同时，保险公司为有效转移价格风险，需通过期货公司在期货市场上对冲价格风险，因此，保险公司需向期货公司支付期权费用，期货公司作为整个风险链条的终端，在获得保险公司期权费用后，在期货（权）市场上进行风险对冲，其支出是行权过程中的价格风险损失（见图4-7）。

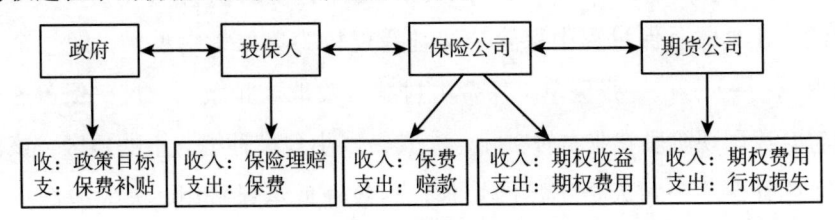

图4-7　期货定价模式中四个参与主体间成本和收入的关系

期货市场定价模式中除政府、保险公司和农户外，期货公司也是重要的参与者，但期货公司并非必须参与。以义县玉米收入保险为例，保险公司仅参考期货市场价格，并未通过期货市场分散收入保险运行风险。在期货市场定价模式中，期货公司目标为利润最大化，期货公司与保险公司在参与农业收入保险过程中其目标具有一致性即追求利润最大化，期货公司在收入保险参与过程中通过业务创新获取期权费，且因收入保险项目的参与使得期货市场更加活跃。伴随着期货公司的参与，保险公司的利润会发生变化，保险公司需要在保险收入和期权费之间进行权衡以寻求最优利润点。期货市场定价模式下，政府、保险公司、农户及期货公司在实施农业收入保险过程中，在各自支出前提下获得相应的收入，实现闭环式发展。

4.3.4 期货市场定价模式优势及堵点分析

以"保险+期货"展开的农业收入保险在我国多地区、多品种间进行试验，该模式优势突出，同时也存在着诸多现实困境限制其大面积、多品种推开。

1. 模式优势解析

期货市场定价模式与区域监测定价模式最大的区别在于将期货合约价格作为核算目标收入和实际收入的重要标准，该模式主要针对在期货交易所上市品种，如玉米、大豆等农作物。以玉米为例，玉米收入保险目标价格和实际价格可参考期货市场合约价格从而锁定两个收入，因此价格形成机制更为透明和公开，并且可基于不同时间段计算出不同的价格。

一是多金融工具联动。该模式中将期货、银行等多金融工具嵌入农业保险，实现联动。保险公司可通过期货市场分散经营风险起到再保险的功能。期货市场定价模式下农作物需要存在全国性公开的价格且该价格能及时、准确地反映农作物实际价格，以小麦为例，小麦期货合约定价机制由于缺乏有效的促进机制，致使小麦期货市场通常是无效的，而小麦是重要的农作物且关系到一个国家的粮食安全问题，因此政府对小麦的价格进行强有力的控制，此类农作物虽然具备期货合约但却不适合使用该种模式。

二是风险二次转移。随着我国资本市场化程度的加深，期货市场中期货农产品合约的价格在一定程度上可以代表全国农作物价格走势，甚至接近全球价格。期货市场定价模式下的收入保险以期货市场内农产品期货合约价格为基准，核算目标收入和实际收入。该模式下保险公司与期货公司有机衔接，通过风险二次转移，达到稳定农户种植收入的目的。价格风险的一次转移，参保主体向保险公司购买收入保险，以防范农产品产量下降或者价格下跌抑或两者兼有所导致的农业收入的减少，因收入保险集价格风险和产量风险于一体，因此，参保农户实现农产品价格风险的转移。价格风险的二次转移，保险公司向农户销售收入保险后，在期货公司购买场外期权进而将农产品价格风险转移到期货市场。期货市场上众多的投资者分散了农作物价格风险，实现农产品价格风险的二次转移。该模式在微观层面保障农户种植收入，宏观层面对稳定农业发展、拓宽金融业业务量等均有重要意义。将期货市场作为分散风险和转移风险的再保险成为该模式最大的特点，期货市场定价模式下的收入保险拓宽保险公司和期货公司的业务范围，使金融机构回归服务实体经济的本源。

三是保费来源多元化。期货市场定价模式因嵌入期货公司，实际运行中期货交易所对该模式进行一定的保费补贴，以2021年"大商所农保计划"在乌拉特中旗试点的玉米收入保险为例，除财政给予补贴外，大商所对农户保费进行一定补贴，两项补贴共计82.06%，农户仅自缴17.94%。多元化保费来源使得该模式优势凸显。

四是融资增信功能。农业收入保险较传统农业保险而言保障程度更高，一旦在保险期间内，实际收入低于目标收入则触发理赔，农户购买收入保险后实现收入可期，基于此，农业收入保险可衍生出融资增信功能。成（Cheng，2016）指出保险可与信贷有效结合，农户持农业收入保险保单便可向银行申请贷款，我国农业收入保险试点中"银行+保险+期货"

便是收入保险融资增信功能的体现。农业收入保险集产量和价格双风险保障于一体，较传统农业保险保障程度更高，农户购买农业收入保险后实现收入可期。农业收入保险可以改善农业和农业经营主体的信用地位，便于其获得贷款、增强农业的融资能力、降低融资风险，对农业资金的融通起到重要的融资增信作用。农业作为高风险行业，在生产中面临来自自然和市场的多重风险，高风险、低收益使得农业缺乏稳定的资金支持，且农村普遍缺乏有效的抵押物和担保物，从而加剧农户融贷资金难度，农户在农业过程中扩大再生产面临资金束缚。农业发展中，如果没有农业风险保障，无法转嫁农业种植风险，则会影响金融资金流向农业，不利于其健康可持续发展。农业收入保险的实施可以在很大程度上改善农业经营的风险管理水平，稳定农户种植收入，激发农户种植积极性。保险作为一种资产，本身可以充当抵押物，进而改善农户信用状况，农户可将农业收入保险保单作为抵押物获得银行贷款，农业收入保险可以使得本该由银行承担的贷款风险可通过保险机制在全国范围内分摊和化解，进而间接稳定农户种植收入。我国农业收入保险实践中在"保险+期货"基本模式下裂变出"保险+期货+银行"等创新型模式，多种金融工具联动，发挥农业收入保险信贷融资功能。

五是产销对接功能。农业收入保险的高保障性决定保险公司可通过订单农业为农户提供产销对接服务，如"订单农业+保险+期货（权）"下，农户基于农业收入保险保单可以与龙头企业等新型农业经营主体建立紧密的合作关系，解决农业种植风险问题，拓宽农户销售渠道。

2. 模式演化趋势

一是以"保险+期货"为母版，演变出多种子模式。期货市场定价模式实现期货与保险的跨界合作，探索出一条适合中国农业农村特色的保险新模式。期货市场定价模式以"保险+期货"为母版，在实践中以"裂变式创新"为发展赋能，涌现出"保险+期货+订单农业""保险+期货+订单+银行""银行信贷+收入保险+遥感测产+基差收购+粮食商行"

等子模式。期货市场定价模式的创新和演变与我国农业政策目标保持一致，充分考虑农业农村发展的阶段性特征及发展趋势。该模式从 2015 年开始试点，三大期货交易所、各省保险公司、期货公司等多元主体，不断尝试创新，以创新为该模式赋能、在裂变中求发展、在乡村振兴发展大局中求突破。如今，"保险+期货"在有效提高农户种粮积极性方面效果显著（方蕊等，2019），已成为推动我国农业发展、稳定农民收入、助力产业振兴的重要工具。

二是从"价格险"到"收入险"，保障力度明显提升。美国收入保险经历从"价格险"到"收入险"，险种不断创新和完善、承保范围不断扩大，我国期货市场定价模式最初以"价格险"为主，随着试点范围的扩大，因价格具有较强的系统性，单纯的价格风险难以起到有效降低生产经营风险的目的，且容易加剧保险公司运营风险，而收入保险则涵盖农产品产量风险和农产品价格风险，由于价格与产量之间呈负相关，两者间自然对冲，使得农产品收入具有可保性。期货市场定价模式以被保险人农业经营收入为承保对象，更加符合新型农业经营主体的现实需求。在承保品种上，期货市场定价模式也积极做出突破和创新，从种植业到养殖业不断进行尝试和试验。

三是从"分散承保"到"整县推进"，保障范围进一步扩展。期货市场定价模式在试验初期仅在我国个别地区小范围进行试点，2019 年，大商所在积累以往探索的基础上，该模式从最初的"分散承保"扩展到"整县推进"，实现跨越式发展。该模式在试验过程中有效融入"扶贫"因素，进一步扩大试点范围，在试验地区的选择上，国家级和省级贫困县是重点考虑对象，在试验规模上覆盖足够比例的建档立卡户。

3. 模式堵点分析

期货市场定价模式在各地以"保险+期货"为母版，小范围试点展开，主要为示范推广作用，项目试点具有明显的扶贫性质。该模式社会反映良好、可接受度高，但因参与主体目标异质性和外部环境复杂等因素致

第 4 章
两类模式下农业收入保险运行机理及实践困境：以试点地区为例

使该模式实际运行过程面临诸多现实困境和理论挑战。

一是参与主体间风险与收益非对等。期货市场定价模式具有多元主体协同联动、多重任务交叉重叠的特点，参与主体在风险产生时因其地位与激励的差异易致使不同主体权益诉求难均衡。从农户角度看，以期货定价模式中的"保险+期货+订单农业"为例，订单农业减少农户备耕生产的盲目性，有限降低农业生产过程中的销路不通、价格波动大等风险。订单打通销售渠道且通过农户与保险公司签订保险协议，实现风险的转移。保单及销售订单的增信功能提高信贷资金可得性，为农户特别是贫困农户解决"融资难"问题。保险公司角度，保险公司与期货公司合作设计收入险为主的保险产品，而后通过购买场外期权方式进行再保险，整体而言风险可控。保险公司赚取通道费用（龙文军等，2019），承担风险责任较少。从期货公司角度看，期货公司通过期货市场将价格风险转移给期货市场内众多的投资者，作为整个风险链条的末端承担所有的风险面临较大的风险敞口，保险与期货的合作关键在于期货风险管理公司能否在期货交易中对冲掉风险。现行试点中期货公司承担大部分费用，期货公司作为企业而言其经营目的是实现利润最大化，显然现有"保险+期货"试点中期货公司积聚过多风险和承担过多政策性功能。

二是需求异质性加大保单设计难度。期货市场定价模式中保单设计是否合理至关重要，但在实际操作中农户、保险公司和期货公司等不同参与主体对保单中"目标价格"认知存在较大差异。首先，保险公司与期货公司对目标价格需求和认知存在时点差异，保险公司在产品定价时将纯损失率视为重要标准，而期货公司对场外期权的定价则是依据标的合约价格的实时变化，其价格呈现较强的动态性。双方对价格的需求呈现时间差异，且项目前端保险价格与后端期权价格极易出现"倒挂"现象，加大保单设计难度与精准度。布舍纳（Buschena，1999）研究指出，在农作物生长的早期，从期权交易推断的价格分布比基于历史交易的分布更为可靠。其次，保单设计上，农户倾向于种植初期投保，但就保险公司而言会拉长对冲期权的周期从而加大运营风险，这是保险公司不希望的。最后，地区差异和产业差异加大保单设计难度。由于不同产业生产成本和效益不同，县域各地块产量差异较大，各地试点项目分散，品种既涉及玉米、大豆等常规农产品，又有白糖、红枣和天然橡胶等地域性强的特色产品，目标产量和保险费率厘定存在较大差异，短时间标准化保单可复制性难以实现。

三是配套制度缺失加大运行风险。目前，各地保险公司纷纷试水期货市场定价模式，以"保险+期货"形式在不同品种间进行小范围试验，但囿于配套制度缺失，整体运行风险较高。首先，缺乏统一监管，该模式涉及多主体且各主体隶属不同部门，长链条中任何一方出现问题支农效果都将会大打折扣。金融监管机构对银行及保险公司实施有效监管，期货公司则隶属证券监督管理委员会，而订单农业出现违约情况则由工商部门进行协调处理。参与主体多但缺乏统一的监督管理部门，跨界监管难成为制约该模式发展的一大难题。其次，资金融通机制不顺畅。农业保险具有高风险、高赔付的特点，其高效发展离不开财政补贴的支持。该模式目前尚处于试点阶段，2019年"大商所农保计划"所有项目的保费总额约4.1亿元，其中农民自缴保费占总保费的19%，政府补贴占总保费的39%。除大商所给予补贴外，农民自筹、政府及其他补贴等总体自筹比例达58%[①]。目前，该模式尚未得到中央财政补贴，缺乏财政补贴的期货定价模式短时间内小范围试验对金融机构压力不大，但长期保费共担使得大范围推广势必加剧金融机构和农户负担（徐媛媛等，2022）。试点多集中于贫困地区，贫困地区同时又是财政弱省，国家在政策上对该项保险计划给予倾斜，但多数试点仍未获得中央财政补贴，中央财政补贴缺席无疑加大试点地区财政压力。最后，宣传力度不够。银行、保险这些概念对农户而言不陌生，但将订单农业、保险、期货、银行信贷这些概念融合在一起，尤其是专业性极强的期货市场的嵌入加大了农户理解难度，甚至有些基层工作人员和保险业务员对该模式操作也了解不深。

---

① 赵宇恒. 农民日报：保障效果稳步提升 可持续性显著增强——2019年"大商所农民收入保障计划"覆盖全国21个省（区），平均赔付率108%［EB/OL］. （2020-04-08）. http：//www.dce.com.cn/dalianshangpin/zt/hdjqtzt22/dssfpzl/6196663/6214276/index.html.

四是农产品期货市场需不断发展完善。期货市场定价模式以价格险和收入险为主，保单"目标价格"的设定是否合理至关重要，而"目标价格"主要参考期货市场价格。自20世纪90年代起，我国期货市场已发展30余年，相比美国成熟的期货市场，我国农产品期货市场存在诸多问题。首先，价格发现机制不健全。期货市场定价模式中保险标的以期货主力合约价格为主，一旦发生期货市场与现货市场价格偏离，即合约价格与实际农产品价格之间产生背离，农户将面临较大损失。以大豆为例，国内学者对大豆基差数据进行分析，指出大豆存在较大基差风险并最终影响赔付效果。我国农产品期货市场价格波动剧烈、泡沫风险频现，已经成为我国农业产业安全的潜在威胁。即使在农业收入保险发展较好的美国，如何有效锁定价格因素也是困扰农业收入保险高效发展的难题。其次，农产品期货市场容量有限。我国农产品期货市场交易主体较小及交易品种较为单一制约对冲机制的实施。目前，场内期权品种不足（谢灵斌，2018），仅有豆粕、白糖等少量品种，保险公司为有效分散风险需要通过期货公司设计的场外看跌期权对冲风险，再保险成本加大。频繁的对冲过程无疑提高了期货公司的交易成本，此外也出现流动性等现实问题。最后，缺乏集中清算机制。期货市场定价模式参与主体多、项目整体运行时间长，现实运作中缺乏统一的清算平台致使项目运行效率降低、风险增大。

4.4 本章小结

本章通过武进水稻收入保险、海城玉米收入保险和义县玉米收入保险三个典型农业收入保险试点，对我国现行的农业收入保险试点进行探究式分析。按照农业收入保险核心要素价格形成机制的不同，我国农业收入保险试点可细分为区域监测定价模式和期货市场定价模式，两种典型模式在主体合作、保险理赔以及风险防范等方面存在明显差异。本章通过典型试点案例分析得到以下研究结果。

（1）区域监测定价模式在锁定目标价格时多参考区域性价格，以水稻收入保险为例，目标价格以国家发布的最低收购价格为基准，实际价格则是按照江苏省价格监测中心发布的水稻价格进行计算。区域定价模式在品种上更适用于缺乏全国统一定价的区域性农作物、特色农作物以及经济作物，如水稻、茶叶、蓝莓等。该模式目标收入和实际收入的计算方式简单易理解，具有很强的灵活性，同时该模式也极易出现价格锁定不精准、缺乏有效的再保险等问题，制约该模式大面积推广落地。

（2）期货市场定价模式在锁定目标价格时多参考全国性的期货市场价格，在保险品种选择上更适用于在期货交易所上市且期货合约能较好反映农作物真实价格的农作物品种，如玉米、大豆等农作物。期货市场定价模式下，保险与期货的共生互动机制使得该模式在价格锁定方面更有优势，并且可通过期货市场有效转移风险。期货定价模式下将期货、银行等多金融工具嵌入农业保险，实现多金融工具联动，并通过期货市场实现风险二次转移，该模式保费来源多元化，可通过融资增信功能以及产销对接功能发挥农业收入保险最大效能。该模式从最初的"价格险"发展到"收入险"，在试点范围上也不断突破，从"分散承保"到"整县推进"，保障范围进一步扩展。期货市场定价模式实际运行中存在诸多约束，如期货市场整体容量有限、参与主体间风险与收益非对等、需求异质性加大保单设计难度以及配套制度缺失等现实问题，就目前我国期货市场发育程度看，短期内期货市场定价模式全国范围内难以大范围普及推广。

第5章

响应效应：农业收入保险购买意愿及影响因素分析

农业保险作为一项支农惠农的公共服务政策，农户参与意愿是衡量该项保险计划是否有效的重要标准之一，农业收入保险作为政策性农业保险的一种，符合农业保险一般规律，许多学者对农业收入保险购买意愿展开研究（Mishra，2003；Sherrick，2003；Mishra，2006）。囿于农业收入保险在我国尚处于小范围试点阶段，学者对农业收入保险购买意愿进行实证分析的研究尚不足。基于此，本章运用实证模型分析农户对农业收入保险的购买意愿并深入分析其影响因素，回答本书第一个科学问题即农户农业收入保险购买意愿及影响因素。

5.1 理论基础与研究假说

市场经济下农户作为理性的经济人，其是否愿意购买农业收入保险，主要是对比农户的投入成本与预期收益的结果。假定农户种植收益为 E_a，购买农业收入保险后的预期收益是 E_b，而农户购买农业收入保险的成本为 C，则

$$V = (E_b - C) - E_a \tag{5.1}$$

从式（5.1）中可看出，当 $V>0$ 时，说明农户的预期收益在减去农户购买农业收入保险的成本后的净收益大于当前收益，此时农户会选择购买农业收入保险，反之，则不购买农业收入保险。基于理论分析，农户是否购买农业收入保险的意愿可以归纳为

$$是否愿意购买 = \begin{cases} 愿意，当 V>0 \\ 不愿意，当 V \leq 0 \end{cases} \tag{5.2}$$

其中，农户购买农业收入保险的成本（C）以及农户当前的种植收益（E_a）容易确定，而农户的预期收益 E_b 则取决于农户对农业收入保险和风险的认知以及其他外部因素的影响。农户进行农业生产的目的主要是满足自有消费以及对外销售获得种植收入，不同生产规模农户对风险的需要一致，即在风险最小的前提下实现利润最大，或者在利润一定的条件下实现风险最小化，基于风险和利润的考虑，农户对农业收入保险的支付意愿有强弱之分（见图5-1）。

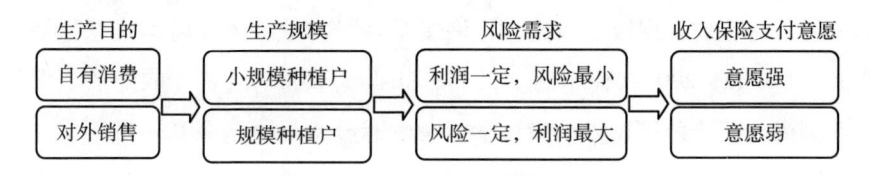

生产目的	生产规模	风险需求	收入保险支付意愿
自有消费	小规模种植户	利润一定，风险最小	意愿强
对外销售	规模种植户	风险一定，利润最大	意愿弱

图5-1 农业收入保险购买行为逻辑

农户是农业收入保险的主要参与者和利益方，本章以消费者行为理论为基础研究农户购买农业收入保险的行为。消费者行为理论主要研究消费者如何进行资源配置的行为即消费者用最少的投入购买能为其带来最大效用的产品。基于以上分析及预调研对农业收入保险试点实施效果的了解，本书在确定农业收入保险购买影响因素时重点参考以往传统农业保险影响因素，并根据农业收入保险的新特点加入新的潜在可能影响因素，如对产量保险理赔的满意度、是否愿意增加保费以提高保额、对风险认知的态度等因素。最终，本书将影响农户购买农业收入保险的因素分为个人因素、经济因素、风险认知及政策影响等（见图5-2）。

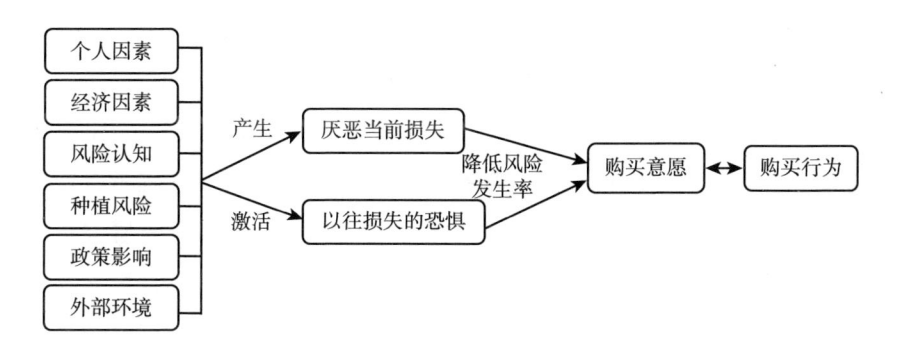

```
个人因素 ┐
经济因素 │      ┌─产生→ 厌恶当前损失 ┐
风险认知 ├──────┤              降低风险发生率 → 购买意愿 ↔ 购买行为
种植风险 │      └─激活→ 以往损失的恐惧 ┘
政策影响 │
外部环境 ┘
```

图 5-2　农业收入保险购买行为理论框架

关于农业保险购买意愿及影响因素分析的研究，已有研究多选用 Logit 和 Probit 模型，关于农户行为的影响，受到多重因素影响，如农户个人情况、心理因素等（Illukpitiya et al., 2004）。因此，在农户购买意愿影响因素选取指标上，以往研究多以个人因素如农户年龄、受教育程度等为主，家庭基本经营情况，如种植面积、家庭收入及劳动力占家庭总人口数量等指标构建保险购买意愿模型，除个人因素外，经济因素及环境因素也对农户购买农业保险产生一定影响。

以个人因素为例，户主年龄、受教育程度及种植年限等个人因素对农户是否购买农业收入保险会产生一定的影响。如农户教育程度，通常受教育程度高的农户接受新鲜事物的能力更强，因此购买意愿会增强。经济因素是影响农户购买行为的另一个重要的因素，农户收入情况及农业保险支出情况会对农户购买产生影响，如农业种植收入所占的比重，比重越大说明该农户以农业种植为主，种植收入对农户家庭影响大，购买意愿增强。风险因素主要是指农户对农业种植风险的认知，如对未来种植风险的预期，如果预期未来风险增加，则农户会通过购买保险的行为降低风险的发生概率。

国内外农险专家对农业保险购买意愿展开研究且成果丰硕（Babcock et al., 1996; Sherrick et al., 2004; 陈妍等, 2007; Giné, 2008; 杜鹏, 2011; Hill et al., 2013; Pérez-Blanco, 2015; Woodard, 2016; Boyer et al., 2017; Sihem, 2019; Ali, 2020; Glampietri, 2020），但对农业收入保险购买意愿

进行实证分析数量不多，国外学者对农业收入保险购买意愿展开研究（Babcock et al.，1996；Ginder，2010；Woodard，2016；Tacka et al.，2018），而国内学者对农业收入保险购买意愿的研究主要有方蕊等（方蕊等，2021；彭建林和徐学荣，2021；胡鼎鼎和李青，2022；郭沛和王晓丽，2021；王力等，2022）。晁娜娜（2018）通过对新疆棉花收入保险的研究指出，保险产品和服务影响农户购买决策。马基（Makki，2001）指出农业收入保险不仅能够吸引更多的农户购买该项保险，而且能够使更多的农户从产量保险转向收入保险，而保险合同的设计（保费、保额和保障水平）对农业收入保险的购买意愿具有显著影响。谢里克（Sherrick，2004）研究发现，种植面积大、具有农业贷款、更多依赖土地租用和产量风险认知程度高的农户更愿意购买农业收入保险，而沙伊克（Shaik，2005）则指出，由于农业收入保险的价格弹性较产量保险更高，因此，种植价格变化幅度更大的农作物的农户更需要农业收入保险，而产量变化幅度大的农户更喜欢产量保险，此外对产量和价格风险认知程度高的农户更倾向于购买收入保险。

（1）农业收入保险试点在我国多地零星展开，农户在购买收入保险后通过对该项保险计划的认识以及实际受灾后的理赔，使得农户对该项农业保险计划具有一定的认知，进而影响农户继续购买意愿，基于此本章作出如下假说。

H5.1：是否曾经购买过农业收入保险对农户未来是否愿意继续购买农业收入保险行为具有显著影响。基于行为经济学研究，人的认知会显著影响其行为，即曾经购买过农业收入保险的农户对农业收入保险具有一定认知，该农户会更加信任并愿意购买该项保险。

（2）近年来，粮食价格波动加剧农户种植收入的不稳定，而传统农业保险在面对价格波动时则无能为力，农户在销售过程中价格波动频率越高，则对集产量和价格双重保障于一体的收入保险需求越大，购买意愿越强，基于此本章作出以下假说。

H5.2：农作物价格波动对农户购买农业收入保险具有正向影响，即农户在销售过程中遭遇价格风险的次数越多，购买收入保险的意愿越强。

（3）"低保障，广覆盖"的传统农业保险难以满足多元化农业种植风险需求，价格风险越来越成为影响农户种植收入的重要因素，处于对价格风险的规避，农户对传统农业保险提标态度增强。农户愿意增加保费进而获得保障范围更广、保障程度更高的农业保险，基于此本章作出如下假说。

H5.3：价格波动风险日益加剧农户种植风险，处于对价格风险的规避，传统农业保险亟须转型升级。多重风险作用下，农户对传统保险提标意愿增强。农户对农业保险提标的态度在农作物价格波动与购买意愿之间起到正向的调节作用。

5.2 数据来源及说明

由于本章主要研究农户对农业收入保险的未来购买意愿及影响因素，所以在数据选择方面使用来源于义县玉米收入保险调研的微观数据，共623户，其中参保农户416户，未参保农户207户。在问卷的设计方面重点对农户农业保险认知及满意度、农业政策满意度、经营计划与经营风险、风险认知及风险防范及外部环境等因素进行调研。

5.3 样本农户保险购买、风险感知及保险满意度情况

5.3.1 农业收入保险总体购买情况

本次调研共623户，其中，购买过农业收入保险的有416户，占总调研人数的66.77%；未购买过农业收入保险的农户207户，占总调研人数的33.23%。调研中问及农户"如果明年您所在的地区玉米收入保险试点结束，您是否愿意购买农业收入保险"，受访农户中，仅59户，占样本农户的9.47%表示"不愿意购买"，197户占样本农户的31.62%的农户表示

"愿意购买",103户(占样本农户的16.54%)表示"非常愿意购买"。调研数据充分表明,农户对农业收入保险这一新型农业保险产品认可度高,购买意愿强。

由于本次调研数据包含两类人群,一类是已经购买过农业收入保险农户,另一类是没有购买过农业收入保险农户,两类人群在收入保险购买意愿方面存在差异。如表5-1所示,参保农户中53.61%的农户表示未来愿意购买农业收入保险,仅14.18%的农户表示不愿意继续购买农业收入保险,而未参保农户中28.99%的农户表示不愿意购买农业收入保险。数据表明,参保农户在未来继续购买农业收入保险上明显强于未参保农户,两类人群参保意愿的不同说明现有农业收入保险试点在运行中效果已凸显。

表5-1　　　　　调查农户农业收入保险总体购买意愿　　　　　单位:%

农户类型	不愿意购买	不太愿意购买	无所谓	愿意购买	非常愿意购买
总体样本农户	9.47	9.63	32.74	31.62	16.54
参保农户	7.93	6.25	32.21	32.21	21.40
未参保农户	12.56	16.43	33.82	30.43	6.76

资料来源:笔者调研数据。

5.3.2 农户风险感知情况

1. 农户风险认知及风险防范意识

农户的风险认知(Sherrick et al.,2004)和风险防范意识对农户种植积极性及是否购买农业保险具有一定影响。贝利萨(Belissa,2020)指出农户对风险的厌恶会改变其购买保险行为。调研中,问及农户是否了解农业种植过程中所面临的风险,4.65%受访农户表示"根本不了解","非常了解"的农户仅占8.34%,高达45.5%的农户表示"一般",调研数据表明,农户对农业种植过程中所面临的风险认知程度不够,具体见图5-3。随着农业市场程度的加深,农作物价格风险已成为影响农民种植收入的重要风险源,调研中,45%的受访农户表示产量风险是其在种植过程中面临的重要风险，48%的农户认为价格风险对农作物种植影响较大。农业风险管理理论下农户可通过风险规避损失控制（防损、减损）、损失融资（风险自留、风险转移）等风险管理方法减缓农业损失。调研中，在遭遇农业风险后农户选择多种方式减损，如动用存款、银行借款、亲友借款等，农业保险并非唯一方式，63%的农户具有两种以上的风险防范手段应对灾后损失。

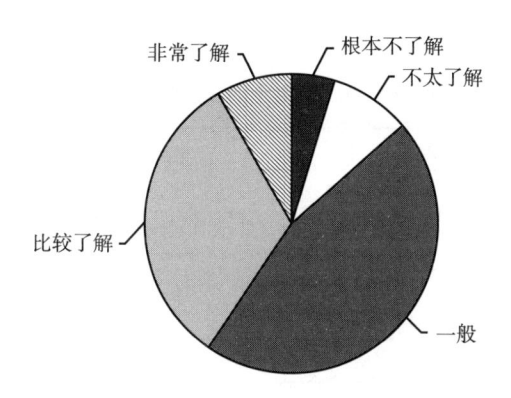

图 5-3 农业种植风险认知情况

2. 农业保险购买及满意度评价

农业保险是一种典型的事前防范风险的工具，该项计划在我国实施多年在风险防范方面起到重要作用。柯勒（Cole，2013）指出，以往有投保经验的农户对农业保险的需求更大，因此，在问卷设计过程中重点调研农户传统农业保险购买情况，调研数据显示，74.6%（465户）的农户连续三年购买农业保险。我国农业保险政策实施多年但整体而言农户对其认知度和满意度不高，调研中207户农户表示对农业保险条款设计、理赔规则等了解程度不高，表示"了解"和"非常了解"的仅占9.79%和3.05%。传统农业保险承保农业在种植过程中因自然灾害导致的产量的减少，我国农业保险保障水平按照"广覆盖、低保障"原则确定，农户对保险理赔满意度低，调研中，45.1%（281户）表示对传统农业保险理赔金额不太满意，仅10.92%和3.85%的农户表示"比较满意"和"非常满意"，具体见表5-2。基于传统农业保险难以弥补农户损失，为此，调研中对农户是否有意愿通过增加保费的方式进而实现较高的保障水平，设计题目"您是否愿意通过增加保费的方式提高农业保险的保障水平"，高达52.17%（325户）的农户表示可以考虑，17.82%的农户表示愿意通过多缴保费以实现更高的保障水平，不难发现农户对于这种"广覆盖、低保障"的保险方式满意度低，而对增加保费进而提高农业保险保障水平接受度高、意愿较强。

表5-2　　　　　　　调查农户农业保险购买及认知情况

问题及选项		数量（户）	占比（%）
是否了解农业保险	根本不了解	84	13.48
	不太了解	207	33.23
	一般	252	40.45
	了解	61	9.79
	非常了解	19	3.05
理赔满意度评价	根本不满意	53	8.51
	不太满意	281	45.1
	一般	197	31.62
	比较满意	68	10.92
	非常满意	24	3.85
增加保费提高保额	非常不愿意	54	8.66
	不太愿意	93	14.93
	可以考虑	325	52.17
	愿意	111	17.82
	非常愿意	40	6.42

资料来源：笔者调研数据。

5.3.3　农户对农业收入保险认知及满意度评价

农业收入保险是一项重要的支农惠农政策，农户作为农业收入保险的主要购买者和利益获得者对该项保险计划的认知和了解程度是检验试点实施效果和推广是否有效的重要标志。

1. 农户对玉米收入保险整体认知情况

农户是农业收入保险政策的主要受益群体，只有对该项政策相关内容全面了解，才能真正理解农业收入保险的实质并以此作出理性的判断和科学的决策。调研中，416 户购买过农业收入保险，占总样本的 66.77%，样本农户对农业收入保险政策目标了解程度不高，在问及"您是否了解农业收入保险的政策目标"时，样本农户中仅有 19 个样本农户（占样本总量的 4.57%）能够说出农业收入保险的政策目标，样本农户中 223 户（占总样本的 53.61%）表示"一般"，除此之外，农户对农业收入保险条款内容了解程度偏低，仅 17 个农户表示"非常了解"（占样本农户的 4.09%）。

截至调研时，农业收入保险在义县已经实施三年，但相对于传统农业保险，农业收入保险在保险条款设计方面更为复杂、专业性更强。样本农户中 50.08% 的受访者年龄在 60 岁以上，农户文化水平多以初高中为主。农业收入保险相比传统产量保险，在收入核算阶段涉及目标收入和实际收入两个重要因素，两个收入如何计算？采用何种标准计算收入？目标收入与实际收入之间存在何种关系？一系列问题，使得文化水平和视野局限的广大农户在理解农业收入保险条款方面存在一定困难。调研数据显示，农户对农业收入保险目标以及保险条款的认知度低，对保险条款内容非常了解的农户占比较低，多数农户为"一般"，具体见图 5-4。

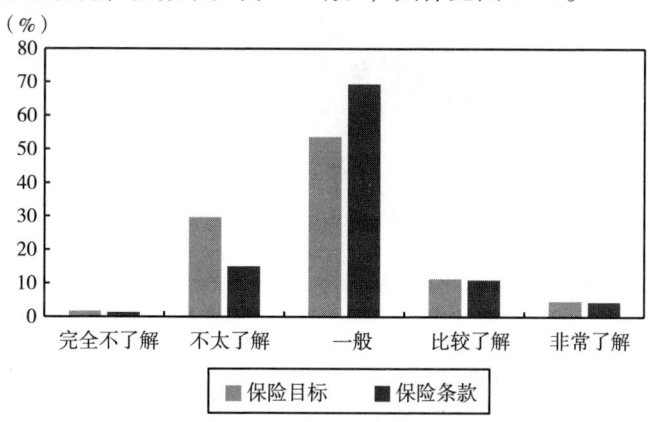

图 5-4 农户对玉米收入保险政策的了解情况

2. 农户对玉米收入保险是否能起到防灾减损的效果评价

农业收入保险政策目标是通过保险大数法则最大限度保障农户种植收入，通过财政补贴的方式增加农户对农业保险的需求并增加保险公司有效供给，从而减轻因自然灾害和农产品市场价格波动带来的农业种植风险。农业收入保险通过稳定农民种植收入，提高农民种植积极性，最终旨在实现保障国家粮食安全的宏观目标。玉米收入保险作为传统农业保险的升级版在保障农户种植收入方面效果凸显，调研地义县已连续三年实施玉米收入保险，在稳定农户种植收入方面效果显著。传统的玉米保险单位保额为280元/亩，而玉米收入保险单位保额为700元/亩，2019年，在经保险公司测算后，义县玉米实际收入低于目标收入则触发理赔，每亩地赔付44元；2020年，义县因旱灾导致玉米减产，实际收入低于目标收入（700元/亩），农户自缴保费23.1元/亩，最终每亩获得赔付138元。经过两年的试点工作，农户对玉米收入保险是否能起到防灾减损的效果有一定的认知，11.05%的农户认为农业收入保险在防灾减损方面效果"非常明显"，37.74%的农户认为农业收入保险具有"明显"的防灾减损效果，35.34%的农户认为农业收入保险在防灾减损方面效果"一般"，具体如图5-5所示。

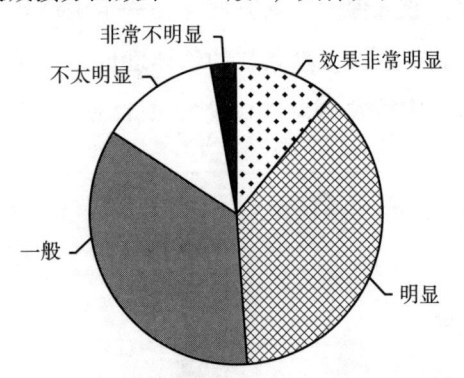

图5-5 样本农户对玉米收入保险防灾减损效果评价

3. 农户对玉米收入保险保费补贴的评价

我国农业收入保险首批试点仅在辽宁和内蒙古的4个县（旗）实施，

中央财政给予财政补贴,其中,义县玉米收入保险政府补贴70%,农户承担保费的30%。2019年和2020年,义县玉米收入保险每亩保额700元,保险费率为11%,即77元/亩,农户缴纳保费为23.1元/亩。调研中发现,很多农户并不知道政府对玉米收入保险给予补贴,在对参保的416户问及"您对农业收入保险国家给予的补贴程度是否满意"时,288个样本农户,占总样本69.23%的农户认为政府对农业收入保险的补贴额度水平一般。

4. 农户对农业收入保险产品设计及保险公司服务评价

农业收入保险产品设计是否合理,能否实现稳定农户种植收入的目的及实现保险公司经营可持续,是判断农业收入保险是否有效的重要标准。通过农户对收入保险政策的评价可判断现行玉米收入保险试点中存在的产品设计方面的问题,以及保险公司服务方面是否存在改进的空间和余地。由表5-3可知,参保农户对农业收入保险理赔金额"非常满意"的比例为4.81%,"满意"的比例为8.17%,而对保险公司提供的服务的调查中,"非常满意"的比例为13.22%,"比较满意"的比例为42.79%。调研中,9.62%的农户对政府补贴额度选择"不太满意",仅1.44%的农户表示"非常不满意"。总体而言,随着义县连续三年实施玉米收入保险,农户对玉米收入保险认知度有一定提高,在保险保障金额、保险赔付及保险服务等方面,农户整体评价较为集中,即认为"一般"者居多,虽然选择"满意"和"非常满意"的农户数量不多,但整体评价优于传统农业保险。在问及"您认为玉米收入保险和传统农业保险您认为哪种更能弥补收入损失"时,93%的农户认为农业收入保险效果优于传统农业保险。

表5-3　　参保农户(416户)玉米收入保险满意度评价　　单位:%

问题	非常不满意	不太满意	一般	满意	非常满意
玉米收入保险保障金额满意度	4.09	14.90	68.03	8.17	4.81
玉米收入保险理赔满意度	3.37	7.93	73.80	9.13	5.77
保险公司服务满意度	0.48	5.77	37.74	42.79	13.22
对每亩缴纳的保费是否满意	1.44	9.62	35.58	43.51	9.86

资料来源:笔者调研数据。

5.4 模型设定与变量选取

5.4.1 模型设定

1. ordered Logit 模型

在经典的计量经济学中分析自变量和因变量的回归关系，多采用回归分析，回归分析中观察数据多为连续变量，而在研究问题时我们常常会遇到因变量是非连续的离散型数据，针对离散因变量数学特征，通常使用Logit回归。Logit回归方法有三种：一是二元Logit回归分析；二是多元Logit回归分析；三是有序Logit回归分析。

本节所使用的因变量即样本种植户对玉米收入保险购买意愿属于有序多分类变量，因此，利用李克特量表（Likert Scale）赋值。对于农户购买意愿，直接使用最小二乘法回归，会忽略数据之间的排序特性，因此该类问题更适合排序模型对其检验和实证分析。排序模型中以有序Logit（ologit）和有序Probit（oprobit）模型最为常见，而两者之间的主要区别在于假设的误差项分布不同。oprobit模型假设误差项是服从标准的正态分布，而ologit模型则假设误差项是服从逻辑分布。两个模型没有优劣之分，由于本章所选择的数据不完全属于标准正态分布，因此，选择有序Logit模型对农户购买农业收入保险的影响因素进行分析。

排序选择模型下，首先假设有一个不可观测的潜在变量 y_i^*，再按照李克特量表将种植户对玉米收入保险的购买意愿划分为五个等级。李克特量表是在问卷调研中普遍采用的提问评分格式，将相关的测量项分为五级，然后依照不同程度对其进行分别赋予 1~5 的分值进行量化。因此，本书选择有序Logit模型，并通过潜变量法来推导MLE估计量。

基于以上分析，本章选择ologit回归模型对本章核心问题进行分析，因变量 Y 为农户购买农业收入保险的意愿，Y 有 k 个等级的有序变量。在

本节中 $k=5$，即 Y_1 为"不愿意购买"，Y_2 为"不太愿意购买"，Y_3 为"无所谓"，Y_4 为"愿意购买"，Y_5 为"非常愿意购买"。$X_T = (X_1, X_2, \cdots, X_n)$ 为自变量，则 Y 的等级为 $i(i=1,2\cdots)$。

有序 Logit 模型可以简单表达为

$$\begin{aligned} L_i(X) &= \text{Logit}[F_i(X)] \quad (i=1,\cdots,I-1) \\ &= \text{Logit}[P(Y \leqslant i)|X]/P(Y>i|X) \\ &= \text{Logit}\{[P(Y \leqslant i)|X]/[1-P(Y>i|X)]\} \\ &= \alpha_i - \beta X \end{aligned} \quad (5.3)$$

式（5.3）中，$Y(Y=1,\cdots,I)$，$F_i(X)$ 是有序次序 i 的累计概率函数。若 Y 独立于 X 则 $L_i(X) = \alpha_i$；否则，$L_i(X) = \alpha_i - \beta X$。

根据陈强（2014）对有序 Logit 模型的分析，模型设定为

$$y_i^* = x_i^* \beta + \mu_i \quad (5.4)$$

其中，i 为不同种植户，x_i^* 为解释变量组成的向量，β 为待估计参数，y_i^* 为潜变量，μ_i 为随机扰动项，服从 Logit 分布，假设 α_1、α_2、α_3、α_4 为门限参数值，则选择规则为

$$y_i = \begin{cases} 1, & y_i^* \leqslant \alpha_1 \\ 2, & \alpha_1 < y_i^* \leqslant \alpha_2 \\ 3, & \alpha_2 < y_i^* \leqslant \alpha_3 \\ 4, & \alpha_3 < y_i^* \leqslant \alpha_4 \\ 5, & \alpha_4 < y_i^* \leqslant \alpha_5 \end{cases} \quad (5.5)$$

在有序 Logit 模型中，y_i 为可观测变量，设 y_i 表示在 (1,2,3,4,5) 上取值的有序响应，$\Phi(\cdot)$ 为 Logit 分布的累积分布函数，表达式中的待估参数可采用极大似然法进行估计，种植户选择每一个响应的概率为

$$\begin{aligned} P(y_i = 1|X) &= \Phi(\alpha_1 - X'_i\beta) \\ P(y_i = 2|X) &= \Phi(\alpha_2 - X'_i\beta) - \Phi(\alpha_1 - X'_i\beta) \\ P(y_i = 3|X) &= \Phi(\alpha_3 - X'_i\beta) - \Phi(\alpha_2 - X'_i\beta) \\ P(y_i = 4|X) &= \Phi(\alpha_4 - X'_i\beta) - \Phi(\alpha_3 - X'_i\beta) \\ P(y_i = 5|X) &= 1 - \Phi(\alpha_4 - X'_i\beta) \end{aligned} \quad (5.6)$$

2. 运用 CVM 方法分析种植户的支付意愿

国外学者对农业保险支付展开研究（Fonta，2015），为获取消费者支付意愿通常需要借助非市场价格评估法，本章基于条件价值评估法（contingent valuation method，CVM）对农业收入保险保费进行估算，CVM 是一种典型的陈述受访者偏好的评估方法，是在想象情境下直接询问受访者对一项决策措施的支付意愿（WTP），或者对资源与环境损失的接受赔偿意愿（WTA）。CVM 多应用于对环境和资源价值评估，但也有学者将其引入农业保险研究领域。农业收入保险的购买意愿主要是指农户在购买农业收入保险时愿意承担和支付的保费，支付意愿或者购买意愿在某种程度上反映农户对农业收入保险的需求，意愿的强弱直接关系到农业收入保险未来的大面积推广。支付意愿直接影响农户购买农业收入保险的行为，而支付意愿又同时影响着收入保险的潜在价格，因此，支付意愿是国家制定农业收入保险的重要依据。

条件价值评估法通过问卷形式调查种植户对购买农业收入保险的期望值，或者是什么条件可以拒绝购买玉米农业收入保险。前者的回答能够获取购买玉米农业收入保险的种植户或者潜在玉米收入保险种植户的支付意愿（WTP），而后者的回答则可以获取该类农户的接受补偿意愿（WTA）。

CVM 的实际应用可分为以下步骤：一是建立一个假想市场；二是设定农业收入保险支付金额；三是直接询问受访者意愿购买的支付金额；四是计算 WTP 的均值；五是评估计算结果。在进行农户访谈调查时，首先设定一个农业收入保险的基准支付金额，由于最终支付金额的范围是基于基准支付金额为中心并向两边同比例等跨度的进行延伸，因此，基准支付金额是否设定合理对最后的结果会产生极大的影响。

5.4.2 变量选取

（1）被解释变量：农户是否愿意购买农业收入保险。2019 年、2020

年及2021年，义县已经连续三年试点玉米收入保险，在政府和保险公司共同宣传下，农户对收入保险的认知度不断提高，且在2019年和2020年均实际发生赔付，农户对玉米收入保险有一定的认知和判断，因此，农户对农业收入保险的参与意愿属于农户行为决策，也是对该项保险政策实施效果的检验。

（2）控制变量：主要是农户基本信息，如年龄、受教育年限、是否接受过农业专业技术培训等。农户基本情况影响农业收入保险购买，通常情况下，年长者对新生事物接受能力差，致使其购买意愿低。在农户基本信息中，种植面积对农业收入保险购买意愿具有正向影响作用，通常而言，种植面积大则代表农户种植规模大，而规模化农户在种植过程中面临的农业经营风险也会增大，此类农户对农业收入保险的需求会更高。种植收入占比正向影响农户购买意愿，通常种植收入占农户家庭总收入比重越高，则代表该家庭以种植业为主，种植业对该家庭影响较大，农户对农业的重视程度高，购买农业保险的意愿越强。劳动力占比越高则说明该家庭在从事农业种植经营过程中可投入的劳动力比重会更高，农业种植经营需要的劳动力投入比较大，虽然随着技术的进步，机器可在一定程度上替代劳动力，但劳动力占比越高的家庭，对其而言，农业的重要性越高，则购买农业收入保险的意愿增强。

（3）解释变量：包括农业保险认知及满意度、农业政策满意度评价、经营计划与经营风险、风险认知及风险防范、外部环境等。农业保险认知及满意度评价主要指农户对传统农业保险的认知和满意度情况，农业收入保险属于政策性农业保险范畴，农户对传统农业保险满意度评价影响农户购买农业收入保险，如果以往农户在购买农业保险过程中满意度高，则农户对农业收入保险购买意愿增强，反之亦然。农业收入保险作为一项新型农业保险计划，政府和保险公司对该项保险计划宣传力度较大，农户对该项保险计划具有一定的认知水平，农户越是了解该项保险计划，购买意愿则会相应增加。传统农业保险保障程度较低，难以弥补农户真实损失情况，部分农户愿意提高保费以增加保额，因此，是否愿意增加保费以提高保额，正向影响农户购买意愿。农户连续购买农业保险，在购买过程中对农业保险的认知会提高，而农业收入保险作为农业保险的升级版，农户连续购买农业保险且对农业保险满意度高，则会正向影响农户购买意愿。

各变量预期影响方向如表5-4所示。本书使用5个指标23个变量对农户是否购买农业收入保险进行意愿分析。具体变量的描述性统计如表5-5所示。

表5-4　　　　　　　　　模型变量说明及预期影响方向

变量名称	变量含义	预期方向
购买意愿	1=不愿意购买；2=不太愿意购买；3=无所谓；4=愿意购买；5=非常愿意购买	?
农户基本情况及种植情况		
户主年龄	实际数值	-
教育程度	1=未上过学；2=小学；3=初中；4=高中；5=职业学校；6=大学	+
劳动力占比	实际比值	+
种植收入占总收入比重	1=20%以下；2=20%~50%；3=50%~80%；4=80%以上	+
户主健康状况	1=不健康；2=一般；3=健康	?
接受过农业培训情况	0=无；1=有	?
外出务工情况	0=无；1=有	?
玉米种植面积	实际数值	+
农业保险认知及满意度		
是否了解农业保险	1=根本不了解；2=不太了解；3=比较了解；4=了解；5=非常了解	+
是否购买过农业收入保险	0=没有；1=有	+
农业收入保险认知程度	1=根本不了解；2=不太了解；3=一般；4=比较了解；5=非常了解	+
农业保险理赔满意度评价	1=根本不满意；2=不太满意；3=一般；4=比较满意；5=非常满意	+

续表

变量名称	变量含义	预期方向
是否愿意增加保费提高保额	1=非常不愿意；2=不愿意；3=可以考虑；4=愿意；5=非常愿意	+
是否连续三年购买农业保险	0=没有；1=有	+
农业政策满意度评价		
农业补贴满意程度	1=根本不满意；2=不太满意；3=一般；4=比较满意；5=非常满意	+
经营计划与经营风险		
近五年，减产风险次数	1=0次；2=1~2次；3=3~4次；4=4次以上	+
近五年，降价风险次数	1=0次；2=1~2次；3=3~4次；4=4次以上	+
近五年，遭遇风险损失	1=3000元以下；2=3000~5000元；3=5000~10000元；4=1万元以上	+
未来种植计划	1=不种植；2=缩小规模；3=维持规模；4=扩大规模	+
风险认知及风险防范		
市场风险认知	1=根本不了解；2=不太了解；3=一般；4=比较了解；5=非常了解	+
对自然灾害和价格风险的态度	1=自然灾害影响大；2=价格风险影响大；3=影响都不大	+
减损方式	1=1种；2=2种；3=3种及以上	−
外部环境		
村庄环境	1=很差；2=较差；3=一般；4=较好；5=很好	?

表5-5　　　　　　　　　变量的描述性统计

变量	变量名称	均值	标准差	最小值	最大值
被解释变量	购买意愿	3.361	1.150	1	5
控制变量	户主年龄	60.820	9.456	24	79
	教育程度	2.890	0.750	1	6
	劳动力占比	0.484	0.190	0.142	1
	种植收入占总收入比重	2.412	0.763	1	4
	户主健康状况	2.765	0.519	1	3
	是否接受过农业技术培训	0.276	0.447	0	1
	外出务工情况	0.149	0.356	0	1
	玉米种植面积	16.298	13.861	2	120

续表

变量	变量名称	均值	标准差	最小值	最大值
农业保险认知及满意度	是否了解农业保险	2.556	0.946	1	5
	是否购买过农业收入保险	0.667	0.471	0	1
	农业收入保险认知程度	3.054	1.280	1	5
	农业保险理赔满意度评价	2.565	0.930	1	5
	增加保费提高保额	2.983	0.965	1	5
	是否连续三年购买农业保险	0.746	0.435	0	1
农业政策满意度评价	农业补贴满意程度	3.089	0.718	1	5
经营计划与经营风险	近五年，减产风险次数	2.229	0.584	1	4
	近五年，降价风险次数	2.170	0.546	1	4
	近五年，遭遇风险损失	1.959	0.891	1	4
	未来种植计划	2.860	0.786	1	4
风险认知及风险防范	市场风险认知	3.261	0.930	1	5
	对自然灾害和价格风险的态度	1.616	0.609	1	3
	减损方式	1.953	0.599	1	3
外部环境	村庄环境	3.454	0.972	1	5

资料来源：笔者调研数据。

5.5 模型估计结果与分析

5.5.1 回归结果与分析

本部分以各解释变量微观数据为依据，运用 Stata 15 软件，对上述因变量和自变量进行有序 Logit 回归估计，所得结果如表 5-6 所示。

在回归分析之前，对变量的多重共线性问题进行检验，模型不存在多重共线性问题。有序 Logit 模型回归结果显示（见表 5-6），准 R^2 为 0.276，似然比检验统计量即 LR 为 508.45，对应的 P 值为 0.0000，可知整个方程系数联合显著性高，而相应的稳健标准误和普通标准误也非常的接近，表明整个模型设定合理。

表 5-6　农户购买农业收入保险积极性的 Logit 回归结果

变量	变量名称	概率比	标准差	z 值
控制变量	户主年龄	1.005	0.017	0.29
	教育程度	1.011	0.206	0.06
	劳动力占比	1.609	0.738	1.04
	种植收入占总收入比重	0.929	0.150	-0.45
	户主健康状况	1.288	0.233	1.40
	是否接受过农业技术培训	0.710	0.152	-1.59
	外出务工情况	1.068	0.275	0.26
	玉米种植面积	1.083***	0.016	5.17
农业保险认知及满意度	是否了解农业保险	1.523***	0.166	3.86
	是否购买过农业收入保险	1.574**	0.344	2.07
	农业收入保险认知程度	1.305***	0.103	3.35
	农业保险理赔满意度评价	2.050***	0.229	6.42
	增加保费提高保额	1.619***	0.179	4.36
	是否连续三年购买农业保险	2.614***	0.621	4.04
农业政策满意度评价	农业补贴满意程度	1.181	0.137	1.43
经营计划与经营风险	近五年，减产风险次数	0.696	0.175	-1.44
	近五年，降价风险次数	1.755**	0.423	2.34
	近五年，遭遇风险损失	1.387***	0.131	3.46
	种植计划	1.839***	0.264	4.24
风险认知及风险防范	市场风险认知	1.252**	0.123	2.27
	对自然灾害和价格风险的态度	1.074	0.156	0.49
	减损方式	0.625***	0.096	-3.04
外部环境	村庄环境	0.902	0.090	-1.02
LR 统计量		508.45		
P 值		0.000		
准 R^2		0.276		

注：***、** 分别表示在1%、5%的水平上显著。

表5-6显示，在给定其他变量的情况下，玉米种植面积、对传统农业

保险了解程度、是否购买过农业收入保险、对农业收入保险认知程度、农业保险理赔满意度、增加保费提高保额意愿、是否连续三年购买农业保险、近五年玉米价格波动情况、遭遇风险损失程度、未来种植计划、市场风险认知以及减损方式对农户未来是否购买农业收入保险具有显著的影响。

农户基本信息中的玉米种植面积对农户未来是否购买农业收入保险具有一定的影响，在给定其他变量的情况下，玉米种植面积每增加1亩，农户增加购买玉米收入保险的概率比会增加8%，这与谢里克（Sherrick，2004）的研究结果相同，即种植面积大的农户更愿意购买农业收入保险。

农业保险认知程度以及满意度对农户购买农业收入保险具有显著影响。农业收入保险属于政策性农业保险，农户对传统农业保险的认知程度在一定程度上影响农户购买意愿。农户如果对传统农业保险具有较好的认知，了解农业保险是一种有效的防灾减损的方式，有助于其更好地理解农业收入保险，在给定其他变量的情况下，农户对农业保险的认知程度每增加一个等级，则农户增加购买农业收入保险的概率会增加52%，而受访农户中如购买过农业收入保险，则其未来继续购买的意愿增强57%，假说H5.1得到验证。农户对农业收入保险的认知程度影响其购买意愿，自2016年中央一号文件首次提出农业收入保险，政府和保险公司对收入保险的宣传力度日益增大，农户对该项政策的认知程度每增加一个等级，则农户购买农业收入保险的概率比增加30%。调研中，被问及"目前，玉米收入保险每亩保障金额为700元，保费为10元/亩，您是否愿意通过增加保费获得更高的保障"的农户表示可以增加保额进而提高保障程度，在给定其他变量的情况下，农户对增加保费提高保额每增加一个等级，则农户增加购买农业收入保险的概率比会增加61%。

农业保险在我国实施多年，农户对农业保险理赔满意度评价在一定程度上反映农业保险的实施效果，且农户会直观地根据以往农业保险满意度决定其是否购买农业收入保险。农户对传统农业保险满意度每增加一个等级，则农户购买农业收入保险的概率比增加105%，且在1%的水平下显著。农户近三年是否连续购买农业保险对收入保险购买意愿具有显著影响,近三年连续购买农业保险的农户相比未购买者而言,未来购买农业收入保险意愿的概率增加161%。通过保险理赔满意度和是否连续三年购买农业保险两个变量不难发现,传统农业保险对农户未来选择新型农业保险具有较强的影响。农户对以往农业保险购买的满意程度会直接且显著影响农户未来是否购买农业收入保险,这一结论在调研中得到充分证实。

受访的623户中,416户购买过农业收入保险,而207户农户未购买农业收入保险,购买农业收入保险行为显著正向影响其未来购买意愿,但对农户影响更大的是农户对传统农业保险的购买体验。农业保险在我国实施多年,农户对农业保险的满意程度越高,持续购买的意愿越强,对国家推出的农业保险新品种的信任程度越高。

农户经营计划及农业经营风险对农业收入保险购买意愿有影响。农业生产经营过程中面临诸多风险,传统农业保险仅保障产量风险,而农业收入保险则涵盖产量风险和价格风险,可以较好地稳定农户种植收入。近年来,玉米价格波动幅度大,调研中,问及"近五年,因价格波动导致收入减少的次数",74.4%的农户选择"1~2次",17.6%的农户选择"3~4次",价格风险对农户种植收入产生一定影响。在给定其他变量的情况下,农户价格波动程度每增加一个等级,则农户增加购买农业收入保险的概率比会增加75%,假说H5.2得到验证。自然风险、市场风险等因素共同作用下,农户种植收入面临较大的风险,44%的农户在近五年中,种植收入损失3000~5000元,14.1%的农户损失5000~10000元,收入损失的增加使得农户对农业保险的购买意愿增强,在给定其他变量的情况下,损失程度每增加一个等级,则农户增加购买农业收入保险的概率比会增加38%。自然灾害及市场价格波动下,农户种植过程中风险防范意识不断增强,在给定其他变量的情况下,农户市场风险认知每增加一个等级,则农户增加购买农业收入保险的概率比会增加25%,而大面积种植的农户及种植积极性强的农户,在给定其他变量的情况下,农户种植积极性每增加一个等级，则农户增加购买农业收入保险的概率比会增加83%。

农业保险作为一种有效的防灾减损方式并运用大数法则，动员农户共同筹集保险资金，分散风险。农户通过缴纳一定的保费，在风险发生时获得保险理赔。除农业保险这一风险防范工具外，发生灾害时农户同样可以通过动用存款、借款等方式分散风险，调研中发现，农户在防范种植风险时，减损方式对农户购买农业保险意愿具有一定的抑制作用，这与斯莱德（Slade，2021）研究结果具有一致性，即农户对农业保险购买意愿的降低与其他风险管理工具的可用性有关。在给定其他变量的情况下，农户减损方式的数量每增加一个等级，则农户购买农业收入保险的概率比会减少62%。

5.5.2 保险提标在价格风险影响农户购买意愿中的调节作用

价格波动下农户提标意愿增强，农户对高保障水平的农业收入保险需求意愿增强。为进一步讨论保险提标态度是否有助于农作物价格波动对农业收入保险购买意愿的促进作用，本书借鉴温忠麟（2005）的研究，通过层次回归的方法检验保险提标态度在农作物价格风险影响农业收入保险购买意愿中的调节作用，构建如下模型：

$$y_i = \alpha_0 + \mu_0 price_i + \mu_1 increase_i + e_0 \tag{5.7}$$

$$y_i = \alpha_1 + \mu_2 price_i + \mu_3 increase_i + \mu_4 price_i \times increase_i + e_1 \tag{5.8}$$

式（5.7）和式（5.8）中，$price_i$ 为近五年玉米价格波动次数，$increase_i$ 为农户保险提标态度，$price_i \times increase_i$ 为解释变量和调节变量的交互项，α_0、α_1、μ_0、μ_1、μ_2、μ_3、μ_4 为系数，e_0 和 e_1 为残差项，通过检验 $price_i \times increase_i$ 的回归系数则可以判断是否存在调节效应。层次回归法分为两步，第一步（模型一）是将价格波动和保险提标态度同时纳入模型之中，得出主效应；第二步（模型二）是将交互项纳入模型，得出调节效应，具体结果见表5-7。

响应效应：农业收入保险购买意愿及影响因素分析

表 5-7 保险提标态度在价格波动影响农户购买意愿中调节效应的回归结果

变量	模型一	模型二
价格波动	0.351*** (0.075)	0.359*** (0.075)
保险提标态度	0.506*** (0.042)	0.388*** (0.064)
价格波动×保险提标态度	—	0.057*** (0.023)

注：*** 表示在1%的水平上显著，括号内数字为标准误。

由表5-7模型二实证结果可知，农作物价格波动频率与农户保险提标态度的交互项在1%的统计水平上正向显著，假说H5.3得到验证，即农作物保险提标态度在农作物价格波动影响农户购买农业收入保险意愿中起到正向调节作用。

5.5.3 支付意愿模型

义县于2019年、2020年和2021年连续三年对县域内玉米种植户进行玉米收入保险试验，目前，全国范围内国家试点仅在辽宁和内蒙古的4个县（旗）进行试验，玉米收入保险试点尚未大范围推广。义县玉米收入保险保障金额为700元/亩，费率为11%，即77元/亩，其中政府承担保费70%，农户承担30%，最终农户缴纳保费为23.1元/亩。因此，本书选取的基准支付金额为25元/亩，分别向两端延拓80%，玉米收入保险支付金额区间为[5,45]，这一区间可满足不同需求农户对玉米收入保险的支付意愿。另外，基于实地调研发现，访谈者对5、10、15的分类值更容易接受。单界二分选择式的CVM操作更为简便，即需要受访者回答一次，受访农户根据调查人员提供的玉米收入保险支付金额仅需要直接回答"愿意购买"和"不愿意购买"。CVM比较适合新的保险品种的支付意愿测算。根据调研数据，本书运用单界二分选择式的CVM可以得出义县玉米收入保险购买农户对该项新型农业保险的平均支付意愿测算值。

一是支付意愿区间分布。根据表5-8可知，支付意愿落在[5，10)区间以下的占比为8.99%，而在[5，10)区间者最多，占比39.49%。大多数种植户支付意愿低于目前玉米收入保险缴纳金额（23.1元/亩），购买意愿主要集中在较低区域值内，在[5，10)的有246户，在[10，15)的有139户，表明种植户保费接受水平低。

表5-8 支付意愿区间分布情况

支付意愿区间（元）	样本频数（户）	样本频率（%）	累计频率（%）
[0，5)	56	8.99	8.99
[5，10)	246	39.49	48.48
[10，15)	139	22.31	70.79
[15，20)	102	16.37	87.16
[20，25)	35	5.62	92.78
[25，30)	22	3.53	96.31
[30，35)	18	2.89	99.20
[35，+∞)	5	0.80	100.00
总计	623	100	—

资料来源：笔者调研数据。

二是样本农户支付意愿。

$$\bar{W} = \frac{\sum P_i \times N_i}{N_i} \quad (5.9)$$

其中，$\bar{W}$代表样本农户的平均WTP金额；P_i为选择第i个支付区间的样本农户的平均WTP金额，N_i为选择第i个支付区间的访谈农户的人数，N为访谈农户中愿意支付的人数。通过式（5.9）测算出种植户的支付意愿区间为1亩地8~12元，而通过中位数法测算出来的农户支付意愿为10.54元/亩。

义县玉米收入保险费率是11%，即77元/亩，其中政府补贴总保费的70%，农户所缴纳保费为23.1元/亩，调研中，75.72%的农户对政府补贴满意度选择"一般"。通过CVM测算玉米农业收入保险可得出农户的支付意愿区间为 8~12 元/亩，通过中位数法测算出农户支付意愿为 10.54 元/亩，显然高于目前农户缴纳的金额。

5.5.4 稳健性检验

本章基于不同估计方法对实证结果进行稳健性检验，估计结果如表 5-9 所示，无论是有序 Probit 模型还是有序 Logit 模型，基于两种不同估计模型所得到的系数的显著性和符号均高度一致，充分表明本章对农业收入保险购买意愿影响因素模型的估计结果是稳健的。

表 5-9　　　　　　　　　　Probit 稳健性检验

解释变量	系数	标准误
户主年龄	0.001	0.009
教育程度	-0.021	0.114
劳动力占比	0.245	0.254
种植收入占总收入比重	-0.011	0.092
户主健康状况	0.133	0.104
是否接受过农业技术培训	-0.202	0.123
外出务工情况	0.003	0.149
玉米种植面积	0.044***	0.008
是否了解农业保险	0.229***	0.059
是否购买过农业收入保险	0.208***	0.121
农业收入保险认知程度	0.133***	0.044
农业保险理赔满意度评价	0.382***	0.062
增加保费提高保额	0.253***	0.060
是否连续三年购买农业保险	0.505***	0.132
农业补贴满意程度	0.088	0.066
近五年，减产风险次数	-0.160	0.140
近五年，降价风险次数	0.254**	0.133
近五年，遭遇风险损失	0.197***	0.053
种植计划	0.398***	0.077
市场风险认知	0.121**	0.055

续表

解释变量	系数	标准误
对自然灾害和价格风险的态度	0.016	0.083
减损方式	-0.201***	0.086
村庄环境	-0.055	0.056
Pseudo R^2	0.267	
LR 统计值	492.14	
P 值	0.000	

注：***、**分别表示在1%、5%的水平上显著。

5.6 本章小结

本章首先对农户购买意愿进行理论分析并提出研究假说，在此基础上构建本章的分析框架。通过微观调研数据，从农户风险认知、风险防范以及保险满意度等方面对农户购买农业收入保险意愿进行实证研究，得出以下主要结论。

（1）在给定其他变量的情况下，玉米种植面积、是否了解农业保险、农户对农业种植收入的认知程度、农户对传统农业保险触发理赔后的满意程度、保险提标意愿、是否连续三年购买农业保险、近五年风险损失程度及种植计划在1%的显著水平上正向影响农户购买意愿，农户减损方式在1%的水平上负向影响农户购买意愿。是否购买过农业收入保险、近五年农作物降价次数和市场风险认知程度在5%显著水平上正向影响农户购买意愿。

（2）具体来讲，农户对传统农业保险的满意度评价及是否连续三年购买农业保险对农户购买意愿的影响更为敏感；相对于未购买过农业收入保险的农户，购买过该项保险的农户其购买意愿更强，在5%的显著水平上正向影响农户购买意愿；农户对农业保险提标意愿及未来种植计划对农户购买意愿具有显著影响，农户愿意支付更高的保费以获得较高的保障程度，表明农户对农业保险的需求和现有农业保险供给之间存在缺口，提标意愿越强农户对农业收入保险的购买意愿越强。农户未来种植积极性越强,对保障程度越高的农业收入保险的购买意愿越强。

(3) 农户对农业保险提标的态度在农作物价格波动与购买意愿之间起到正向的调节作用。

(4) 现阶段玉米收入保险保费偏高,义县玉米收入保险费率是11%,即77元/亩,其中政府补贴总保费的70%,农户所缴纳保费为23.1元/亩,调研中,75.72%的农户对政府补贴满意度选择"一般"。本章通过CVM测算玉米农业收入保险可得出农户的支付意愿区间为8~12元/亩,通过中位数法测算出农户支付意愿为10.54元/亩,显然高于农户缴纳的金额。

第6章

收入效应：农业收入保险试点的收入保障效果实证分析

"共同富裕"作为乡村振兴的民生目标和根本性目标，是衡量乡村振兴的关键指标，国家推出农业收入保险旨在从微观层面平滑农户种植收入，通过农业收入保险这一"绿箱"政策更好地服务乡村振兴战略。种植户作为农业收入保险的使用者和重要参与者，该项政策的实施对其收入水平产生何种影响是衡量和判断农业收入保险政策是否有效的一个黄金指标。因此，本章将理论分析和实证分析相结合，试图回答本书第二个科学问题，即农业收入保险政策能否稳定农户种植收入。

6.1 理论分析与研究假说

农业作为典型的高风险行业，农民往往无法保障其收入（Mishra，2002），因此能保障农户农业收入的政策至关重要（Severini，2013；Benni，2013）。农户作为农业收入保险政策落实的主要参与者和利益群体，农业收入保险能否稳定农户收入成为检验该项政策是否有效的黄金标准。从理论层面看，农业收入保险主要通过直接和间接两种机制以及灾前效应和灾后效应影响农户种植收入。

收入效应：农业收入保险试点的收入保障效果实证分析

6.1.1 农业收入保险对农户收入的稳定效应

1. 直接效应和间接效应

农业收入保险影响农户种植收入的作用机制。一是直接效应。农户购买农业收入保险的直接影响主要是通过保费支出及保险理赔影响农户种植收入。从成本收入角度而言，农户想要享受农业收入保险的高保障需要缴纳一定的保费即投入"成本"，而作为"成本"的保费则会减少农户家庭收入。购买农业收入保险时农户将拿出部分收入支付保费，对农户而言，这部分费用不存在任何产出，这直接导致农户收入减少。农业收入保险作为政策性农险的一种，国家对试点农户购买农业收入保险行为给予财政补贴，农户在种植期间，农户缴纳保费后便享受保险服务，一旦出现自然风险或者市场风险导致的产量减少或价格下跌，引发农户实际种植收入的减少便可获得相应的保险补偿，从而增加农户家庭收入，最终农户参与农业收入保险后会直接或者间接对农户收入产生影响。二是间接效应。农业收入保险主要通过影响农户投保决策及种植决策即间接影响农户种植收入。农业收入保险保障农户种植收入，保障程度较传统完全成本保险而言保障程度更高，农户购买农业收入保险，在种植投保初期锁定目标收入，实现收入可期。农户通过增加投保面积使得其更多的农作物种植面积享有农业收入保险的高保障，降低其种植风险。农户购买农业收入保险后不仅承保面积发生变化，农业收入保险特殊的理赔设计让农户吃下"定心丸"，稳定农户种植积极性，进而选择继续种植或者扩大种植面积，从而间接影响农户种植收入。需要注意的是，农户在种植过程中，资源禀赋、种植规模等情况存在差异，因此，农业收入保险政策对不同种植规模的农户会产生不同的影响。

在有政府财政补贴的政策性农业收入保险下，购买农业收入保险的农户实现投入成本的相对减少。在预期收益稳定的情况下，当总保费被低估于总赔付时，事实上，农业收入保险增加农户的收入。而实际上对于投保农户而言，购买农业收入保险需要支付一定金额的保费，会减少农户可获得的最大收入，但这也反过来降低农户获得最低收入的可能性，在一定情况下将农户种植过程中的风险转为收入。因此，农业收入保险影响着农户净收入的概率分布。从图6-1中可以看出，投保农业收入保险的收入概率明显高于未投保农户的收入概率。但从理论上看，各试点的农业收入保险设计条款及定损理赔机制不同，农业收入保险能够稳定农户种植收入损失尚需实证检验。值得说明的是，以辽宁省义县为例，原有传统的玉米产量保险每亩保额为280元，试点中玉米收入保险每亩保额700元，较传统产量保险提高了1.5倍。

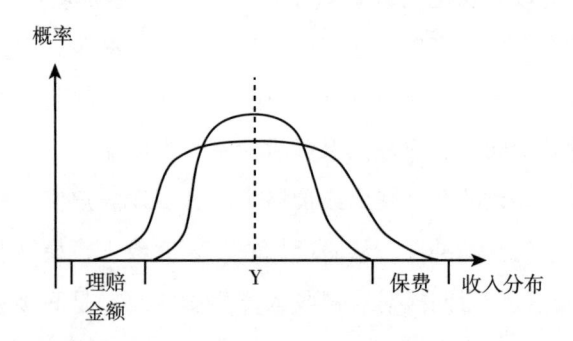

图6-1 投保农户与未投保农户收入概率分布

2. 灾前影响和灾后影响效应

农业收入保险灾前影响机制，基于大数法则的农业收入保险制度是典型的集灾前防范和灾后补偿于一体的一种有效的市场化风险保障工具。农户在农作物收割前购买农业收入保险需要支付一定的保费，保费支出减少农户可支配收入进而对农业种植收入具有一定的抑制作用。农业收入保险作为政策性农业保险，国家对其进行保费补贴，以义县玉米收入保险为例，国家财政对其补贴70%，农户自缴30%，保费补贴使得农户获得更多的保障进而促进农户种植收入。农业收入保险条款设计过程中对参保条件具有一定约束，即符合规范化种植要求，农户想投保农业收入保险需满足条款约定，规范化的种植可促进农业现代化经营，从而对农户种植收入具有一定的促进作用。

收入效应：农业收入保险试点的收入保障效果实证分析

农业收入保险灾后影响机制。农业收入保险灾后影响效应通常需要满足保险条款约定的理赔条件，就农业收入保险而言，该项保险计划与传统农业保险最大的区别在于不仅对产量波动具有保障作用，同时对因市场因素、政策因素等导致的农产品价格波动同样具有保障作用。在产量波动抑或是价格波动所引起的农作物收入的减少，农业收入保险根据保险约定的目标收入和实际收入之间的差额进行保险理赔，理赔金额直接增加农户种植收入，与此同时，该项保障计划使得农户在购买保险初期便实现收入可期，在一定程度上稳定农户种植积极性和提高风险承受能力。农业收入保险理赔金额使得农户能够迅速恢复农业生产，以义县玉米收入保险为例，2020年玉米收入保险赔付138元/亩，极大程度弥补农户损失。农业收入保险政策作为国家牵头推出的一项政策性农业保险计划，国家层面给予充分的重视，政策具有一定的稳定性和持续性，农户通过购买农业收入保险稳定其种植积极性进而稳定农业种植收入。具体见图6-2。

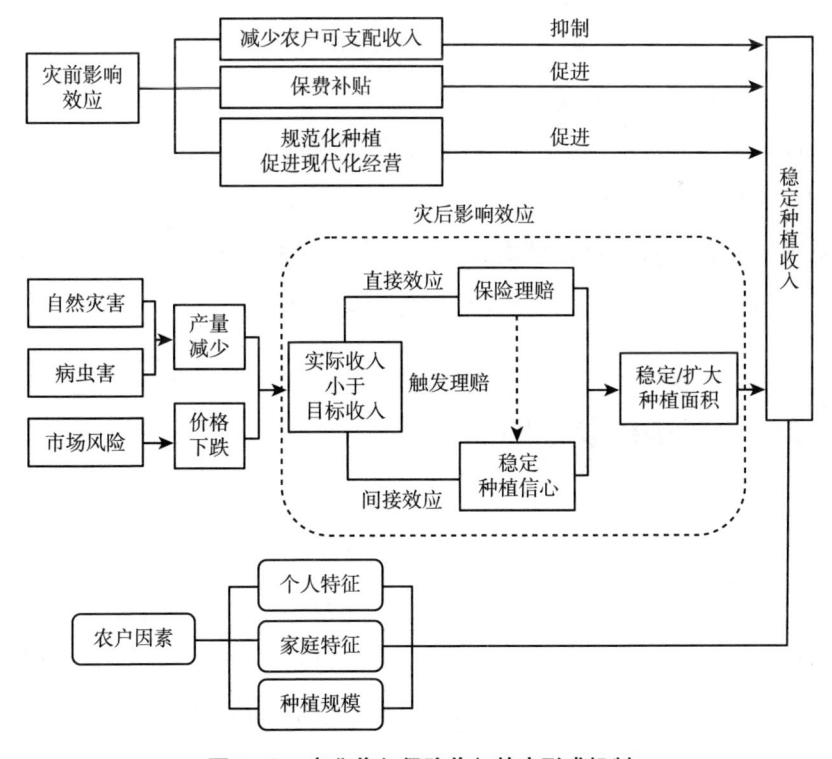

图6-2 农业收入保险收入效应形成机制

通过上述作用机理,得出结果,农业收入保险可以稳定农户种植收入,农户实际收入低于目标收入时触发理赔,而实际收入未低于目标收入时则不触发理赔,因此,农业收入保险政策的实施可在一定程度上保障农户种植收入。据此提出如下研究假说。

H6.1:在其他条件一定的情境下,农业收入保险政策能够稳定农户种植收入,但考虑到试点时间短,稳定农户收入的效应不会特别明显。

6.1.2 农业收入保险对不同农户收入的异质性

农业收入保险同时锁定价格和产量风险,实现农户收入可期。不同种植规模下农户种植风险呈现较大差异,种植大户在种植过程中面临诸多风险,因耕种面积大在生产过程中投入更多的资金和设备,加上种植大户在种植过程中土地流转费用,一旦遭遇风险对其影响就是很大的,因此,相比于小规模农户,农业种植风险对其造成的风险更大。基于以上理论分析提出如下研究假说。

H6.2:不同规模种植户所具备的资源禀赋情况不尽相同,其在种植过程中投入与产出存在明显差异,因此,农业收入保险的收入效应对不同种植规模农户影响程度存在异质性,规模农户在种植过程中面临的风险更大,在稳定收入上农业收入保险对此类种植户的效果相对明显。

6.2 数据来源及说明

本章所使用的数据来源于辽宁省锦州市义县微观调研数据。根据本章研究目标,剔除信息不完全样本后,共计623户,其中参保农户416户,未参保农户207户。调研中为更好地了解农户所在村庄环境,设计村级问卷,通过与村干部访谈了解村庄整体环境。由于本章主要研究农业收入保险对农户种植收入的影响,需要政策前后的面板数据。囿于我国农业收入保险试点实施短,而调研地点义县作为首批农业收入保险试点,在参保人数、试点时间等方面具有明显优势,但即便如此截至调研时也只是试验了三年,而2021年理赔数据截至调研结束,保险公司仍未统计完成。受客观现实的约束,本书对623户重点调研其政策实施前(2018年)和政策实施后(2020年)两年的种植及理赔数据,共1246个观测值,形成一个623户的连续两年短期面板数据①。

6.3 变量选取与描述性统计

6.3.1 变量选取

(1)被解释变量:本章主要通过实证模型验证农业收入保险政策能否稳定农户种植收入,农业收入保险理赔机制与传统农业保险存在较大差异,以玉米收入保险为例,在保险期间,农户实际玉米收入低于保单约定的目标收入则触发理赔。因此,本章被解释变量重点选择农户种植收入,根据已有研究(方蕊等,2020)和理论分析并结合试点调研中农户的种植经营情况,本章因变量表示为玉米种植收入②。

(2)解释变量:本章的核心解释变量包括参与农业收入保险政策与农业收入保险实施时间虚拟变量。农户参与农业收入保险试点赋值"1",未参与农业收入保险试点赋值"0"。而对于参与农业收入保险农户而言,没有购买玉米收入保险前赋值"0",购买玉米收入保险后赋值"1"。

(3)控制变量。控制变量的选取主要包括影响农户种植收入的户主资源禀赋、家庭因素和村庄特征三个方面的变量。根据已有前期相关研究(施红和金玉珠,2014;方蕊等,2020;尚燕等,2020)及实际调研发现,

---

① 其中,农户玉米承保面积、赔付金额、缴纳保费情况数据来自保险公司。
② 玉米种植收入=(玉米产量×玉米价格)-总保费支出+理赔金额/玉米总种植面积,因收入保险触发理赔的条件主要是基于产量与价格乘积所产生的销售收入,故本章在变量选取上重点考察玉米销售收入情况,不考虑成本的投入。

农户禀赋特征主要包括户主年龄、受教育程度、是否接受过农业技术培训及农户健康状况四个变量。家庭因素包括玉米种植面积、农户家庭劳动力比重及兼业化程度三个变量,村庄特征包括村庄整体环境情况。各个变量的具体设置和描述性统计见表6-1。

表6-1　　　　　　　　变量定义及其赋值

	变量	代码	测量方法	预期符号
被解释变量	玉米种植收入	inco	连续变量,实际数值	?
核心解释变量	农户是否参保	insu	二分类变量:1=参保;0=未参保	—
控制变量	户主年龄	age	连续变量,实际数值	-
	受教育年限	edu	1=未上过学;2=小学;3=初中;4=高中;5=职业学校;6=大学	-
	培训	train	二分类变量:1=参加过;0=未参加过	+
	健康状况	heal	不健康=1;一般=2;健康=3	+
	玉米种植面积	area	连续变量,实际数值	+
	农户家庭劳动力比重	labp	小于20%=1;20%~50%=2;50%~80%=3;大于80%=4	?
	兼业化水平	dcam	小于20%=1;20%~50%=2;50%~80%=3;大于80%=4	+
	村庄环境	vill	很差=1;较差=2;一般=3;较好=4;很好=5	+

农户资源禀赋。农户资源禀赋特征对农户种植收入具有一定影响,(1)户主年龄。农业是一个需要高强度体力的产业,虽然随着农业现代化的推进,机械化已被普遍应用于农业生产经营过程,但相对于其他产业,农业仍对劳动力强度有一定的要求。郭建宇(2008)等学者认为农户年龄与农业种植收入呈反向关系,年长者体力精力有限,加之其种植观念等因素影响,农业收入往往低于青年者。(2)受教育年限。农户受教育年限在一定程度上决定其接受新生事物的能力,受教育年限高的农户通常会选择更多的外出机会,在农业种植上所投入的精力和资金将受到一定的限制,从而该农户的家庭收入中农业收入将会降低,而家庭非农业收入相应会提高。(3)是否参加农业技术培训。刘畅等(2021)认为,农户是否接受农

收入效应：农业收入保险试点的收入保障效果实证分析

业技术培训对农业收入产生正向影响，原因在于农户在农业技术培训过程中，增长农业种植知识，进而对稳定农业收入具有正向影响。（4）农户健康情况。农户健康状况正如农户年龄一样，身体健康的青年农民有更多的精力和体力进行农业生产，往往农业收入高于身体非健康农户。

家庭因素包括玉米种植面积、农户家庭劳动力比重及兼业化程度三个变量。（1）玉米种植面积。种植面积与种植收入之间正向相关，通常种植面积越大的农户在种植过程中越容易集约化种植，进而降低种植成本，使得种植收入更加稳定。（2）农户家庭劳动力比重。以往研究认为家庭劳动力占比越高的家庭农业收入越高，但随着城乡差距的增大，越来越多的农村青年选择进城务工，因此家庭劳动力占比与农业收入之间是否有影响，有待实证检验。（3）兼业化程度。林本喜和邓衡山（2012）指出，随着兼业化程度的提高，农户对农业的重视程度以及成本投入情况都会在一定程度上降低，兼业化程度越高的家庭其经营的重心越倾向于非农产业，而对农业生产的重视程度将会降低，从而影响农户农业收入。

外部环境因素是包括村庄整体环境情况的一个变量。调研中，调查员通过详细询问农户村庄所在位置，距离城镇距离、灌溉情况以及土地质量等信息，并与村干部结合综合判断村庄的整体环境，将村庄整体环境划分为五个等级[①]，即"差"赋值为"1"、"较差"赋值为"2"、"一般"赋值为"3"、"较好"赋值为"4"、"很好"赋值为"5"，通常而言村庄整体环境与农户农业收入呈正向相关。具体见表6-1。

6.3.2 描述性统计

表6-2列示玉米收入保险政策开展前后，处理组（参保农户）和对照组（未参保农户）样本农户的玉米种植收入情况以及其他特征变量情况。由表6-2可知，玉米收入保险开展前后，无论是处理组还是对照组的

---

① 其中村庄状况综合考虑交通状况、经济水平、灌溉情况、土地质量、距离市中心的距离等因素。

玉米种植户玉米种植收入情况都得到一定的改善,购买玉米收入保险的玉米种植户亩均玉米种植收入由 2018 年的 544 元/亩,上升到 2020 年的 664 元/亩,未参保农户的玉米种植收入由 535 元/亩,增加到 608 元/亩,说明农业收入保险政策实施前后,农户玉米种植收入的变化可能受到"时间效应"的影响,即上文所述的时间趋势所引起的差异。另外,玉米收入保险政策开展前,处理组的玉米亩均种植收入增加 120 元/亩大于对照组的玉米亩均种植收入 73 元/亩,更加说明参保农户和未参保农户之间的收入可能存在"分组效应",可以进一步证实上文所述的政策参与者与未参与者在政策开展之前本身就存在着某种差异。进一步表明本书所选择的 PSM 模型和 DID 模型进行玉米收入保险稳定收入效果的实证检验的必要性和合理性。

表 6-2　　　　　　　　　　主要变量描述统计

变量	2018 年 处理组 均值	标准差	对照组 均值	标准差	2020 年 处理组 均值	标准差	对照组 均值	标准差
inco	544.762	24.590	535.589	38.268	664.413	15.753	608.671	50.476
age	59.173	9.7389	58.285	8.793	61.177	9.677	60.202	8.678
edu	2.908	0.795	2.855	0.652	2.908	0.795	2.855	0.652
train	0.278	0.448	0.304	0.461	0.221	0.415	0.386	0.488
heal	2.721	0.584	2.768	0.496	2.774	0.525	2.748	0.506
area	11.197	8.165	11.774	8.358	18.167	17.904	13.069	8.387
labp	0.475	0.189	0.500	0.193	0.475	0.475	0.501	0.192
dcam	2.108	0.751	2.429	0.706	2.588	2.588	2.057	0.792
vill	3.122	1.145	3.777	0.573	3.269	1.127	3.685	0.698

资料来源:笔者调研数据。

在调研中,课题组成员对参保玉米收入保险的农户和未参保玉米收入保险的农户进行访问时,同时记录农户在玉米收入保险参保前(2018 年)和参保后(2020 年)的玉米种植亩均收入的情况。因此本次调研所收集的是以微观农户为主所构成的两期平衡面板数据,用于计量分析中的面板数据样本量共计1246个,具体如表6-3所示。

表6-3 主要变量描述统计

变量	样本量	均值	标准差	最小值	最大值
玉米种植收入	1246	593.80	63.387	480	710
农户是否参保	1246	0.667	0.471	0	1
户主年龄	1246	59.865	9.447	24	79
受教育年限	1246	2.975	0.775	1	6
培训	1246	0.281	0.450	0	1
健康状况	1246	2.751	0.538	1	3
玉米种植面积	1246	13.843	11.655	2	120
农户家庭劳动力比重	1246	0.483	0.190	0.14	1
兼业化水平	1246	2.313	0.763	1	4
村庄环境	1246	3.373	1.031	1	5

注:玉米种植收入=(产量×价格-保费+保险理赔)/种植亩数。

6.4 模型设定

农业收入保险是否可以稳定农户种植收入,采用何种研究方法可以量化农业收入保险的收入政策效应是本章实证的主要初衷所在。国内外学者针对农业保险对农户收入的影响所使用的方法主要分以下几类:(1)回归方法,该方法将农业保险作为一个解释变量直接加入收入方程,通过观察收入的回归系数以此判断农业保险对农户收入的影响和贡献。然而,由于个体之间存在相互作用以及宏观环境趋势影响,简单的回归方法估计结果往往不能够真实反映保险与收入两者之间的真实内在关系。(2)自然试验法。自然试验法将农业收入保险政策作为一个自然试验,通过比较实验组(购买农业收入保险农户)和对照组(未购买农业收入保险农户)在参与玉米收入保险前后玉米种植收入的变化情况来确定农业收入保险的收入效应。自然试验法可以很好地解决估计结果的内部和外部有效性问题,如经济环境的变化以及个体之间相关作用等,是目前学术界公认且常用的公共政策分析的有效工具。自然试验法对试验前后面板数据有较高要求（政策实施前后的微观面板数据）而使其应用受到限制。（3）匹配倾向得分法（propensity score matching，PSM）。罗森鲍姆和鲁宾（Rosenbaum & Rubin，1983）提出匹配倾向得分方法，该方法具有"准自然试验"性质且对数据要求不高，可使用截面数据，因此在学术界得到普遍的认同和广泛的使用。

1. 倍差法（DID）

柴智慧（2014）和张旭光（2016）分别采用 DID 方法展开农业保险对种植收入的影响和奶牛保险对养殖户收入的影响并展开实证分析。本章在借鉴国内外学者已有研究的基础上并结合本书的研究，就农业收入保险对农户种植业收入影响进行实证研究。为评估农业收入保险政策对农户种植收入的影响，本章结合农业收入保险试点政策这样的一个准试验，采用 DID 计量方法对其进行因果识别。

双重差分模型（DID）是近年来被广泛关注且被用于政策效果评估的一种典型方法。本章的研究目的在于实证分析"玉米收入保险试点"对农户农业种植收入的影响，而影响农户种植收入的因素非常复杂，想要将众多影响农户种植收入因素中剥离出农业收入保险对农业收入的影响，需要通过双重差分的方法进行实证分析。在分析玉米收入保险试点实施对农户种植收入的影响时，将调研农户是否参与分为实验组（参保玉米收入保险的农户）和对照组（未参与玉米收入保险的农户），变量 d 为农户是否参与玉米收入保险的虚拟变量，若农户参保，则 $d=1$；若农户未参保，$d=0$。用变量 b 表示玉米收入保险政策实施的时期虚拟变量，政策实施前，$b=0$；政策实施后，$b=1$。ε 为随机干扰项，代表无法观察的、无法控制的影响农户种植收入的影响因素。

双重差分方法的核心假设是平衡趋势假设，该假设意味着假设"处理组"没有受到政策的影响和冲击时，其平均时间趋势应该和"控制组"相同或者是平行的，具体如图 6-3 所示。

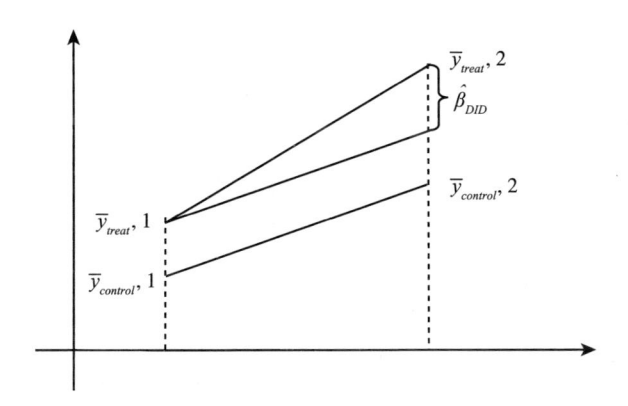

收入效应：农业收入保险试点的收入保障效果实证分析

图 6 – 3 双重差分效果

分析玉米收入保险影响农户种植收入的 DID 方程为

$$Y_{it} = \alpha + \beta d_{it} + \gamma b_{it} + \delta(d_{it} \times b_{it}) + \varepsilon_{it} \tag{6.1}$$

其中，i 表示农户，t 表示时期。Y_{it} 表示农户 i 在 t 时期玉米种植收入，γ 为农业收入保险政策对农户种植收入的净影响。该方程中，对于控制组农户，$b=0$，模型可以表示为 $Y_{it} = \alpha + \beta d_{it} + \varepsilon_{it}$，实证过程中，为有效控制其他因素影响，多采用固定效应模型：

$$Y_{it} = \alpha + \beta d_{it} + \gamma b_{it} + \delta(d_{it} \times b_{it}) + \eta X_{it} + \mu_{it} \tag{6.2}$$

其中，X_{it} 表示影响农户种植收入的可观测的控制变量，如户主年龄、种植年限、户主受教育程度、家庭劳动力人数等信息。μ_{it} 是影响农户种植收入但无法观测且根据不同农户和时间而不同的因素。农业收入保险政策对玉米种植户种植收入的净影响如表 6 – 4 所示。

表 6 – 4 农业收入保险政策对玉米种植户种植收入的净影响

农户类型	农业收入保险政策对农户种植收入的影响		差分
	政策实施前	政策实施后	
参保农户	$\alpha + \beta$	$\alpha + \beta + \gamma + \delta$	$\gamma + \delta$
未参保农户	α	$\alpha + \gamma$	γ
差分	β	$\beta + \delta$	δ

2. 匹配模型（PSM）

由于 OLS 模型难以克服因样本选择偏差和存在遗漏变量所引起的内生性问题，基于此本章选择倾向得分匹配法加以克服，增加实证结果的稳健性。PSM 方法有效解决内生性问题，本章核心问题在于分析农业收入保险能否稳定农户种植收入，但现实是难以观测到购买农业收入保险的农户在没有购买农业收入保险时的种植收入情况，只能观测到其现有种植收入情况。想要准确度量农户是否参与农业收入保险所带来的种植收入保障作用，关键问题是不能同时观察到购买农业收入保险和未购买农业收入保险对农户种植收入的影响，这便是遗漏数据问题，无论在何种状态下，同一个农户只能是两种情况中选择一种，即是典型的反事实因果推断分析框架。通过 PSM 方法可以很好地解决这种不可观测事实，将样本农户按照是否购买农业收入保险分为实验组（购买农业收入保险农户）和对照组（未购买农业收入保险）并通过一定的方法对其两组进行匹配，在有效控制一系列相同的外部条件后，通过对试验组和控制组在种植收入上的差异来判断农业收入保险政策对农户种植收的影响。对于农业收入保险政策冲击，本章关心的是农业收入保险政策对农户种植收入的冲击，即平均处理效应（ATT），而估计 ATT 的难点在于，对于没有购买农业收入保险的农户来说，无法观测到其未购买农业收入保险时的结果，这便是一种"反事实"估计。

在匹配回归中，倾向得分值（PS 值）是在给定样本特征的情况下，某一农户参与农业收入保险的条件概率 $p(x_i)$，即

$$p(x_i) = p_r(D_i = 1 | X_i) = E(D_i | X_i) \tag{6.3}$$

其中，X_i 是对农户参与玉米收入保险产生影响的农户特征变量所构成的向量；D_i 表示可观测到的调研农户的参保行为，若 $D_i = 1$，则说明农户购买玉米收入保险，若 $D_i = 0$，则说明农户没有购买玉米收入保险。对于第 i 位调研农户，假设其倾向得分值 $p(x_i)$ 已知，则可分别计算参与者的平均处理效应（average treated effect on the treated，ATT）、未参与者的平均处理效应（average treated effect on the untreated，ATU）和平均处理效应

收入效应：农业收入保险试点的收入保障效果实证分析

(average treated effect, ATE)。

$$\text{ATT} = E(Y_{1i}^1 - Y_{0i}^0 | D = 1, X = x) \qquad (6.4)$$

$$\text{ATU} = E(Y_{1i}^1 - Y_{0i}^0 | D = 0, X = x) \qquad (6.5)$$

$$\text{ATE} = E(Y_{1i}^1 - Y_{0i}^0 | X = x) \qquad (6.6)$$

式（6.4）、式（6.5）和式（6.6）中，Y_{1i}^1 表示参与玉米收入保险试点的农户的亩均种植收入，Y_{0i}^0 表示没有购买玉米收入保险的农户的亩均种植收入。ATT 为平均处理效应即购买玉米收入保险的农户和没有购买玉米收入保险的农户亩均种植收入的差别，由于玉米收入保险是一项已经实施的政策，在调研中无法获取参保农户在没有参保情况下的数据，如果需要得到 ATT 的一致估计，需要借助未参保农户样本的特定统计值来作为参保农户在"未参保"情况下的对照组，基于"反事实"样本数据缺失的替代。

PSM 方法具体研究步骤如下。

第一步，建立 Logit 选择模型，估算农户购买农业收入保险的条件概率的拟合值。计算给定样本特征 X_i 下，每一位玉米种植户成为实验组的概率 $p_i(x)$，则倾向得分值（PS 值）为

$$p(x_i) = p_r(D_i = 1 | X_i) = F[h(X_i)] \qquad (6.7)$$

其中，D_i 表示模型中的因变量，即政策虚拟变量，当 $D_i = 1$ 时，表明农户购买玉米收入保险，若 $D_i = 0$，则表示农户没有购买玉米收入保险，X_i 是模型中的自变量，表示第 i 个农户的特征变量，$F(\cdot)$ 表示 Logistic 函数，$h(\cdot)$ 为线性函数。

第二步，将实验组和对照组进行匹配。为验证匹配结果的稳健性，通常使用的匹配方法有核匹配、半径匹配等，本章选择核匹配方法进行得分匹配。

第三步，计算出农户购买农业收入保险的平均处理效应（ATT）：

$$\text{ATT} = E[income_1 | D = 1, P(x)] - E[income_0 | D = 0, P(x)] \qquad (6.8)$$

其中，$income_1$ 和 $income_0$ 分别表示实验组和控制组的种植收入水平，从而比较农业收入保险能否保障农业种植收入，根据结果得出本章的核心研究问题。

6.5 实证结果

6.5.1 实证结果

本章运用 Stata 15.1 软件通过 DID 方法实证检验农户参与玉米收入保险试点对农户种植收入的影响。

表 6-5 为倍差模型初始检验结果,其中,方程(1)为不加控制变量的基准检验,方程(2)为加入玉米种植户的个体特征、经营特征等控制变量后的实证检验。由表 6-5 中方程(1)和方程(2)的回归结果知,交互项 $d_{it} \times b_{it}$ 的影响系数为正,且具有统计意义上的显著性,说明玉米收入保险政策对稳定农户种植收入的效果具有显著作用,具有较好的模型拟合效果。实际调研中发现,2020 年义县玉米实际收入低于目标收入,则触发理赔,而对照组农户由于未购买玉米收入保险,购买的是传统农业保险,理赔金额远低于玉米收入保险。交互项系数为正则表明玉米收入保险可以稳定农户种植收入,该结论与实际调研事实相符。

表 6-5 基本模型估计结果

变量	(1) 系数	(1) 稳健标准误	(2) 系数	(2) 稳健标准误
b_{it}	73.082***	3.030	70.480**	4.403
d_{it}	9.172***	2.622	9.430***	3.048
$d_{it} \times b_{it}$	46.569***	3.708	49.877***	4.697
户主年龄(age)	—	—	0.222	0.204
受教育年限(edu)	—	—	0.553	2.022
培训(train)	—	—	6.463**	2.907
健康状况(heal)	—	—	-1.048	1.892
玉米种植面积(area)	—	—	0.181*	0.094
农户家庭劳动力比重(labp)	—	—	11.097**	4.523

收入效应：农业收入保险试点的收入保障效果实证分析

续表

变量	（1）		（2）	
	系数	稳健标准误	系数	稳健标准误
兼业化水平（dcam）	—	—	-4.514**	1.837
村庄环境（vill）	—	—	2.169***	0.790
常数项	535.589	2.142	516.944	20.453
样本数	1246			
R^2	0.763		0.770	

注：***、**、*分别表示在1%、5%、10%的水平上显著。

回归结果显示，在引入农户基本信息后，交互项的系数值始终在1%的统计水平上显著，方程（1）和方程（2）交互项的回归系数均为正，说明农业收入保险政策的实施可以保障农户种植收入，与假说H6.1相符。其他控制变量如玉米种植面积、是否接受过农业技术培训、农户家庭劳动力比重以及兼业化水平对农户玉米种植收入有显著影响。

在控制变量中，个人因素对玉米种植收入的影响说明：（1）是否接受过农业技术培训与农户玉米种植收入呈正向关系，可能是因为农户接受农业技术培训后对农业种植知识的掌握会对提高农业种植收入有积极影响。对农户进行现代化种养技术培训，可以提高农户先进种植技术的能力，从而提高农户种植收入。（2）农户兼业化水平对农户玉米种植收入有负向影响，农业兼业化水平反映农户除农业收入以外的收入情况，兼业化程度越高说明农业收入对家庭收入的影响越小，而对农业种植所付出的时间和精力就越少，对农业收入产生负向影响。

家庭因素对玉米种植收入的影响说明：（1）农户家庭劳动力占比对农户玉米种植收入具有正向影响，这可能是因为家庭劳动力更多地分担家务或者农业生产活动，从而提高玉米种植收入。劳动力在家庭总人数中比重越高，在农业生产过程中可投入的体力和精力越多，会在一定程度上影响农业种植收入。（2）玉米种植面积与农户玉米种植收入有正向影响，即面积越大农户玉米种植收入越高，原因在于规模化的种植使得农户更容易采取机械化并有效控制玉米种植成本。随着种植面积的扩大，农户实现规模化生产可有效降低农业生产成本、提高农业生产效率，进而提高农业种植收入。

外部环境对玉米种植收入的影响说明：农业种植过程对自然环境的要求较高，虽然随着现代化的推进，新技术已经在一定程度上缓解自然灾害对农业造成的损失，但村庄交通状况、经济水平、灌溉情况、土地质量、距离市中心的距离等因素对农户种植收入有一定正向影响。

6.5.2 稳健性检验

为检验回归结果是否具有稳定性，本章通过匹配法（PSM）对上述实证结果进行验证。倾向得分匹配有多种方法，常用的是核匹配，核匹配通过构建对照组农户的加权平均值的方法，构建试验组农户的匹配农户，样本可以得到很好的利用，基于此本章选取核匹配方法。

由表6-6平衡检验结果可知，匹配后控制变量的标准化偏差均小于10%，且由变量的t检验统计值可知，大多数t检验的结果不拒绝处理组与对照组无系统差异的原假设，说明经过匹配后处理组和对照组比较接近。通过倾向匹配得分进行匹配后，基本上可以认为消除处理组样本和对照组样本之间的基于农户个体特征的差异，从而强化试验组和对照组的可比性，进而使得回归结果更加可靠。

表6-6　　　　　　　　PSM 平衡性检验

变量	样本	均值 处理组	均值 对照组	标准化偏误（%）	标准偏误绝对值减少（%）	t检验 t	t检验 P>|t|
户主年龄	匹配前	60.175	59.244	10.0	75.7	1.64	0.101
户主年龄	匹配后	60.049	59.823	2.4	75.7	0.48	0.629
受教育程度	匹配前	2.988	2.949	5.2	-3.9	0.83	0.407
受教育程度	匹配后	2.973	2.933	5.4	-3.9	1.12	0.261
培训	匹配前	0.25	0.345	-21.0	80.2	-3.54	0.001
培训	匹配后	0.253	0.234	4.1	80.2	0.87	0.382

续表

变量	样本	均值 处理组	均值 对照组	标准化偏误（%）	标准偏误绝对值减少（%）	t检验 t	t检验 P>|t|
健康状况	匹配前	2.747	2.758	-2.1	30.6	-0.34	0.738
	匹配后	2.741	2.748	-1.4		-0.29	0.770
玉米种植面积	匹配前	14.551	12.422	19.5	50.5	3.05	0.002
	匹配后	14.097	15.150	-9.7		-1.89	0.059
农户家庭劳动力比重	匹配前	0.475	0.501	-13.5	41.1	-2.25	0.024
	匹配后	0.475	0.460	8.0		1.60	0.111
兼业化水平	匹配前	2.348	2.244	13.7	67.6	2.28	0.023
	匹配后	2.334	2.300	4.4		0.86	0.392
村庄环境	匹配前	3.195	3.731	-58.0	93.0	-8.90	0.001
	匹配后	3.268	3.306	-4.1		-0.76	0.446

注：匹配平衡检验使用的是核匹配。

表6-7为核匹配下的匹配结果，平均处理效应（ATE）是正值且t检验显著，说明农业收入保险可以保障农户种植收入。

表6-7 核匹配下的匹配结果

变量	样本	试验组	对照组	差分	标准误差	t值
玉米收入	未匹配	604.587	572.130	32.457	3.701	8.77
	ATT	605.379	573.693	31.685	5.903	5.37
	ATU	572.130	599.778	27.648		
	ATE			30.304		

6.5.3 异质性分析

上文通过DID以及PSM对玉米收入保险试点能否稳定农户玉米种植收入进行估计，结果显示，玉米收入保险可以有效分散农业风险起到保障农户种植收入的作用，但影响效果不大，原因可能在于农业收入保险在当地试验时间不长，保险公司在农业收入保险产品设计等方面尚存在改善空间，政策效果短时间内效果不是特别明显。

农业种植过程中农户种植规模呈现一定差异，通常认为规模化程度越高，有利于降低种植成本，农户种植收入会存在某种差异。本节在实证分析玉米收入保险对玉米种植收入的影响后，将研究问题进一步细化，即玉米收入保险相对不同种植规模农户，对其玉米种植收入是否产生不同的效果，即收入效应是否具有异质性。基于此，本节将重点验证玉米收入保险对不同种植规模农户的影响，借鉴以往研究并结合调研地点实际情况，将小于6亩的农户定义为小规模农户，6~10亩的农户定义为中等农户，而超过10亩的农户则视为种植大户。

表6-8为不同种植规模的实证结果，结果显示玉米收入保险对不同规模的农户产生的效果不同，其中，玉米收入保险政策对小规模农户（6亩以下）效果最为明显，假说H6.2未得到充分证实。分析其原因可能在于试点地区"十年九旱灾"的自然条件加剧农业种植风险，而规模小的农户（10亩以下）在种植过程中因规模面积有限，小农户在农业种植过程中机械化使用程度、市场价格谈判能力等方面均弱于规模化种植户，因此其平均亩产量往往低于规模化农户，最终导致其实际收入低于规模化种植户。小规模种植户在种植过程中更多的处于劣势，而玉米收入保险在农户投保初期便锁定目标收入，玉米目标收入为700元/亩，该目标产量是基于本县近三年玉米种植平均产量，而目标价格则是以期货市场玉米合约价格为重要参考。2020年义县玉米实际收入经测算为562元/亩，低于目标收入700元/亩，最终触发理赔，保险公司对玉米种植户进行保险赔付，考虑到不同种植规模的农户在玉米种植过程中玉米产量、销售价格等存在差异，因此，本章对玉米收入保险保障收入的效果进行异质性分析（见表6-8），实证结果显示，玉米收入保险对规模小的种植户效果更为明显。

表 6–8　　　　　　　不同种植规模的收入效应估计结果

变量	小规模农户（6 亩以下）	中等农户（6~10 亩）	种植大户（10 亩以上）
d_{it}	7.870 (10.746)	15.126 *** (4.600)	8.933 ** (4.587)
b_{it}	78.611 *** (13.772)	63.832 *** (6.897)	69.704 *** (6.273)
$d_{it} \times b_{it}$	67.468 *** (14.528)	51.874 *** (7.461)	48.216 *** (6.622)
cv	YES	YES	YES
R^2	0.690	0.792	0.781

注：括号内为稳健标准差；cv 为控制变量；***、** 分别表示在1%、5%的水平上显著。

6.6　本章小结

　　农业收入保险是我国近年来试行的一种新型农业保险，集产量风险和价格风险于一体，稳定农户种植收入是农业收入保险政策实施的初衷所在。当前我国首轮农业收入保险试点已经结束，但收入保险政策是否对农户种植收入产生影响，尚不明确。为此，本章构建农业收入保险稳定农户种植收入的理论分析框架与研究假说，利用玉米收入保险试点作为准试验，基于义县 623 户农户的两期平衡面板微观数据，通过双重差分及倾向得分匹配识别玉米收入保险政策对农户玉米种植收入的影响，并进一步分析不同种植规模下玉米收入保险的收入效应。基于微观调研数据并运用典型的政策评估模型 PSM、DID 对玉米收入保险的收入效应进行实证，本章得出如下结论。

　　（1）玉米收入保险政策显著稳定农户玉米种植收入。在充分考虑样本自选择偏差之后，通过 DID 实证显示，农户参保玉米收入保险后，与未参保玉米收入保险的农户相比，农业收入保险能够稳定农户玉米种植收入。由于农业保险是一项保险计划而非补贴计划，因此政策实施的主要目的在于稳定收入并不是增加收入，农户在购买玉米收入保险后只要种植收入能够弥补其实际经济损失便是有效。

（2）农业收入保险主要是通过直接作用和间接作用两种机制稳定农户种植收入。一是直接效应。义县玉米收入保险试点在 2020 年因实际收入低于目标收入则触发理赔，农户最终获得 138 元/亩的保险赔付，保费仅 23.1 元/亩，这直接增加农户玉米种植收入。二是间接效应。义县农业收入保险 2019 年已实施一年，农户对农业收入保险具有一定的认知和评价，2019 年投保 59.48 万亩，2020 年 68 万亩，投保率大约为 79%，投保面积的增加使得更多的玉米种植户享有保险的保障从而稳定玉米种植收入。

（3）农业收入保险政策在稳定农户种植收入方面具有一定的异质性。玉米收入保险对规模偏小的农户效果更为显著，分析其原因可能在于规模小的农户（6 亩以下）在种植过程中更多处于劣势，因规模面积有限，小农户在农业种植过程中机械化使用程度、市场价格谈判能力等方面均弱于规模化种植户，其平均亩产量往往低于规模化农户，最终导致其实际收入低于规模化种植户，基于整县理赔标准的农业收入保险对本就处于劣势的小规模农户效果更为明显。

第7章

生产效应：农业收入保险对农户种植决策影响分析

"产业兴旺"是乡村振兴的重点和经济基础，农业收入保险作为一项市场化的风险管理工具，微观层面旨在转嫁农户种植风险，稳定农户种植收入，从而影响农户种植决策；宏观层面则是保障农业生产从而保障国家粮食安全。因此，本章将理论分析和实证相结合试图回答本书第三个科学问题即农业收入保险能否改变农业种植行为。

7.1 理论分析与研究假说

随着农产品价格波动日益增大，"低保障、广覆盖"的传统农业保险难以满足农户现有保险需求，在高质量农业保险要求下，我国迫切需要一种新型农业保险政策对农户种植过程中自然风险导致的产量波动及市场风险引发的价格波动进行承保，而农业收入保险则是符合这样需求的一种新型农业保险政策。为实现经济社会持续加快发展以及引导农业产业的健康发展，应充分发挥农业收入保险政策的防灾减损的功能，使其充分发挥"稳定农户种植预期、稳定种植面积"的托底功能。因此，将农户种植行为作为研究农业收入保险政策是否有效的切入点,能够从当前及未来一段时间内对农户种植意愿和种植决策进行研判。加上农户对农业收入保险政策的看法也会影响农户的种植意愿和种植决策,因此,在我国农业收入保险政策实施的初期,选择农户种植积极性作为被解释变量具有一定的理论和现实意义。

国内外众多学者(付小鹏和梁平,2017;Ye,2012;李英,2020)就农业保险与农户种植行为展开研究,如农业保险对种植面积、要素投入以及种植品种的影响。在农户种植行为研究中,国外学者就农业保险与农作物种植面积展开实证分析(Wu,1999;Young et al.,2001;Goodwin et al.,2004;Goodwin et al.,2013)。农业收入保险作为农业保险的升级版,该项保险计划对农户种植面积是否具有影响成为检验农业收入保险实施效果的重要衡量标准,学者指出农业收入保险可以明显提高农户种植积极性,如特维(Turvey,2012)指出,加拿大的农业收入稳定计划极大改变了农场主的种植决策,使其更积极地种植风险更高、利润更大的农作物。

农业收入保险影响农户种植积极性影响路径与收入效应相似,主要通过两个效应,即直接效应和间接效应。一是直接效应。在投保面积不变的情况下,农户通过购买农业收入保险实现收入可期,从而最大限度保障农户的预期利润,从而激发农户种植积极性,稳定或者扩大种植面积。国外学者通过实证模型论证农业保险的这种直接效应(Nerlove et al.,2001;Hendricks et al.,2014)。二是间接效应。农业收入保险属于政策性农业保险,国家对该项保险计划给予保费补贴,即农户支付少量保费便可获得高于产量保险的保障,国家财政所给予的保费补贴使得农户的保费具有放大的功效,农户便会增加投保面积。随着投保面积的增加,农户获得更多的补贴,并且随着保险理赔金额对农户收入损失的抵消,农户种植收入变化相对稳定,因此被保险的农作物的种植面积可能会增加。

鉴于我国农业收入保险尚处于试点阶段,购买农业收入保险对农户种植决策的影响缺乏有效的实证研究,董婉璐等(2014)、宗国富和周文杰

生产效应：农业收入保险对农户种植决策影响分析

（2014）等众多农险研究者认为，农业保险对农户的收入产生影响，主要表现在农户的生产规模、生产结构及生产方式的改变。农业收入保险在美国等发达国家取得较好成效，目前在我国以小范围试点展开，主要以期货市场定价模式和区域监测定价模式平行发展，袁胤栋（2019）指出，玉米期货保险可在一定程度上起到稳定农户收入的作用，而农户收入的改变是否会对生产者行为产生影响，目前国内尚无相关研究。于（Yu，2017）指出，农户如果预期收益增加则会增加农作物供给，科蒂尼亚尼（Cortignani，2012）指出农业收入保险通过增加投保面积进而影响种植面积。

上一章实证分析农业收入保险稳定收入效应，本章则重点研究农业收入保险对农户行为的影响，即参保后种植户是否会扩大种植面积？高保障下的农业收入保险是否会促使农户规范种植？下面，本书参考徐斌和孙蓉（2016）的研究，通过构建理论模型分析农业收入保险对农户生产决策的影响。在农户购买农业收入保险的情况下，农户的种植期望收益为

$$E(R_2) = Q[1-\omega\gamma(1-\eta)](1-p) + Q\gamma[1-\omega(1-\eta)]p - C \quad (7.1)$$

简化为 $E(R_2) = Q[1-p+\gamma(p-\omega+\eta\omega)] - C$。

农户未购买农业收入保险的种植期望收益为

$$E(R_1) = Q(1-p) - C \quad (7.2)$$

其中，R_1 为未购买农业收入保险的期望收益，R_2 为购买农业收入保险后的期望收益，C 为种植成本，p 为收入减少的概率，农业收入保险费率是 ω，保障程度为 γ，试点地区政府提供的保费补贴比例为 η。

当 $\gamma(p-\omega+\eta\omega) > 0$ 时，有 $E(R_2) > E(R_1)$ 且 $\eta > 1 - \dfrac{p}{\omega}$。

由 ω 和 p 的设定可知，当 $\omega = p$ 时，保费等于农产品价格；当 $\eta > 0$ 即政府对农业收入保险进行补贴时，农户的种植收益会增加，农户会选择种植耕地。

农户种植又可以分为经济作物和非粮食作物，政府实施农业收入保险的政策在于稳定国家粮食安全，农户土地资源有限，农户会在种植经济作物和非经济作物之间进行权衡。

如图7-1所示，L 是农户所拥有的土地总量（包含流转土地），分别

种植经济作物和非经济作物，K 是农户所拥有的资本总量（包含借贷资本），将其投入经济作物和非经济作物的种植上。RE 和 RF 分别为经济作物和非经济作物的边际收益曲线，而 G_1、G_2 和 G_3 表示经济作物和非经济作物要素投入平衡点，即经济作物和非经济作物边际收益相等，且满足利润最大化要求。G_1 表示农户在没有购买农业收入保险之前的要素投入平衡点，如果政府推行农业收入保险，对农户的非经济作物（如水稻、玉米等农作物）给予保费补贴，此时的非经济作物的边际收益增加，农户会增加非经济作物的土地和资本投入，减少非经济作物的投入，均衡点由 G_1 移动到 G_3，反之则从 G_1 移动到 G_2。农业收入保险实现农户收入可期，从而改变经济作物和非经济作物的边际收益，农户作为理性经济人，其会增加非经济作物的种植，减少经济作物的种植。目前，我国农业收入保险仅对非经济作物进行保费补贴，如果未来经济作物也纳入农业收入保险范畴则需要考虑两者补贴力度，但研究结果同样成立，只是形成的均衡点不同。

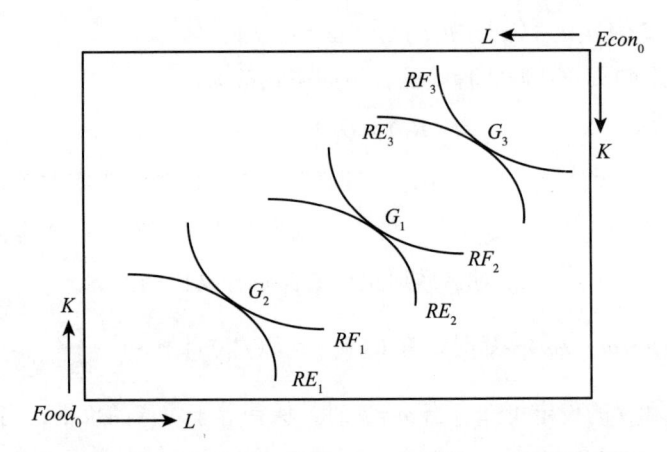

图 7-1 经济作物和非经济作物利润最大化的土地使用决策行为

以上从经济学中的帕累托最优角度分析农业收入保险对农户种植决策的影响，下面从供给和需求角度证明农业收入保险对农产品供给的影响。农户购买农业收入保险后一旦出现实际收入低于目标收入则触发理赔，农户获得赔付后直接增加农业种植收入，收入的增加会改变农户生产决策进

生产效应：农业收入保险对农户种植决策影响分析

而引发农户生产效应。农业收入保险的生产效益可以从图7-2中看出。在没有购买农业收入保险时，农产品供给曲线是S_0，供给曲线与农产品需求曲线D的交点决定农产品的均衡产量为Q_0，均衡价格为P_0。农户若购买农业收入保险，在购买农业收入保险时就锁定目标收入，实现收入可期。农户购买农业收入保险后，由种植风险导致的不确定性和收入损失就会转移至保险公司，一旦实际收入低于目标收入，则触发理赔，农户获得保险赔付，最终稳定农户种植收入，进而提高农户从事农业种植的积极性。此时农产品供给曲线从S_0右移至S_1的水平，均衡点由E_0移动到E_1，而此时的农产品供给数量由Q_0移动到Q_1，农产品供给的增加从反面反映农户种植积极性（见图7-2）。

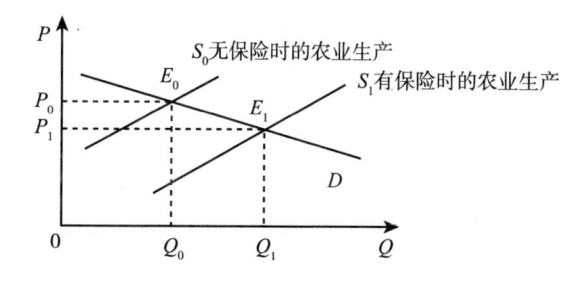

图7-2 农业收入保险的生产效应

农户种植行为是一个极其复杂的过程，在内因和外因的共同作用下，农户根据当地的资源禀赋、农户自身因素及社会发展情况进行综合的考虑，并通过合理的要素配置，对种植规模进行合理的规划以追求效用最大化。农户种植行为的因素包括内在因素和外在因素，具体包括农户个人特征、家庭特征、资源禀赋、市场因素和政策因素等。农户种植行为主要体现在农作物的种植品种及面积的改变，进而影响农作物种植结构。基于不同的资源禀赋及外部环境，农户的调整行为存在明显差异，但在同一地区农户在自然资源及市场环境方面存在较大的相似性，这使得农户的种植行为表现出较高的地区一致性。而如果相邻地区由于某种外在的因素致使种植行为发生变化时，则更多的是基于外部因素而引起的，如图7-3所示。

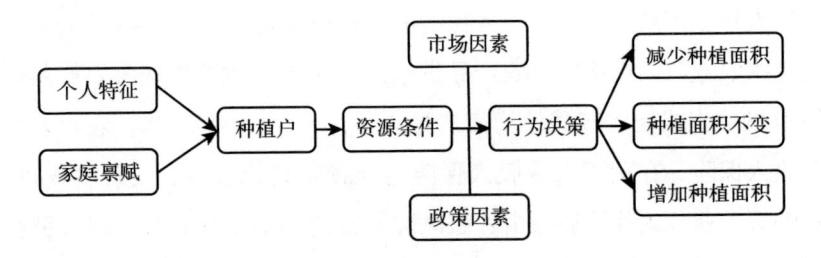

图7-3　样本农户种植积极性影响因素内在机理

农业收入保险在我国多地进行试验,农户在购买农业收入保险后通过保险宣传对该项保险计划有一定认知,一旦在保险期内,农作物的实际种植收入低于保单约定的预期收入时便可获得保险公司理赔,农业收入保险实现农户收入可期。基于以上理论分析,提出如下假说。

H7.1:农业收入保险集产量和价格风险双重保障于一体,该项保险计划对农户种植决策,即促进农业种植具有显著正向影响。

H7.2:购买过玉米收入保险的农户与未购买过玉米收入保险的农户在种植决策方面存在差异,即参保农户种植积极性高于未参保农户。

7.2　数据来源及说明

本章调研数据来自辽宁省锦州市义县微观调研数据。考虑到本章的研究目标,即农业收入保险对农户种植决策响应分析,玉米种植面积短期内变化不大,而实证所需要的数据应尽量为长面板数据,但我国农业收入保险首批试点时间为2018~2020年,调研地点义县在完成三年试点后,2021年仍推行玉米收入保险,因此调研中重点调研农户在2018年、2019年、2020年和2021年四年内的玉米种植变化情况。本章使用的数据源自微观调研的623户有效问卷,参保农户416户,未参保农户207户,其中以小规模种植户为主,10~30亩农户最多,总计375户,占样本总量60.17%。

7.3 样本农户基本情况分析

7.3.1 样本农户基本特征

1. 农户年龄及健康状况

农户的个体特征主要包括户主年龄、受教育程度和种植年限等基本信息。本次调研农户年龄普遍偏大，60 岁以上农户 312 户，占总样本的 50.08%。农户年龄虽然偏大，但健康状况良好，505 户农户表示自己身体健康，占总样的 81.06%。受访农户中 451 户农户表示未接受过农业专业技术培训，占样本总量的 72.3%。调研期三年内，有 93 户农户外出打工，占样本总量的 13%，具体见表 7-1。

表 7-1　　　　　　调查样本（623 户）个体特征

变量	组别	频数（户）	百分比（%）
户主年龄	<40 岁	59	9.47
	40~50 岁	77	12.36
	50~60 岁	175	28.09
	≥60 岁	312	50.08
是否接受过农业技术培训	没有接受过	451	72.30
	接受过	172	27.70
近三年，是否外出打工	没有	530	85.00
	有	93	15.00
健康状况	不健康	28	4.49
	一般	90	14.45
	健康	505	81.06

资料来源：笔者调研数据。

2. 农户受教育程度

调研中发现，农户的受教育程度多为小学和初中。在 623 户样本农户中，完成小学学习的有 150 户，占总样本的 24%；完成初中学习的有 390 户，占总样本的 62.6%；完成高中学习的有 58 户，占总样本的 9.3%；而职业学校及以上的农户仅 11 户，占总样本的 2.5%。基于实地调研不难发现，目前我国农户受教育程度普遍偏低，学历高的农户比例较小。文化程度偏高的农户多外出打工，而收益低的农业种植及发展相对落后的农村很难吸引受教育程度较高的农户。

7.3.2 农户种植经营情况

农户的种植经营特征主要包括玉米种植面积、农业种植收入、种植收入占家庭总收入比重及家庭劳动力占家庭总人口比重等。种植面积主要是指参保农户所种植玉米的亩数，种植收入主要指农户玉米种植收入，种植收入占家庭总收入比重主要指农户的种植收入占全年农户总收入比重。统计结果显示（见表 7-2），调研中，玉米种植户以小规模种植为主，其中低于 30 亩的所占比例最高，10~30 亩农户最多，总计 375 户，占样本总量 60.17%。农户种植收入占家庭总收入比重在 20%~80% 居多，占总样本的 82.99%。家庭劳动力占比在 20%~50% 居多，共 395 户，占总样本的 63.4%。

样本农户中，仅 69 户（占样本总量的 11%）有农业贷款行为，农户在种植过程中随着规模的扩大会对资金需求有所增加，贷款行为会对农户种植积极性产生一定影响，通常有农业贷款的农户因贷款行为的产生，致使其继续种植的可能性会提高。随着城乡差距的日益扩大，越来越多的农户选择进城务工，农户将土地转出，样本农户中有 207 户（占样本总量的 33.2%）有土地流转行为。

生产效应：农业收入保险对农户种植决策影响分析

表7-2 调查农户（623户）种植经营特征

经营特征		数量（户）	占比（%）
种植规模	10亩以下	217	34.84
	10~30亩	375	60.17
	30~100亩	28	4.50
	100亩以上	3	0.49
玉米种植年收入	2000元以下	18	2.89
	2000~6000元	199	31.94
	6000~10000元	202	32.42
	10000元以上	204	32.75
种植收入占家庭总收入比重	20%以下	69	11.07
	20%~50%	265	42.54
	50%~80%	252	40.45
	80%以上	37	5.94
劳动力占家庭总人数比重	20%以下	34	5.46
	20%~50%	395	63.40
	50%~80%	167	26.81
	80%以上	27	4.33

资料来源：笔者调研数据。

7.3.3 农户种植风险特征

2007年，我国对农业保险实施保费补贴，农业保险对自然灾害等意外事故造成的损失给予补偿是一种典型的产量保险，但随着农产品价格波动的加剧以及农产品价格形成机制改革不断深入，包括玉米在内的农产品市场风险越来越大。调查数据显示（见表7-3），在本次调研的623户农户中，有445户农户在最近的五年里遭遇1~2次的自然灾害，遭受较大自然灾害导致减产10%以上的农户占样本总数的71.43%，而总样本21.83%的农户在最近五年里遭遇3~4次的自然灾害。对素有"十年九旱"的义县而言，调研结果充分证实当地自然灾害对农户种植收入产生极大影响，其中，44.14%的农户总损失在3000~5000元。自然因素的影响，以及价格因素的影响，使玉米种植户在种植过程中面临较大的风险。

表7-3 调查农户种植风险分布情况

问题及选项		数量（户）	占比（%）
近五年，遭受较大自然灾害（减产10%以上）	0次	34	5.46
	1~2次	445	71.43
	3~4次	136	21.83
	4次以上	8	1.28
近五年，种植中遇见最大的经济损失金额	3000元以下	211	33.86
	3000~5000元	275	44.14
	5000~10000元	88	14.13
	1万元以上	49	7.87

资料来源：笔者调研数据。

7.3.4 样本农户种植积极性

调研地义县位于辽西地区，自古便有"十年九旱"之称，在2020年更是遭遇空前的干旱天气，据官方统计，自2020年1月以来锦州市平均降水量为136毫米，而在降水量充沛的5月至7月，全市平均降水量也不足30毫米，成为自1951年有气象记录以来的历史同期最少，出现严重的干旱灾情。受自然灾害影响，义县玉米收入保险触发理赔，每亩赔付138元，在一定程度上缓解自然灾害对农户收入造成的损失。调研中，据参与玉米收入保险的农户反映，玉米收入保险虽然不能完全覆盖种植损失，但相对于传统的产量保险，玉米收入保险保障程度更高。传统玉米保险每亩地保障280元，在不考虑地租承包情况下，每亩玉米的实际种植成本也要450~500元，显然传统的玉米保险赔付额少，难以覆盖玉米种植成本，而玉米收入保险则每亩保额700元/亩，可在一定程度上覆盖玉米种植成本。

农业收入保险集产量和价格因素于一体，有效防范农户种植风险，而传统农业保险仅对种植中的自然风险所导致的农作物产量的降低进行保障，而对因市场因素、政策因素等导致价格波动，进而影响农户种植收入的变化往往保障不足。农业收入保险最大限度保障农户种植收入，实现农业种植收入可期，种植收入得到保障，可有效激发农户种粮积极性。农业收入保险在义县已经试点三年时间，实施效果已初显，调研中，在问及"近三年，您的玉米种植是否发生变化"时，通过调研数据发现（见表7-4），2018~2021年义县实施玉米收入保险期间，调研农户中参保农户有45户实际增加玉米种植面积，占参保农户样本的10.82%，197户样本农户增加玉米投保面积。未购买玉米收入保险的农户中仅16户，占未参保农户样本的7.73%增加玉米种植面积。参保农户中，近三年选择继续种植玉米的农户404户，约占总样本的97%，不难发现玉米收入保险具有稳定种植积极性的作用。玉米收入保险将价格风险和产量风险包含在内，最大限度保障农户种植收入，保险实施以来农户对其满意度高。通过数据分析可知，农业收入保险的实施增加农户继续从事农业种植的积极性，有助于稳定农户种植规模。

表7-4　　　　　　　2018~2021年农户玉米种植面积变化情况

指标		参保（416户）		未参保（207户）	
		样本数	占比（%）	样本数	占比（%）
玉米种植积极性	不种植玉米	12	2.88	32	15.46
	种植，但减少玉米种植面积	39	9.38	68	32.85
	种植，但玉米种植面积不变	320	76.92	91	43.96
	种植，且玉米种植面积增加	45	10.82	16	7.73

资料来源：笔者调研数据。

7.3.5　农户接受农业保险宣传程度

凯瑟（Kaiser，2019）通过荟萃分析发现，金融教育对农户金融行为具有重大影响。奥特曼（Altman，2012）认为，金融教育可以修正农户的错误认知和偏见，并指出政府可提供针对性的金融知识教育、宣传以改善农户的金融决策。农业保险在我国已实施多年，政府对关系国计民生的农作物品种进行财政补贴且承担起保险知识宣传的职责。农业收入保险作为一种新型农业保险，政府和保险公司通过多种方式对其进行宣传，使得农户对该项保险计划具有一定的认知。日本农业收入保险虽然实施时间短，但政府通过新成立的农业共济组合对农业收入保险进行宣传，达到很好的效果。在我国，农业收入保险作为一项国家新出台的支农惠农政策，保险公司和当地政府对该项保险计划的宣传力度较大。调研中，问及农户近三年接受农业保险宣传次数，49.1%的农户表示接受过"两次农业保险宣传"，33.8%的农户接受过"三次农业保险宣传"，调研数据表明，政府和保险公司在农险宣传方面力度大，农户在接受农业保险宣传的过程中对农业保险以及农业收入保险的认知程度有所提高。农户只有了解农业收入保险实施目的以及赔付的标准，才能提高其风险防范的意识。在保险公司和当地政府的宣传下，农户通过农业保险的宣传增强其对农业收入保险的了解和认知，对农户未来参保意愿的提升具有一定影响，且在一定程度上稳定农户种植积极性。

7.4 模型设定与变量选取

7.4.1 模型设定

本章主要目的是验证农业收入保险政策对农户种植积极性的影响，基于研究问题及调研数据可得性，本章以农户种植决策为被解释变量，农户是否购买过农业收入保险为核心解释变量，在控制变量的选取上则重点考察农户个人经营特征，如户主年龄、受教育等因素。在各种估计模型中，通常采用有序 Probit 模型和有序 Logit 分析此类问题，但由于 Logit 在替代形式上存在不可观测因素跨期相关问题的局限，而 Probit 则在很大程度上摆脱这一问题的困扰，更加适合分析经济主体行为的行为决策问题，因此更适合本书的研究。

生产效应：农业收入保险对农户种植决策影响分析

本章将农户近三年①种植面积是否发生变化作为被解释变量，即农户选择"不种植玉米"赋值为"1"；农户选择"继续种植玉米，但减少种植面积"赋值为"2"；农户选择"继续种植玉米，但保持种植面积不变"赋值为"3"；农户选择"继续种植玉米，且增加种植面积"赋值为"4"，此时 OLS 估计并不适合本章研究，为此，采用文献中普遍使用的有序 Probit 四值响应模型进行估计。有序 Probit 模型是 Probit 模型的扩展，专门针对被解释变量是排序数据的情况。模型具体设定如下。

$$y_i = F(\beta insu_i + \gamma X_i + \varepsilon_i) \tag{7.3}$$

其中，y_i 是被解释变量种植积极性，$insu$ 是本书关注的核心解释变量，即是否购买过玉米收入保险，是一个虚拟变量，当农户购买过玉米收入保险时，赋值为"1"，否则赋值为"0"。X_i 为一系列包括农户个人特征、家庭经营情况等影响农户种植积极性的控制变量。

1. 内生性问题

在估计农业收入保险对种植户种植积极性的影响时，关键解释变量"农户是否购买过玉米收入保险"的内生性问题易被忽视。分析内生性产生的原因，主要有以下原因：一是遗漏变量。影响农户种植积极性的因素有很多，诸多因素很难在模型构建时将所有可能影响因素考虑并一一罗列，不可避免遗漏一些难以观测或者难以量化的因素，而这些因素可能会对农户种植积极性产生影响。基于此，模型中被遗漏的变量会被纳入扰动项中，而如果被遗漏的变量恰好与模型其他变量具有相关性，就会产生遗漏变量偏差，致使模型估计结果的准确性减弱。二是反向因果关系。农户种植积极性与农户是否购买农业收入保险之间存在着反向因果关系，即农户养殖规模越大则农业收入保险需求越大，反向因果产生的内生性问题，同样导致模型估计结果不准确。

---

① 义县作为首批玉米收入保险试点，2018～2020 年为首轮收入保险试点区，但 2018 年政策出台时已完成了当年的玉米投保，因此玉米收入保险从 2019 年开始实施。2020 年试点结束后，义县开始新一轮的玉米收入保险，截至调研结束，2021 年玉米收入保险已完成投保，但赔付工作尚未完成。因此，调研中重点询问农户近三年玉米种植情况。

通过以上分析不难发现，仅仅通过简单的基准回归所得到的结果可能是有偏的和非一致的，因此在基准回归的同时，本书选择工具变量的方法对农户种植积极性进行实证分析。为有效解决内生性问题，本书在有序Probit模型中引入工具变量。农业收入保险属于政策性农业保险范畴，结合以往学者对我国农业保险的研究，本书选取"近三年，您接受农业保险宣传的次数"作为农户参与农业收入保险的工具变量。"近三年，您接受农业保险宣传的次数"与农户购买农业收入保险具有相关性，同时具有外生性，该变量只能通过影响农户参保行为影响农户种植积极性，符合工具变量相关性和外部性的基本要求。

2. IV-oprobit 模型两步估计法

本书参考赫克曼（Heckman，1978）的两步法对模型进行参数估计。

阶段一，将内生解释变量 $insu$ 对工具变量和外生解释变量进行 oprobit 回归，得到潜变量 $insu^*$ 的拟合值 $i\hat{n}su_i^*$，即

$$i\hat{n}su_i^* = \delta Z_i + \theta X_i + \mu_i \tag{7.4}$$

其中，$i\hat{n}su_i^*$ 为变量的拟合值，X_i 是控制变量，Z_i 为工具变量。

阶段二，将 y_i 对潜在变量拟合值、残差以及外生解释变量进行有序Probit回归。

3. 工具变量外生性检验

为更好排除内生工具变量问题，本书参考李（Lee，1991）提出的方法，对工具变量进行外生性的过度识别检验。检验过程主要为两个方面：一是对工具变量的强度进行检验；二是对工具变量有效性进行检验。

7.4.2 变量选择

本节所用数据来自2021年9月赴辽宁省锦州市义县开展的实地调研，调研中将2018年作为基期，重点询问农户近年来的玉米种植情况，根据农

户实际种植变化情况来确定农户种植积极性。最终以 623 户农户的种植行为作为样本数据，分析农业收入保险政策对农户种植积极性应的影响。

1. 变量选取

农业收入保险属于政策性农业保险，与传统农业保险具有相似之处，综合上述分析并参考国内已有研究成果（王学君和周沁楠，2019；方蕊等，2019；尚燕等，2020），除关键解释变量外，本章最终选定如表 7－5 所示的一系列控制变量。

表 7－5　　　　　　　　　　变量定义及赋值

变量类型	变量名称	变量定义	预期方向
被解释变量	玉米种植决策	1 = 不种； 2 = 继续种植，减少种植面积； 3 = 继续种植，保持现有种植面积； 4 = 继续种植，增加种植面积	?
核心解释变量	是否参与农业收入保险	0 = 未参保；1 = 参保	?
政策因素	农业补贴满意度	1 = 非常不满意；2 = 不满意；3 = 一般； 4 = 满意；5 = 特别满意	+
个人特征及家庭禀赋	户主年龄	连续变量，实际数值	－
	户主受教育年限	1 = 未上过学；2 = 小学；3 = 初中； 4 = 高中；5 = 职业学校；6 = 大学	－
	种粮收入占家庭总收入的比重	1 = 小于 20%；2 = 20% ~ 50%； 3 = 50% ~ 80%；4 = 大于 80%	+
	劳动力占家庭总人口比重	连续变量，实际比重	+
	户主健康状况	1 = 不健康；2 = 一般；3 = 健康	+
	是否接受过农业技术培训	0 = 没有；1 = 有	+
	是否有外出务工经历	0 = 没有；1 = 有	－
	玉米种植面积	实际数值	
	农业贷款	0 = 没有；1 = 有	?
	种植年限	实际年限	+
	是否有流转土地	0 = 没有；1 = 有	+
	农业损失情况	1 = 3000 元以下；2 = 3000 ~ 5000 元； 3 = 5000 ~ 10000 元；4 = 1 万元以上	?

续表

变量类型	变量名称	变量定义	预期方向
市场因素	近年玉米销售价格波动	1＝下跌；2＝不变；3＝涨价	+
外部环境	村庄环境	1＝很差；2＝较差；3＝一般；4＝很好；5＝特别好	+
工具变量	接受保险宣传次数	实际数值	

玉米种植决策。农业收入保险作为政策性农业保险的一种，其实施目的主要为减少农户种植过程中的风险，稳定农户种植收入并激发农户种植积极性。本书以农户参保后农户玉米种植面积变化情况为被解释变量以衡量农业收入保险能否起到稳定种植的目的。当农户选择"没有继续种植玉米"时，变量赋值为"1"；当农户选择"种植，但减少种植面积"，变量赋值为"2"；当农户选择"种植，但种植面积没有变化"时，变量赋值为"3"；当农户选择"种植，同时扩大种植面积"时，变量赋值为"4"。

是否参与农业收入保险。农业收入保险作为新型农业保险，其保障程度高于传统农业保险，对农业种植过程中农户收入具有稳定作用。农户购买过农业收入保险后实现收入可期，通过理论分析及实地调研的体验和感受，农业收入保险对农户种植行为产生一定影响。调研中，农户参保（购买过玉米收入保险），则赋值为"1"；农户未参保（没有购买过玉米收入保险），则赋值为"0"。

个人特征及家庭禀赋。农户个人特征及家庭禀赋包括户主年龄、户主受教育程度、劳动力占比、外出务工等因素。农业是典型的劳动力型产业，随着农户年龄的增长，体力和精力方面难以支撑起强度大的农业种植，因此年长者种植积极性会减弱；户主受教育程度越高，外出务工的机会就越大，继续种植的意愿就越低；农业收入在总收入中的占比越低，则代表农户兼业化的程度越高，则种植积极性越弱。家庭禀赋中的玉米种植面积对农户是否选择继续种植玉米有很大的正向影响作用。

布迪厄（Bourdieu，1986）从社会认知理论角度提出，社会环境对农户的行为和认知会产生一定的影响，因此，在设计变量时将影响玉米种植的外部环境即村庄环境也考虑在内，而农户对国家农业补贴满意度及近年来玉米价格等因素对农户种植积极性具有一定影响。变量定义及赋值情况见表7-5。

2. 描述性统计

调查样本描述性统计如表7-6所示。在本次访谈的623户全样本中，购买农业保险的农户有416户，占总样本的66.77%。在种植规模方面，参保农户的平均玉米种植面积为18.116亩，未参保农户则为12.643亩，参保农户明显高于未参保农户。在户主年龄方面，参保农户户主平均年龄为60.51岁，而未参保农户的平均年龄为61.429岁，参保农户户主年龄略小于未参保农户，户主受教育年限方面两组差距不大。

表7-6　　　　　　　调查样本（623户）统计性描述

变量类型	变量名称	均值	标准差	最小值	最大值
因变量	玉米种植决策	2.784	0.711	1	4
自变量	是否参与农业收入保险试点	0.667	0.471	0	1
控制变量	农业补贴满意度	3.089	0.718	1	5
	户主年龄	60.820	9.456	24	79
	户主受教育年限	2.890	0.750	1	6
	种粮收入占家庭总收入的比重	2.412	0.763	1	4
	劳动力占家庭总人口比重	0.484	0.190	0.142	1
	户主健康状况	2.765	0.519	1	3
	是否接受过农业技术培训	0.276	0.447	0	1
	近三年，是否有外出务工经历	0.149	0.356	0	1
	玉米种植面积	16.298	13.861	2	120
	近三年，玉米销售价格波动	2.553	0.696	1	3
	村庄环境	3.454	0.972	1	5
	农业贷款	0.110	0.314	0	1
	种植年限	34.842	9.618	1	54
	是否有流转土地	0.332	0.471	0	1
	农业损失情况	1.959	0.891	1	4
工具变量	近三年，接受农业保险宣传次数	2.500	0.768	1	4

资料来源：笔者调研数据。

参保农户和未参保农户在玉米种植决策方面存在的明显的差异，即参保农户均值为2.95，而未参保农户均值为2.43，参保农户种植积极性略高于未参保农户。两组农户在劳动力占家庭总人口比重、种粮收入占家庭总收入比重及户主健康等方面差别不大，具体见表7-7。

表7-7　参保农户和未参保农户统计性分析

变量	参保农户（416户）				未参保农户（207户）			
	均值	标准差	最小值	最大值	均值	标准差	最小值	最大值
玉米种植决策	2.956	0.562	1	4	2.439	0.844	1	4
农业补贴满意度	3.033	0.693	1	5	3.202	0.755	1	5
户主年龄	60.516	8.995	35	78	61.429	10.315	24	79
户主受教育年限	2.896	0.691	1	6	2.879	0.858	1	6
种粮收入占家庭总收入比重	2.442	0.822	1	4	2.352	0.628	1	4
劳动力占家庭总人口比重	0.496	0.188	0.142	1	0.459	0.192	0.122	1
户主健康状况	2.781	0.488	1	3	2.734	0.576	1	3
是否接受过农业技术培训	0.300	0.459	0	1	0.227	0.419	0	1
近三年，是否有外出务工经历	0.141	0.349	0	1	0.164	0.371	0	1
种植面积	18.116	16.190	2	120	12.643	5.646	2	29.95
近三年，玉米销售价格波动	2.675	0.599	1	3	2.323	0.767	1	3
村庄环境	3.841	0.642	1	5	2.763	1.117	1	5
农业贷款	0.125	0.331	0	1	0.082	0.275	0	1
种植年限	35.146	9.095	10	53	34.231	10.589	1	54
是否有流转土地	0.399	0.490	0	1	0.198	0.399	0	1
接受农业保险宣传次数	2.538	0.787	1	4	2.425	0.726	1	4

资料来源：笔者调研数据。

7.5　模型估计结果与分析

7.5.1　工具变量合理性分析

实证结果首先对工具变量的合理性进行检验和分析。一是工具变量的

生产效应：农业收入保险对农户种植决策影响分析

强度检验。二是工具变量的有效性检验。检验弱工具变量的一个典型规则是在第一阶段的回归中，要求 F 统计量大于 10，则可以不用担心弱工具变量问题。通过检验发现：一是工具变量"接受农业保险宣传次数"与关键内生变量"是否购买过农业收入保险"之间相关，即 $\text{corr}(gover, insu) \neq 0$。在工具变量的选取上，主要有"村干部每年宣传农业保险次数"（黄颖等，2021）和"是否参与保险培训"（郭昕竺，2021）。参考以往研究并结合本书研究目标，本书将"2018 年以来，接受农业保险宣传次数"作为工具变量，接受培训的次数与农户购买农业保险具有相关性，且具有外生性，该因素只能通过影响农户购买农业收入保险的行为进而影响农户的参保面积和种植面积。本章仅有一个内生解释变量，工具变量如满足非弱工具变量要求，则要求工具变量在第一阶段的回归中 F 统计量大于 10。通过对工具变量一阶段回归结果看，F 统计量为 12.61 明显大于 10，说明工具变量强度较好，弱工具变量问题不存在。二是工具变量和残差项不相关。通过 Sargan 检验可知，不拒绝工具变量和残差不相关的原假设，表明选择的工具变量是合适的。

7.5.2 实证结果分析

经检验，各个解释变量之间不存在多重共线性。回归结果如表 7-8 所示，准 R^2 为 0.390，P 值为 0.0000，整个方程系数（常数项除外）的联合显著性较高，而稳健标准误与普遍标准误比较接近，由此可以判断模型设定没有问题。

表 7-8　　　　　　　　有序 Probit 回归分析结果

变量	系数	标准误	Z 值
是否参与农业收入保险	0.309**	0.142	2.18
农业补贴满意度	0.474***	0.091	5.20
户主年龄	-0.087***	0.018	-4.78
户主受教育年限	-0.144	0.133	-1.08

179

续表

变量	系数	标准误	Z值
种粮收入占家庭总收入的比重	0.057	0.124	0.46
劳动力占家庭总人口比重	0.447	0.298	1.50
户主健康状况	-0.106	0.121	-0.87
是否接受过农业技术培训	0.028	0.153	0.19
近三年,是否有外出务工经历	0.188	0.184	1.02
玉米种植面积	0.081***	0.015	5.09
近年玉米销售价格波动	0.309***	0.104	2.96
村庄环境	0.213***	0.063	3.37
农业贷款	0.492**	0.232	2.12
种植年限	0.086***	0.014	5.76
是否有流转土地	0.357	0.241	1.48
农业损失情况	0.026	0.066	0.40
N		623	
Pseudo R^2		0.390	

注:***、**分别表示在1%、5%的水平上显著。

在其他条件一定的情况下,农业收入保险在5%的显著水平上正向影响农户种植积极性,即参保农户在购买农业收入保险后继续种植玉米的意愿增强,这一实证结果与调研结果一致。近三年,调研农户中参保农户有45户实际增加玉米种植面积,占参保农户样本的10.82%;未购买玉米收入保险的农户中仅16户增加玉米种植面积,仅占未参保农户样本的7.73%。除农业收入保险对农户种植积极性有影响外,现有农业补贴满意度、户主年龄、玉米种植面积、近三年玉米销售价格波动情况、村庄环境、农业贷款以及种植年限对农户种植积极性均有显著影响,这与上文假设基本一致。农户购买过农业收入保险后并在保险期间内触发理赔,农户获得农业收入保险理赔后对该项保险计划具有一定认知,从而激发农户种植积极性。

在其他条件一定的情况下,购买过农业收入保险在5%的显著水平上正向影响农户种植决策,分析其原因在于,农业收入保险较传统农业保险保障程度更高，在投保初期便锁定农户种植收入，实现农户收入可期，一旦实际收入低于保险约定的目标收入则触发理赔。农业补贴满意度、玉米种植面积、近三年玉米价格、村庄环境以及种植年限在1%的显著水平上正向影响农户种植决策。实证结果显示，农户是否扩大种植面积更多的是由于农业补贴、玉米价格及种植面积等因素影响，农业收入保险政策对农户种植决策有影响，但考虑到实施该项保险政策时间短，该项政策对农户种植决策有正向影响，但相比于农业补贴满意度以及玉米价格等，影响力稍弱。

考虑到农户购买农业保险和农户种植积极性之间存在着内生性问题，尝试采用运用工具变量方法来解决，通过工具变量模型实证农户种植积极性与农业收入保险之间是否存在因果关系，回归结果显示，农业收入保险政策对农户种植决策影响显著，且具有统计上的显著性（见表7-9）。

表7-9　　　　　　　　　　IV-oprobit 回归分析结果

变量	有序 Probit	IV-oprobit
是否参与农业收入保险	0.309** (0.142)	1.651*** (0.099)
控制变量	YES	YES
Pseudo R^2	0.390	—
一阶段结果	—	0.128*** (0.052)
一阶段 F 值	—	12.61
Wald 外生性检验	—	0.000
N	623	623

注：***、**分别表示在1%、5%的水平上显著，括号内为稳健标准误。

7.5.3 稳健性检验

为检验实证结果稳健性，本书基于不同的估计方法对实证结果进行稳健性检验，即通过 Logit 模型来替代 Probit 模型，估计结果如表7-10所示，可见无论是 Logit 模型、OLS 模型还是 Probit，两种的估计结果和方向均高度一致,充分表明农业收入保险影响农户种植积极性的模型估计结果是稳健的。

表 7-10 稳健性检验

变量	Logit 回归			OLS 回归	
	概率比	标准误	Z 值	系数	标准误
是否参与农业收入保险	2.607***	0.649	3.85	0.290***	0.073
农业补贴满意度	1.426**	0.203	2.49	0.126**	0.032
户主年龄	0.864***	0.027	-4.61	-0.044***	0.008
户主受教育年限	0.772	0.172	-1.16	-0.070	0.053
种粮收入占家庭总收入的比重	1.360	0.287	1.46	0.118	0.053
劳动力占家庭总人口比重	1.978	0.994	1.36	0.105	0.140
户主健康状况	1.36	0.183	-0.58	-0.026	0.057
是否接受过农业技术培训	1.072	0.270	0.28	0.016	0.060
近三年,是否有外出务工经历	1.425	0.438	1.15	0.080	0.074
玉米种植面积	1.163***	0.035	4.96	0.012***	0.002
未来玉米种植收入预期	1.737***	0.320	2.99	0.185***	0.053
村庄环境	1.470***	0.160	3.52	0.088***	0.029
农业贷款	2.401**	0.999	2.10	0.123**	0.118
种植年限	1.172***	0.030	6.03	0.046***	0.007
是否有流转土地	1.339	0.519	0.75	0.242	0.057
农业损失情况	1.038	0.110	0.35	-0.003	0.024
N			623		
Pseudo R^2			0.356		
LR 统计值			496.20		

注:***、** 分别表示在1%、5%的水平上显著。

7.6 本章小结

本章利用辽宁省锦州市义县玉米收入保险试点623户的实地微观调研数据,综合运用有序Probit和工具变量等方法,在有效检验和规避内生性

生产效应：农业收入保险对农户种植决策影响分析

问题后，对农户购买玉米收入保险后的种植积极性进行评估并实证分析影响农户种植积极性的因素，得出以下结论。

（1）农业收入保险是集产量风险和价格风险于一体的一种新型农业保险政策，该项保险计划能够显著影响农户种植积极性（种植决策），即参保农户种植积极性明显高于未参保农户。本章通过对我国农业收入保险首批试点即义县玉米收入保险进行调研发现，未购买玉米收入保险的农户中仅16户，占未参保农户样本的7.73%增加玉米种植面积，参保农户有45户实际增加玉米种植面积，占参保农户样本的10.82%。义县玉米收入保险2019年投保59.48万亩，2020年68万亩，投保率大约为79%，2021年承保率为88%。玉米收入保险投保率的持续上升也从侧面说明该项保险计划在激发农户种植积极性方面具有显著效果。

（2）通过有序Probit模型的实证分析，农户是否参与农业收入保险试点在5%的显著水平上显著正向影响农户种植积极性，除参与农业收入保险这一影响因素外，农户对现有农业补贴满意度、玉米种植面积、玉米销售价格波动情况、村庄环境以及种植年限在1%的显著水平上均显著正向影响农户种植积极性，而户主年龄则在1%的显著水平上显著负向影响农户种植积极性。

（3）农户是否参与农业收入保险试点在5%的显著水平上显著正向影响农户种植积极性，农户在通过购买农业收入保险后对该项保险计划有一定的认知，在实际收入低于目标收入时便可获得保险赔付，从而稳定其种植收入。农业收入保险特殊的理赔机制实现农户种植收入可期，从而稳定农户种植决心，激发农户种植积极性。

（4）考虑到农户购买农业收入保险和农户扩大种植面积之间可能会存在内生性问题，本书通过工具变量对实证结果进行进一步验证，实证结果显示，参保农业收入保险显著正向影响农户种植决策。

第8章

综合效应：基于扎根理论的农业收入保险满意度分析

第6章实证分析农业收入保险对农户种植收入的影响，第7章实证农业收入保险对农户种植积极性（种植决策）的影响，这些内容只是从一个方面分别对农户购买农业收入保险后的影响效应展开，缺乏一个全面综合反映农户购买农业收入保险后的效应指标即农业收入保险综合效应。而农户满意度是检验政策实施效果的重要标准之一，国外众多学者对农业保险满意度进行实证研究（Jamanal et al.，2019）。卡兰（Karlan，2012）认为，农业保险可以稳定粮食安全；简森（Jensen，2018）等则指出，农业保险可改善农户主观幸福感（Jensen，2018；Tafere，2019）。作为农业保险升级版的农业收入保险，参保农户满意度成为检验该项保险政策实施成效的"标尺"。基于此，本章从"需求端"的农户视角出发运用质性分析中的扎根理论对其展开论证，阐释农业收入保险参保农户满意度的理论内涵，并深入挖掘农户满意度的生成机理，构建农业收入保险农户满意度的测量维度与评价体系，从而综合评估政策实施效果。本章试图回答本书的第四个科学问题，即农户在购买农业收入保险后对该项政策的综合评价，以及构成农户满意度感知评价的维度有哪些。

第8章

综合效应：基于扎根理论的农业收入保险满意度分析

8.1 研究方法与资料收集

"满意度"一词具有中国特色，农业收入保险作为一项普惠性质的支农惠农政策，参与该项试点对农户满意度的提升具有一定作用。农户购买农业收入保险过程中，"感知获得"和"实物获得"均得到提升。农业收入保险集产量和价格双重保障于一体，较传统农业保险保障程度更高，农户购买农业收入保险实现收入可期即在购买该项保险时便可预知未来收入，增强农户抵御风险的感知能力进而"感知获得"得到提升。保险期内一旦实际收入低于目标收入则触发理赔，农户便可获得保险公司赔款，保险理赔增加农户货币收入即农户"实物获得"得到提升。"满意度"是评价政府某一具体改革成效的重要标准，农业收入保险作为一项公共服务政策，为准确测度该政策实施成效，本章从农户满意度角度对农业收入保险展开研究。作为农业保险行业的新生事物，该项保险计划尚处于试点阶段，目前运行机制尚不成熟，农户对农业收入保险的认知和理解存在不同观点，关于农业收入保险的相关研究并不多见且多以理论分析为主。关于农业收入保险实施效果的研究甚少，已有文献研究缺乏全面系统性的可借鉴的农业收入保险接受机制、满意度及实施效果方面的成果。

农户是农业收入保险的主要参与主体，他们的购买意愿和满意度直接决定着农业收入保险政策的实施效果。已有研究主要集中在农业收入保险可行性、必要性和费率厘定等方面，而缺乏对参与主体的直接效用研究，农户满意度的提出为农业收入保险实施效果提供一个崭新的研究视角。扎根研究是一种从基础资料出发，从下到上进行理论构建的一种研究方法，重点强调原始资料的收集和归纳分析。本章以扎根理论探寻农户对农业收入保险的购买意图、满意度及未来种植行为的变化，运用归纳法高度总结出玉米收入保险农户满意度中的核心概念，进而挖掘农业收入保险实施效果即农户对农业收入保险满意度的内在机制，以期改善和提高我国农业收入保险服务质量，为提升农业收入保险农户满意度提供可信赖的理论和现实依据，推动中国农业收入保险试点工作，为实现高质量农业保险目标提供对策建议。

8.1.1 研究方法

通过梳理国内文献不难发现，目前尚缺乏关于农业收入保险满意度的研究，可供参考和借鉴的研究资料也极为欠缺，这与我国农业收入保险发展起步时间不长存在一定关系。农户参与农业收入保险后能否产生效果目前仍然是一个"黑盒"，并未形成关于中国式情境和试点实践的有效融合。基于此，本章的研究属于典型的探究式研究，重点针对农户对农业收入保险满意度的内涵、特点和测量维度等问题展开深入研究。

相比于定量分析，定性分析更具操作性、直观性更强，能从实践中发现和归纳事物本来的内在关系，使人们更容易了解事物之间的内在联系。案例研究作为一种经验性的研究方法，是基于严谨规范的质性分析逻辑，将复杂的经济现象以真实故事的形式展现其背后的作用机理。案例研究作为典型的质性分析，在学术研究中普遍采用，而质性分析中的多案例分析，通过对比不同案例之间的异同，更容易发现事物之间的内在规律，多案例研究的复杂逻辑研究更具代表性和实用性，在分析农业收入保险典型模式及具体运作方面更具说服力。

扎根理论（grounded theory）是质性分析方法的其中一种类型，是从资料分析中产生理论（陈向明，1999）。瞿海源和毕恒达（2017）指出扎根理论通过收集足够详尽的原始资料从中探索出研究问题的核心概念，该理论的核心在于在反复比较中将原始资料进行概念化、范畴化和理论化。因此，本书采用扎根理论来研究农业收入保险满意度，无论是从研究问题和研究方法的结合上，还是从研究内容的可操作上，均可以很好地达到研究的目的，实现预期的研究目标。

形成于20世纪60年代的扎根理论是典型的质性研究，在建构理论方面具有明显优势，该方法强调理论与资料的密切相关性。扎根理论由三个

综合效应：基于扎根理论的农业收入保险满意度分析

分析过程组成，即开放性编码、主轴性编码和选择性编码。一是开放性编码，通过收集与案例相关的碎片化的资料，将碎片化资料中隐含的重要的信息完整且全面地展示出来，在分析过程中研究者需要始终保持中立，比较全面地抓住访谈资料中的有用信息，并对该信息共性的内容进行凝练式、抽象化的命名。二是主轴性编码，把各个范畴之间的相关关系进行归类，从而得到核心范畴，并对各范畴之间的内在关系进行梳理。三是选择性编码，明确核心范畴后，用故事线的形式分析出它们之间的关系，从而得出研究问题的理论框架，如图 8-1 和图 8-2 所示。

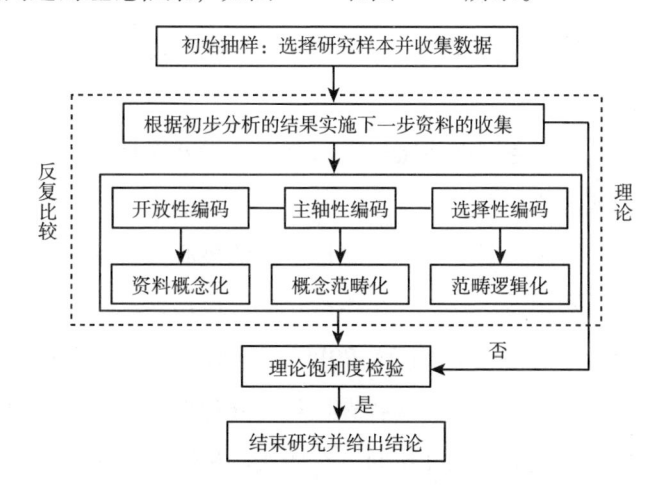

图 8-1 扎根理论研究流程

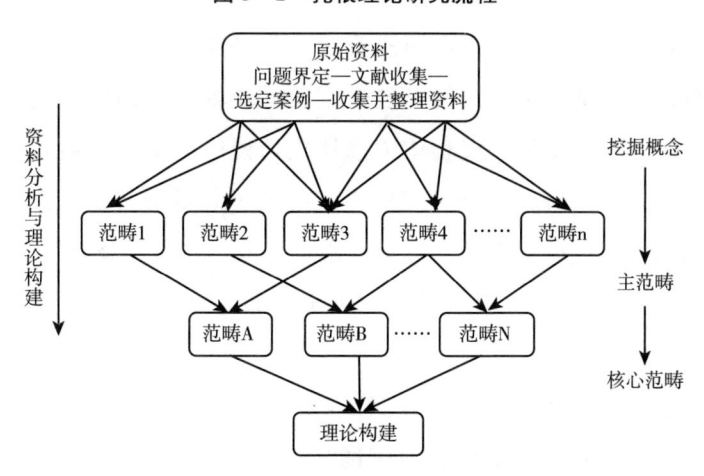

图 8-2 扎根理论编码过程

8.1.2 研究设计

本书严格按照扎根理论规范性的研究方法，为保障本书结果的有效性和可执行性，在展开具体研究前，对扎根理论研究作出翔实的研究设计，具体按照以下流程展开。

一是确定主要的研究问题。本书在将以往学者对农业收入保险的相关文献进行系统梳理后，将农户在购买玉米收入保险后对该项政策的综合评价即农业收入保险满意度评价，以及构成农户满意度感知评价的维度有哪些作为本章的研究重点。

二是确定访谈对象。在确定科学问题后随机开展理论抽样工作即选定适合本书的访谈对象。

三是收集并整理资料。根据本书拟解决的核心关键问题，设计问卷和访谈提纲，随后对访谈对象进行半结构化的深度访谈。深度访谈是质性分析中的一种典型的方法（孙晓娥，2011），即在访谈前准备访谈提纲，由研究者建立访谈方案，对被访谈者进行相对开放的访谈，并针对被访谈者回答的一些额外话题进行增加访问。在访谈阶段，通过录音的形式记录访谈内容，并在访谈结束后及时整理访谈资料确保访谈内容真实性。

四是分析访谈资料。在将访谈资料收集结束后，运用扎根理论分析基础资料，并对基础资料进行开放性编码、主轴性编码以及选择性编码的三级编码。在整个编码过程中力求抓住访谈中的细节并进行螺旋式分析以期探寻出本书研究问题的根源，将隐藏于海量资料的概念、范畴和相互之间的关系梳理清晰。通过凝练概念、范畴并深入分析其逻辑关系，最终提炼出"核心范畴"，并成功勾勒出本书的"故事线"，最终构建出理论研究框架。

五是饱和度检验。通过以上四个环节，得出本书的"故事线"并构建理论研究框架，而理论饱和度检验则是检验是否存在未发现的新因子，若未饱和则需要相应资料的补充，直至达到饱和度验证。

六是理论构建。扎根理论的最后一个环节为理论构建,即农户对农业收入保险满意度的理论框架。

8.1.3 资料收集

本章案例中的数据资料不同于问卷式调研而是采用半结构式的调查,数据主要来自被访谈对象的自身回答。具体流程如下。

借助互联网和知网等工具进行网络资料的查询并拟定访谈的提纲。访谈提纲的设计坚持以问题为导向,访谈问题服务于所研究的问题,同时注意访谈技巧,确保参与过农业收入保险的农户肯讲实话。本书的访谈包括两个部分,首先是对受访者基本信息的了解,其次是了解农业收入保险实施情况。由于在正式调研之前进行预调研,因此在与农户沟通的过程中,设计简化的访谈提纲。随后,按照初步拟定的访谈提纲进行访谈,同时将农户不容易理解或者回答可能会出现偏差的问题在咨询相关专家后进行调整和完善,最终形成访谈提纲。

本书的访谈提纲主要内容有:农业收入保险的含义是什么;您购买了几年的农业收入保险?您对农业收入保险有什么看法?您认为有没有必要购买农业收入保险?您对农业收入保险有什么认识和了解吗?您认为农业收入保险能否稳定您的种植收入?您是从哪里知道的农业收入保险?您购买农业收入保险后,是否感觉与传统农业保险之间有所差别?您觉得农业收入保险的优点有哪些?缺点有哪些?您购买农业收入保险是自愿的吗?您认为哪些因素影响您购买农业收入保险?购买农业收入保险后对您的家庭有什么影响?购买农业收入保险后,您的种植行为会发生变化吗?您对农业收入保险满意吗?哪些地方您觉得需要改善?如果未来继续推广农业收入保险,您会购买吗?在访谈过程中,对访谈农户描述的内容中出现的新概念,为获得更多有价值的信息,访谈过程中以开放式的提问进行跟进,比如农户回答"我觉得农业收入保险保费太贵",随即询问"您觉得多少钱的保费合适"进行展开。

在初步选定案例后对课题组调查人员进行调查事项的详尽说明，以防收集信息的丢失及过多主观因素的介入；具体调研访谈环节，课题组人员进行实地调研，走访参保农户、保险公司、当地农业部门和财政部门，收集尽量翔实的信息和资料；最后，对所收集的案例进行整理和汇总，后期并对相关问题进行追踪补充。

本章访谈农户选取三个典型试点中的参与农户与保险公司人员，原因在于不同试点地区的农业收入保险在具体的模式或运行机理上有明显差异，只选取一个试点案例进行分析可能会遗漏掉某些重要范畴。通过采用现场访谈的方式获得一手资料，访谈所涉及的对象主要分三类：一是参保农户；二是保险公司；三是政府部门。访谈对象均是参与农业收入保险试点的参保农户，受访农户因全程参与试点，对试点实施效果及存在的典型问题有深刻的认识和理解。同时，对保险公司主要负责农业收入保险的相关人员进行访谈，获得农业收入保险试点一手数据。此外，还从试点当地农业主管部门获取相关统计数据以作辅助，多方交叉验证，提高资料分析的真实性和可信性。访谈中，在征求访谈农户同意后，利用录音录入进行资料收集，在与农户访谈结束后对访谈内容进行整理，最终义县12户、武进12户、海城12户，共计36位访谈者，每位访谈时间控制在30分钟左右，最终形成了5万余字的访谈记录。为保障编码结果的准确性和客观性，本书选择2名编码员同时使用Nvivo 11 plus进行编码，并运用该软件的比较功能对2名编码员的编码结果进行异质性分析，最终显示2名编码员编码的结果具有高度的一致性，即一致性为0.92，表明本次编码结果具有高度的一致性和可靠性。

8.2 数据来源及说明

本章所使用的数据为辽宁省海城市、辽宁省锦州市义县和江苏省常州市武进区三地微观调研数据。我国农业收入保险试点运行中主要有两种

综合效应：基于扎根理论的农业收入保险满意度分析

典型模式：一是区域监测定价模式；二是期货市场定价模式，两种典型模式在具体运行方面存在较大差异。在访谈资料处理过程中，两种模式均选取一定比例的访谈农户，其中义县试点 12 户、海城试点 12 户、武进试点 12 户[①]。

扎根理论不严格要求研究对象的数量，而是比较注重研究对象的信息丰富度，研究对象要具有代表性。我国农业收入保险目前尚处于小范围试点阶段，时间短、范围小是我国农业收入保险试点的典型特点，因此，采用对研究对象数量要求不高的扎根理论进行分析符合现实要求。本章主要研究目的是农户在购买农业收入保险后的满意度评价，在访谈对象选取上遵循如下原则：一是访谈对象多次购买农业收入保险，对该项政策比较熟悉，有着丰富的农业收入保险购买经验；二是访谈对象对农业收入保险需要有一定的了解和使用，能够区别农业收入保险和传统农业保险的差异；三是访谈对象要善于沟通和思考，以便在沟通中挖掘更多的关于农业收入保险的信息；四是访谈对象在选择上要具有一定的异质性，在年龄、学历、种植规模等方面呈现一定的差异性，从而提高访谈数据的代表性。根据以上原则本书最终确定 36 个访谈对象，具体信息如表 8-1 所示。

表 8-1　　　　　　　　访谈对象基本信息

项目	属性	样本数（个）	占比（%）
地区	武进试点	12	33.33
	海城试点	12	33.33
	义县试点	12	33.33
性别	男	19	52.78
	女	17	47.22
年龄	<30 岁	2	5.56
	30~40 岁	8	22.22
	40~50 岁	13	36.11
	≥50 岁	13	36.11

---

① 海城试点和武进试点是国家综合改革试验区试点项目，因此参保人数较少，其中海城试点总参保人数 43 人，武进试点总参保人数 59 人。

续表

项目	属性	样本数（个）	占比（%）
学历	未上过学	1	2.78
	小学	5	13.89
	初中	22	61.11
	高中	7	19.44
	职业学校	1	2.78
参保次数	3 年	20	55.56
	2 年	8	22.22
	1 年	8	22.22
种植规模	<5 亩	9	25.00
	5~10 亩	10	27.78
	10~20 亩	9	25.00
	≥20 亩	8	22.22

资料来源：笔者调研数据。

随后将访谈农户随机打乱，采用 2/3 左右的访谈进行数据编码和构建理论模型，剩余的访谈记录用于饱和度检验。

8.3 扎根理论访谈资料分析

本章运用扎根理论从农户角度对农业收入保险实施效果进行质性分析即通过农户满意度进行测度，对农户满意度的理论内涵与测量维度进行探索性研究。通过农业收入保险相关文献进行深入探讨，将研究问题界定为：农业收入保险公共服务情境中，农户、保险公司等关于农户满意度内涵的理解，以及对如何评价农户满意度的认知和看法并构建农户满意度理论模型。

8.3.1 开放性编码

开放性编码又称一级译码，是对原始资料赋予概念化的操作过程，编

综合效应：基于扎根理论的农业收入保险满意度分析

码过程需要尽可能排除研究者个人主观认知偏见和已有研究结论对概念化赋予的影响。基于此，在与农户和保险公司人员访谈过程中，对所询问的信息进行逐条精读，并将核心问题进行编码和标注，进行概念化识别。本文遵循扎根理论方法，在完成数据收集后立刻展开研究分析，从而保障访谈内容的全面性和准确性。访谈共 36 份，其中 24 份用于数据编码和构建理论模型，将剩余的 12 份用于饱和度检验，通过检验未发现新的概念和概念关系，理论达到饱和。

经过开放性编码，对有意义的信息不断提炼、抽象和概念化，共形成 386 条语句，188 个初始概念。随后在对形成概念进行整理，将意思相近的概念进行合并归类，最终形成了 42 个初始范畴。表 8-2 为本章提取初始概念及编码范畴的过程，囿于文章篇幅局限，本章仅展示部分原始语句。

表 8-2　　　　　　　　开放式编码的概念化过程（部分）

原始访谈中的代表性语句	概念化（初始概念）
A02 农业收入保险是一项重大的利民工程	积极态度
A05 能和保险公司人说的一样就好了，每年交点保费，当遇到自然灾害或者价格跌了，收入减少了就能赔付，买这样的保险挺好	
A06 这个保险真的像保险公司说的那样赔钱了，我肯定支持啊，尤其是今年旱灾影响大的肯定更支持	支持态度
A06 我买了这个保险，今年发生了旱灾，保险公司真的赔钱了，我以后肯定会再买这种保险的	接受态度
A06 如果以后这种保险长期有而且保费要是不贵的话，我肯定会再买的，再也不怕天灾了，也不怕降价了	
A11 农业收入保险需要保险公司和政府多多宣传，让更多人了解这个保险	媒介传播
A06 我在手机新闻上看见过这个保险，现在宣传挺多的	
A12 我们全村都投保了，也都理赔了，这个保险不错	人际影响
A12 去年我家邻居买了这个保险，最后赔了不少钱，今年觉得自己也买一次试试	
A13 以前购买的农业保险赔付的很少，这个保险我需要好好了解一下	自我感知
A14 我觉得这两年种玉米的风险还是挺大的	
A09 目前看，这个保费不算太低，要是能再便宜点就更好了	保费负担
A10 这个收入保险比以前的玉米保险贵多了	

续表

原始访谈中的代表性语句	概念化（初始概念）
A12 我觉得这个保险是国家推出的，肯定没问题	政府信任
A13 这么好的保险，不会过几年就没了吧	制度信任
A14 保险公司怎么算出来的700元/亩，我们也不清楚啊	保险公司信任
A15 希望国家多点补贴	保费补贴
A01 国家要是对收入保险补贴力度再大点就更好了	
A01 一亩地交了23元保费，最终一亩地赔付138元，挺满意的	保险理赔
A18 去年我身体不好，因为身体原因，对庄稼看护得不够好，收成不好，要是保险公司能多考虑我们的实际情况，多点赔付就更好了	条款设计
A11 一亩说是保障700元，700元不够收入啊，1000元/亩差不多	保障金额
A02 有了这个保险我明年可以放心继续种植玉米了	种植行为
A02 我今年投保了3亩，明年我考虑把剩下的3亩玉米也买了收入保险	投保行为

注：A××表示第××份访谈资料中的原始语句，因开放性编码过程涵盖大量的分析表格，篇幅有限，仅选取部分展示。

开放性编码过程中，参保农户对农业收入保险持肯定态度，有相当一部分的参保农户表示对该项政策试点极为认同，如一些受访农户称农业收入保险为"利国利民"的好政策，是一个为农户"办实事儿""惠民"的好政策，"这是一个鼓励我们种植玉米的好事"（访谈记录编号-11），一位受灾严重的农户将农业收入保险视为一项保障收入的重要手段，其在访谈时表示"我在玉米种植过程中遭遇旱灾，整亩地颗粒无收，还好有玉米收入保险的赔付，能让我的损失不是那么大……"（访谈记录编号-20）。

部分农户表示强烈的继续参与农业收入保险的意愿。有农户询问之后玉米收入保险是否还有，保费会不会降低，保障金额大概是多少，如有位受访者表示："传统的玉米产量保险只保障自然灾害，而现在玉米的价格波动很大，玉米收入保险保障收入，如果明年还有玉米收入保险，我肯定会再买的"（访谈记录编号-13）。

农户对玉米收入保险也有一些不满意的地方，主要体现在保险赔付和保障金额上。如访谈中多数农户表示，玉米收入保险一亩地23元的保费，自己可以接受，对138元/亩的保险理赔也还算满意，但是对一亩地保障金额 700 元不是很满意。访谈中多数农户表示玉米收入保险保费在 5～10 元是自己最为满意的，而保险金额应提高到 1000 元/亩左右，能够弥补玉米种植过程中的成本并略有盈余以作为劳动力成本。

8.3.2 主轴性编码

由于开放性译码在形成过程中的初始概念的范围十分广泛，而相关的概念之间的边界属性清晰度不高，因此需要重新结合初始的调研资料，对其进行逻辑关系为主线的主轴式分析。主轴性编码的主要目的在于发现并建立开放性编码中凝练出来的各个相似概念之间的内在联系。研究中，删除农户回答过于简单、意思不明确以及前后回答矛盾的语句，最后形成了 386 条原始语句。在对农户访谈中，重点选择回答频率超过 3 次的语句。因农户访谈原始资料较多（5 万余字的原始资料），因此，对 49 个初始编码进行深入分析比对，挖掘其内在逻辑关系，在经历螺旋反复的比较后，最终得到农户属性、社会影响、参保态度、主观认知等 11 个副范畴，农户属性、农户对农业收入保险购买的反应、农户购买农业收入保险后主观感知等 5 个主范畴。主轴性编码详情见表 8-3。

表 8-3　　　　　　　　主轴性编码的提炼过程及结果

主范畴	副范畴	初始范畴	关系的内涵
农户属性	农户特征	受教育程度、年龄、所在区域、家庭劳动力、家庭农业收入、是否外出务工	农户个人的年龄、受教育程度等人口统计学特征影响农户购买行为
农业收入保险购买意愿	信任程度	政府信任、制度信任、保险公司信任	农户对政府、制度以及保险公司的信任程度在一定程度上影响农业收入保险的购买
	社会影响	社会支持、人际影响、公共宣传、社会风向	农户购买农业收入保险的行为意愿在一定程度上受外界影响
	参保态度	积极态度、支持态度、接受态度	农户对农业收入保险试点政策的态度反应

续表

主范畴	副范畴	初始范畴	关系的内涵
农业收入保险购买行为	可得性	可得性、手续便利度	农户获得农业收入保险信息和服务的难易程度
	主观认知	主观规范、感知行为、风险感知、认知观念、风险情况、风险后果、自我感知、保费负担、生活质量、人际影响	农户在购买农业收入保险后，主观认知、风险感知等变化情况
农户购买农业收入后满意度	保险比较	跨区域比较、跨品种比较	农户对农业收入保险满意度进行评价的思维方式
	服务质量	理赔速度、服务态度、服务能力、宣传推广、业务覆盖、高效快捷、信息公开透明	保险公司提供的收入保险服务的品质与农户投保期望之间的差距，涉及业务覆盖、服务能力等多个方面
	产品设计	条款设计、保障金额、保险理赔、保费补贴、保费缴纳、精准赔付	农户对农业收入保险产品设计是否满足其需求的程度
	构成要素	目标收入、实际收入、主观感受、实际感受	构成收入保险农户满意度的基本要素
农业收入保险对农户行为决策影响	行为选择	投保行为、规范化种植	农户对农业收入保险做出的行为选择

8.3.3 选择性编码

选择性编码是扎根理论的第三步，是在明确核心范畴后，将核心范畴和开放性编码得到的范畴相联系，以故事线的形式将其链接起来，构建出本书的理论框架。在反复比较分析中，核心范畴必须是经得起重复验证且具有统领性功能的概念，并可以揭示主轴概念之间的关系构成且可以将其涵盖于一个理论分析框架中。本书在选择性编码阶段邀请3位农业保险和期货方面的专家参与，一位是农业保险公司主要负责农业收入保险的经理，一位是长期从事农业保险研究的教授，一位是具有长期期货交易经验的专家[①]，在经过

---

① 我国农业收入保险试点运行中多借助期货市场价格发现功能锁定目标价格，因此邀请具有期货交易经验的专家。

综合效应：基于扎根理论的农业收入保险满意度分析

深入分析和讨论后，确定"农户农业收入保险满意度"这一核心范畴。为检验农业收入保险实施效果的理论饱和度，本书对剩余的 12 份文本资料进行逐步编码、概念和范畴化，最终没有发现新的概念，充分表明已有研究范畴之间并没有出现新的关联。因此，本书构建的理论模型信息被充分挖掘，由此判断理论已经实现饱和，可以开展理论构建过程。通过对主轴范畴的深入挖掘，以故事线的形式描绘现象，建立核心范畴之间的逻辑关系并形成理论。

本书采用扎根理论对原始访谈数据进行翔实的分析，通过对范畴之间关系的分析，得出较为清晰的研究脉络。依据开放性编码和主轴性编码结果，不断分析各个范畴与主范畴之间的内在关系，可以发现所得到的范畴均与农户购买农业收入保险后的满意度有关，因此将核心范畴确定为农业收入保险农户满意度，并将主轴性编码的结果进一步整合。

本章中，农户对农业收入保险购买意愿可作为自变量，农户收入保险对农户行为决策的影响可视为因变量，而农户购买农业收入保险行为可作为农户收入保险对农户行为决策影响的中介变量。另外，基于扎根理论的访谈中还发现农户购买农业收入保险后的满意度是通过农户参与农业收入保险使用效果转化而来，同时会受到农户对农业收入保险购买意愿的影响，可作为农户对农业收入保险购买意愿和农业收入保险对农户行为决策之间的中介变量。同时农户购买农业收入保险满意度与农户购买农业收入保险行为之间相互影响，在农户对农业收入保险购买意愿与农业收入保险对农户行为决策之间有链条式的中介作用。本书主范畴之间的关系作用如图 8-3 所示。

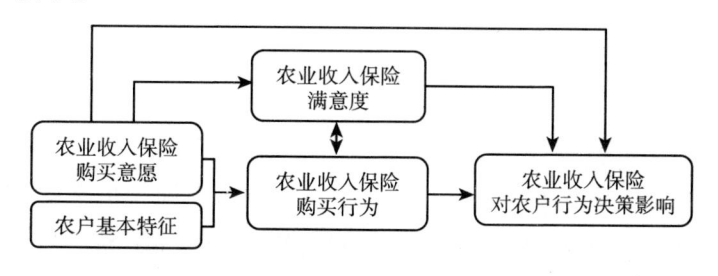

图 8-3　主要因素影响关系（作用路径）

基于以上研究并结合编码分析结果，得出本书的主副范畴关系结果。

（1）农户对农业收入保险购买意愿（信任程度、社会影响、参保态度）对农户购买农业收入保险的行为意愿具有直接作用关系；

（2）农户对农业收入保险购买意愿对农户继续参保及行为决策具有直接作用关系；

（3）农户农业收入保险购买行为对农业收入保险满意度具有直接作用关系；

（4）农户农业收入保险满意度与农户的农业收入保险购买行为之间有相互影响的作用；

（5）农业收入保险购买行为和农业收入保险满意度在农户对农业收入保险购买意愿和农业收入保险对农户行为决策影响之间具有链条式中介作用。

8.3.4 理论饱和度检验

研究中将剩余12份农户访谈资料在进行开放编码、主轴编码和选择编码后，用以进行饱和度检验。在经过三级编码后未出现新的范畴和逻辑关系，也没有出现和先前访谈中的概念有不同的新概念或新的内涵，基本上可以被前期所得出的概念涵盖，基于此，可以判断农户购买农业收入保险满意度模型在理论上达到饱和。

8.4 基于扎根理论的农业收入保险农户满意度理论构建

8.4.1 理论框架提出

本书围绕农业收入保险农户满意度这一核心范畴得出本章的故事主线，即农户对农业收入保险的主观认知与客观条件是农户满意度产生的前提，当农户购买农业收入保险后获得实际收益即稳定农户种植收入后，在

综合效应：基于扎根理论的农业收入保险满意度分析

不同评估导向下，通过将农业收入保险与传统农业保险对比、成本收益对比，从主观和客观两个方面形成农业收入保险满意度。农户通常从农业保险服务质量、精准理赔和防灾减损三个维度来评估关于参与农业收入保险试点的满意度。因此，本书构建农业收入保险农户满意度理论模型。

研究中紧密围绕核心范畴"农业收入保险满意度"形成本书的"故事线"，并将扎根理论中提炼出的"农户特征""社会影响""服务质量"等11个副范畴，以及"农户属性""农业收入保险购买意愿""农业收入保险购买行为""农户购买农业收入后满意度""农业收入保险对农户行为决策影响"5个主范畴，根据相互之间的影响和关联性，构建农户农业收入保险满意度理论框架（见图8-4）。

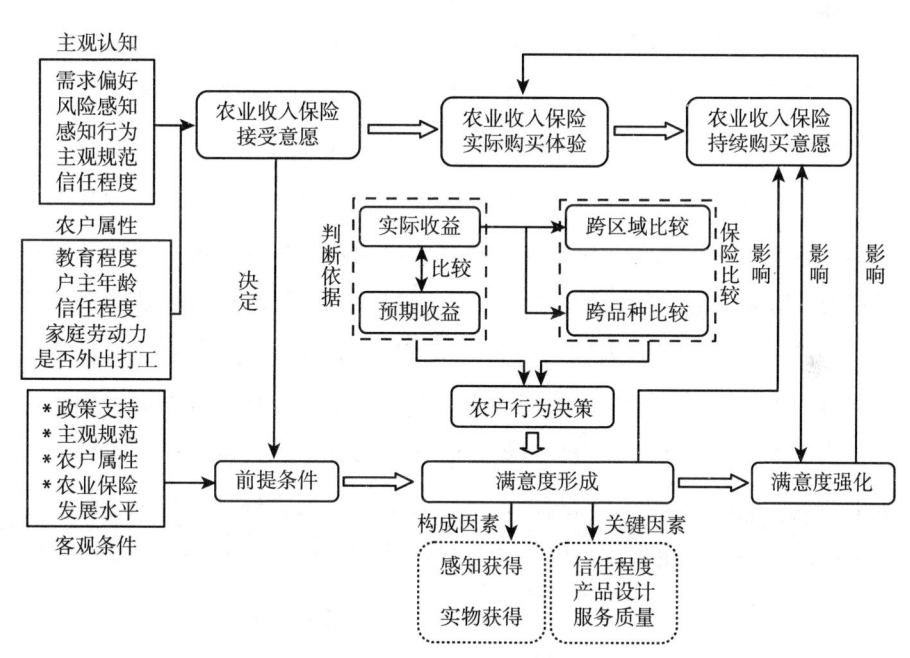

图8-4 农户购买"农业收入保险"满意度理论模型

8.4.2 内涵辨析

农户是农业收入保险的主要参与主体和利益方，农户参与意愿和满意度直接反映农业收入保险政策的实施效果。通过扎根理论，本书将农业收入保险农户"满意度"作为收入保险实施效果的重要衡量指标予以研究。本书将农业收入保险农户满意度定义为参保农户对于理想的农业收入保险和实际农户感受到的农业收入保险之间的差距，或者参保农户对农业收入保险产品或服务过程的评价。农户通过参与农业收入保险试点提高其规避风险的能力并通过实际获得的保险赔付减缓风险对其造成的损失，通过保险试点起到稳定农户种植收入的直接目的进而增强农户种植积极性，农户在农业收入保险购买过程中整体福祉得到提升。国外学者亚兹丹帕纳（Yazdanpanah，2013）等对农业保险满意度进行研究，提出感知质量、感知价值对农作物保险的态度对农民的满意度影响最大。农业收入保险通过"风险感知—感知有用性—购买体验—满意度"路径影响农户满意度，购买体验来源于两点，其一是农户对参与农业收入保险试点实际理赔弥补收入损失的衡量，其二是农户对农业收入保险与传统农业保险相对优势的感知。

农业收入保险满意度与农户参与农业收入保险行为之间具有内在的关联性。首先，农户购买农业收入保险行为是由初始接受意愿、实际购买体验以及持续购买意愿构成的循环过程，农户在这一过程中对农业收入保险政策"满意度"也伴随着购买行为的不同阶段而发生变化。最初阶段，农户在需求偏好、风险感知、感知行为、主观规范以及信任程度的共同作用下，内外因的变化决定农户是否购买农业收入保险，这种初始购买意愿是农业收入保险满意度形成的前提条件。其次，因农业种植过程中自然风险导致的产量波动及市场风险导致的价格波动的影响，农户对农业保险的需求从"保产量"上升到"保收入"高级阶段，而农户在实际购买农业收入保险后，农业保险政策所涵盖的保险赔付、保险服务、保费补贴等实际情况以及农户对其实施满意度，决定农户未来是否继续参与该项保险计划。农户"满意度"在实际参保的过程中逐渐形成，农业收入保险产品设计、服务质量以及农户对该项政策的信任程度直接决定农户满意度，即农户对农业收入保险政策积极或消极的评价。最后，农户满意度对农户未来继续购买该项保险产生影响并会改变农户种植行为。当农户对农业收入保险具有较高的"满意度"后，农户继续购买该项保险计划并增加其投保面积。农户满意度会在持续的购买行为中得到强化，同时持续增强的满意度又会对农户实际购买体验产生积极的促进作用。

农户对农业收入保险的预期收益与实际收入之间的比较是农业收入保险政策满意度的判断依据。农户从购买农业收入保险服务中所得到的满意度是源自农户在投保过程中获得效应和福利的增加，由此产生的一种主观的心理满足，这种满足和满意度的大小判断标准为农业收入保险能否起到防灾减损、平滑农业种植收入的功效，即在发生灾害时农业收入保险实际理赔后的实际收益与农户预期收益之间的比较。农户缴纳保费购买农业收入保险，其目的在于防范农业种植过程中可能出现的农业收入的波动，而农业收入保险集产量保障与价格保障双重保障于一体，在农户投保初期便可实现收入可期，一旦实际收入低于目标收入则触发理赔，保险赔付用于弥补农户种植损失。农业收入保险作为一项支农惠农的农业公共服务政策，农户缴纳保费的同时期望获得转移风险的机会，即通过较少的投入实现保障收入的目的。只有农户在种植过程中，农业种植风险真实发生并致使农户种植收入减少，而此时的农业收入保险触发赔付并对农户进行理赔，农业收入保险赔款有效补偿农户损失，此时农户对农业收入保险政策满意度增加，农户对该项公共服务政策给予积极的评价。反之，如果在农户遭遇收入减少时，农业收入保险不能弥补农户损失，则农户对该项政策持消极否定态度。

农户在参与农业收入保险试点过程中其满意度需基于不同保险品种、不同区域和不同时间的横纵向对比。农户购买农业收入保险后其满意度的提升需要从时间和空间两个维度进行综合评估，空间维度是指农户在购买农业收入保险后与传统农业保险进行比对，以义县玉米收入保险为例，2020年玉米收入保险参保农户最终获得138元/亩的赔付，而传统农业保险保障金额仅为280元/亩。时间维度主要是指农户在购买玉米收入保险前后玉米种植收入的变化情况，访谈中农户表示"我们义县十年九旱灾……以前种植玉米遭遇旱灾颗粒无收，我们也买农业保险但是一亩地才赔偿几十块钱，难以弥补收入损失……玉米收入保险赔偿比以前多，这是实实在在的农业保险啊"。农户在购买玉米收入保险前后明显感受到该项保险计划在稳定农户种植收入方面更有优势，其满意度明显上升。对农业收入保险满意度的研究过程，需要将农户满意度在时间和空间上进行综合全面的对比，不难发现农户的满意度明显提升。

8.4.3 满意度构成

通过对农业收入保险满意度内涵的分析，不难发现满意度的构成可分为两部分，一是主观满意度即"感知获得"；二是客观满意度即"实物获得"。

保险公司和政府部门通过加大农业收入保险的宣传力度充分披露农业收入保险相关信息，并将信息和数据及时公布在官方网站或者村公布栏内，使得农户对农业收入保险的认知从抽象到具体、从模糊到熟悉。农户通过政府和保险公司宣传对农业收入保险产生认知，而在其参保理赔后对农业收入保险的认知进一步加深。农业收入保险运用大数法则平滑农户种植收入波动，农户在购买农业收入保险后"感知获得"会提高，增强农户抵御风险的信心，增强农户种植积极性。农户从购买农业收入保险的体验中不断增强风险防范的意识并提高抵御风险的能力。

"我在2019年和2020年连续两年投保玉米收入保险，2019年一亩地赔付44元，2020年一亩地赔付138元。在我们这个十年九旱灾的地儿来说，玉米种植过程中风险太大，这两年买的玉米收入保险保险公司宣传的是保障玉米收入，而这两年的理赔我比较满意，毕竟缴纳的保费也不多，最后理赔的时候算是补回来了，如果明年还有这个保险，我肯定会买的，而且我考虑把没有投保的玉米也都投保上，以后再出现旱灾或者玉米降价的情况，我也不怕"（访谈记录编号-12）。

农业收入保险与传统农业保险最大的差别在于保障农户种植收入，不只局限于农业种植产量的变动，平滑价格波动也涵盖在内，该项保险计划

综合效应：基于扎根理论的农业收入保险满意度分析

最大限度地解决"谷贱伤农"和"增产不增收"的问题。农业收入保险基于科学的保险精算原理核算出目标收入，目标收入以该地区历史产量为重要参考并选取公信力强且具有代表性的价格因素，核算得出的目标收入极具代表性。当农户在保险赔付期间，实际种植收入低于目标收入则触发理赔，该种新型农业保险项目让农户实现收入可期。以武进水稻收入保险为例，2019 年水稻目标收入为 1600 元/亩，实际收入经测算为 1534.01 元/亩，最终农户获得 64 元/亩的保险赔付。2020 年义县玉米收入保险目标收入为 700 元/亩，实际收入经测算为 532 元/亩，最终农户获得 168 元/亩的保险赔付，保险赔付均高于传统农业保险。保险理赔金额便是农户购买农业收入保险后的"实物获得"，实实在在的赔付金额稳定农户种植收入，缓解因自然灾害和价格波动给农户带来的损失。

"去年我的邻居购买玉米收入保险，今年通过村里的宣传我觉得这个保险不错，所以我就给我的 5 亩玉米全部投保，结果今年出现旱灾，还好我买了玉米收入保险。保险公司一亩地赔了 138 元，我一共交了 115 元的保费，最后保险公司一共赔了我 690 元，这个保险让我今年的玉米收入损失得到了补偿，要不是这个保险，今年我的损失就大了"（访谈记录编号 –05）。

8.4.4 关键因素析出

农户满意度是农业保险高质量发展的关键指标，农业保险高质量发展主要看农民满意度强不强，通过对参保农户进行深度访谈，本书从三个维度对农业收入保险农户满意度进行测量，即产品设计、服务质量以及信任程度。其中，产品设计是评价受访者在评价自身对农业收入保险满意度时提及最多的要素。本章将对测量维度的具体含义展开详细论述。

1. 农业收入保险产品设计

戈什（Ghosh, 2021）指出，保险产品的设计是提升农业保险产品购买意愿的重要因素。农业收入保险属于政策性农业保险范畴，是一种保障程度更高的新型农业保险，农业保险产品设计是该项计划的重点和关键，设计合理的农业保险产品会增加农户满意度并提升农户使用效能。产品设计涵盖条款设计、保障金额、保险理赔、保费补贴、保费缴纳及能否精准理赔等多方面。

一是保险理赔。农业收入保险产品设计中保险理赔代码词频最高为256，是农户满意度最为关键的评价要素。农业保险的首要功能是风险保障即保险赔付能否弥补农户损失，农业收入保险承保农户在种植过程中因自然灾害和市场价格波动引起的农业收入的减少，理赔金额是否能平滑农户种植收入波动成为农户评判该项保险计划的"试金石"。访谈中农户表示"保费多点我们也能接受，只要最后赔付的金额能够弥补收入的损失就可以"（访谈记录编号-11），赔付金额能否真实弥补农业损失成为提升农户满意度的最为重要的因素。

二是保险条款设计。条款设计主要指农业收入保险条款是否易理解，农业收入保险条款中涉及两个重要因素，即目标收入和实际收入，农户只有真正理解农业收入保险理赔原理才能客观评价农业收入保险。访谈中发现，农户对农业收入保险存在认识误区即将农业收入保险与农业补贴混淆，有农户表示"今年我交的保费最后保险公司都赔给我，甚至赔的超过我缴纳的保费，如果明年我缴纳保费不赔给我，我是不会再买这个保险的"（访谈记录编号-03），可见农户对农业收入保险条款认知存在误区。农业收入保险是一项基于大数据和大数法则基础上的一项保险计划而非福利政策，一旦出现实际收入未低于目标收入即农业收入保险未触发理赔的情况，便会出现农户保费收不回的情况，势必影响农户满意度。政府和保险公司应强化农业收入保险知识的教育和宣传，提高农户保险意识，让农户真正认识到农业收入保险是一项风险防范工具而非补贴工具。提高农户对农业收入保险的认知度和理解，才能保障在理赔环节农户满意度的真实性和客观性。

三是保障金额。农业收入保险与传统农业保险不同之处在于农业收入保险不但承保农作物产量风险，更涵盖市场波动带来的农作物价格的降低，因此才会产生目标收入和实际收入这两个重要的因素。农业收入保险的保障金额即为目标收入，以义县试点为例，玉米收入保险保障金额为700元/亩，原有传统的玉米产量保险每亩保额为280元，玉米收入保险较传统产量保险在保障金额上提高1.5倍。访谈中发现，保障金额相关词频出现的次数仅次于保险赔付，词频出现次数为232，农户表示"700元/亩的保障程度比原来的玉米保险高很多，但是还是不够，一亩地农药、种子、化肥再加上流转费用，保障金额700元/亩不够，我觉得1000元/亩左右是差不多的"（访谈记录编号-22）。农业收入保险金额让农户吃下"定心丸"，农户购买农业收入保险实现收入可期即在投保时便可预知种植收入情况，而能够覆盖农业种植风险的保障金额是提升农户满意度的重要因素。

四是保费补贴。国家对政策性农业保险给予财政补贴，其目的在于激发农户参保热情及鼓励保险公司积极承保。以首批农业收入保险试点为例，义县玉米收入保险政府补贴70%，武进区水稻收入保险区级财政补贴80%，访谈中农户表示"希望国家对农业收入保险进行补贴，这样减轻我们的保费压力"（访谈记录编号-18）。农户对国家保险补贴是否满意直接影响农户满意度（Smith，2012），同时需要考虑的是农业收入保险补贴力度，古德温（Goodwin，2013）指出，较高的农业保险补贴力度易扭曲农作物种植面积，因此合理的补贴力度是农业收入保险未来全面落地需要重点关注的内容。农户在购买农业收入保险过程中通过感知费用影响其满意度，即对保费补贴越是满意，农户感知到的保费越是合理，则相应的满意度越高。而保费缴纳与保费补贴紧密衔接，保费补贴比例越高，相应的农户自缴保费部分就越低，农户满意度就越强。

五是精准理赔。农户在遭受损失后，对实际理赔金额的缺乏信任使得农户对农业保险持怀疑态度（Belissa，2020；King，2020）。目前，我国农业收入保险尚处于小范围试点阶段，目标收入和实际收入的核算主要基于整县水平，以义县玉米收入保险试点为例，2020年参保农户每户获得138元/亩的保险赔付，并未做到精准赔付。访谈中农户对该种理赔方式有两种不同声音，一部分农户表示大家保费相同赔付相同，可接受；另一部分农户则指出，虽然保费相同但是每户实际种植收入不同，该做法不可接受，农业收入保险理赔金额应该有所差异，实现精准理赔。我国农业保险虽然运用高科技以及人工智能等多种科技手段，但农业收入保险在实现精准理赔的过程中仍面临诸多难题，最大的难题在于农户实际收入的测算。农业收入保险首先是保险，其次才是一项支农惠农的农业公共服务政策，因此农业收入保险在理赔环节应避免均等化，"精准承保、精准理赔"才是农业收入保险实施的黄金法则。农户购买农业收入保险其主要目的是平滑农业经营风险，农户是典型的"结果导向型"思维，能否实现精准理赔从而弥补其真实收入损失是提升农户满意度的重要评价维度，保险公司需运用高科技手段实现"精准承保、精准理赔"，提供高质量农业收入保险服务，提升农户满意度。如果农业保险公司在承保农业收入保险过程中仍以这种均等化的赔付进行理赔，受灾程度不同但理赔金额相同，那么农户满意度将无从谈起。

2. 农业收入保险服务质量

服务质量是指农户对农业收入保险预期服务水平与实际服务水平之间一致性的评价，服务质量更多的是一种农户的主观评价。服务质量包含理赔速度、服务态度、综合服务能力、宣传推广、业务覆盖、高效快捷和信息公开透明等多个方面。通过分析发现，农户购买农业收入保险后满意度的提升主要集中在理赔速度、信息公开透明及综合服务能力三个方面。理赔速度是农户在评价一个保险是否满意时的重要指标，快速及时的保险理赔会增加农户在参保后的满意度，访谈中农户表示"今年玉米因为旱灾减产不少，就是因为有保险公司的及时赔付，才减少我的损失"（访谈记录编号-22）。信息公开透明是提高农户满意度的另一个重要因素，义县玉米收入保险试点在推行过程中保险公司和政府部门强化合作意识，如在村委会设立信息公开栏，及时披露农业收入保险的信息，增强农户对农业收入保险的认可和信任。义县玉米收入保险在测产环节借助遥感等高科技技术准确测产并结合期货市场价格，及时核算出实际收入，相比传统农业保险玉米收入保险在赔付环节更为快捷和透明，以2020年为例，经核算义县玉米实际收入为562元/亩，每户农户实际理赔金额为138元/亩，理赔方式清晰透明。玉米收入保险极大地挽回了农户的损失，让受损农户更快恢复生产且不影响2021年的种植计划。

服务质量的第三个因素是农业保险公司的综合服务能力。在访谈中农户表示"我希望拿着保单可以得到银行的贷款，这样能减轻我的资金短缺问题"（访谈记录编号-19），"我希望保险公司能够帮我联系销售渠道"（访谈记录编号-21），从访谈中不难发现，农户对农业保险公司综合服务能力提出更高要求，保险公司应运用多种创新手段和高科技技术强化与银行、农业公司的合作，为农户提供更高层次的保险服务，提升农户"满意度"。

3. 农业收入保险信任程度

信任程度是指农户在参与农业收入保险过程中对政府、制度和保险公司的信任情况，在与农户访谈过程中发现，政府信任、制度信任和保险公司信任是影响农户满意度的重要因素。访谈中农户表示"我觉得这个保险是国家推出的肯定没问题"（访谈记录编号-06），表明农户对国家牵头实施农业收入保险表示认可和信任，将农业收入保险视为一种支农惠农的农业政策。国家牵头农业收入保险实施制订全面的规划，而具体的操作则交由保险公司，降低整体购买风险，农户对国家牵头农业收入保险这一行为认可度高。制度信任是农户对农业收入保险这一新型制度能否长期实施的信心，是农户的一种主观评价指标，农业收入保险能否发挥作用的关键在于制度信任。在访谈中农户表示"这么好的保险，不会过几年就没了吧"（访谈记录编号-19）。农业收入保险作为一种新型农业保险形式在试点地区进行试验，该项制度能否可持续运行是提高农户满意度的重要方面。自1982年我国农业保险逐渐恢复后，农业保险实现从无到有、从弱到强的完美蜕变，快速发展的同时出现诸多弊病，如"保得少、赔得少、赔得慢"，农户对保险公司的信任度低导致农户和保险公司之间矛盾重重。农业收入保险与传统农业保险不同，玉米收入保险保费明显高于传统农业保险，以2020年义县玉米保险为例，保费为23.1元/亩，而传统玉米保险则为6元/亩，收入保险保费明显提高。玉米收入保险目标收入为700元/亩，实际收入为562元/亩，农户对如何算出这一数值持怀疑态度。访谈中农户表示"保险公司怎么算出来的700元/亩，我们也不清楚啊"（访谈记录编号-11），充分说明保险公司信任影响农户满意度。与农户访谈中不难发现，农户对政府更为信任而对保险公司信任度不高，未来还需要各级政府在农户中积极宣传农业保险政策，政府加强和保险公司的协调合作，积极宣传农业收入保险基础知识和理赔依据，通过典型理赔案例宣传农业收入保险的优越性和重要性，增强农户对保险公司的信任度和认可度，从而提高农户满意度。

8.5 本章小结

考虑到我国农业收入保险两种典型模式之间体量上存在差异，本章采用社会学的扎根理论对两种典型模式下的三个农业收入保险试点进行小样本分析及对参保农户进行满意度的质性分析，构建农户满意度的理论框架，得出如下研究结论。

（1）本章选取武进水稻收入保险、海城玉米收入保险及义县玉米收入保险三个国家级农业收入保险试点为典型案例，共计36位农户开展深度访谈，其中24份用于数据编码和构建理论模型，将剩余的12份用于饱和度检验，通过检验未发现新的概念和概念关系，理论达到饱和。

（2）本章通过开放性编码、主轴性编码及选择性编码的三级编码过程，共析出49个初始编码、11个副范畴及5个主范畴，凝练出农户属性、农业收入保险购买意愿、农业收入保险购买行为、农业收入保险满意度及农户行为决策5个主范畴，抽取出"农业收入保险满意度"这一核心范畴，"故事线"进一步讨论各个范畴之间内在的关联性。

（3）运用扎根理论的质性分析方法，对农业收入保险"满意度"内涵、测量维度及实现路径进行深入的分析和研究。研究发现，农户购买农业收入保险后"满意度"明显提升；满意度的构成可分为两部分：一是主观满意度即"感知获得"；二是客观满意度即"实物获得"。农户预期收益与实际收益之间的差距是度量"满意度"的重要依据；农业收入保险产品设计、保险公司服务质量和农户对农业收入保险政策的信任程度是影响农户"满意度"的重要测量维度。

（4）农业收入保险通过"风险感知—感知有用性—购买体验—满意度"路径影响农户满意度，购买体验来源于两点，其一是农户对参与农业收入保险试点实际理赔弥补收入损失的衡量，其二是农户对农业收入保险与传统农业保险相对优势的感知。

第9章

世界农业收入保险的发展实践与启示

实施农业收入保险既要注重本土的经验积累,又要注重借鉴国外的理论和实践经验。本章选取美国和日本两个典型国家,对其农业收入保险发展历程和典型做法进行归纳和凝练,旨在对我国农业收入保险发展提供有益借鉴。

9.1 世界农业收入保险案例选取的依据

美国自20世纪90年代开始实施农业收入保险以来,其规模和影响力不断提升,作为农业收入保险发展最为成功的国家之一,美国农业收入保险是典型的保险期货模式,美国依托成熟的期货市场发展农业收入保险,如今农业收入保险已成为美国第一大险。与我国一衣带水的日本土地碎片化程度高,农户经营规模小,且多发自然灾害,农业种植过程中农户面临较大的种植风险。日本政府为稳定农户种植收入,激发农户种植积极性,在历经多年模拟之后,2019年在全国范围内推开农业收入保险。日本虽然实施农业收入保险时间短,但整体发展态势良好,且日本农业收入保险是典型的基于历史农业收入数据信息发展而来的，与美国农业收入保险运行完全不同。

农业收入保险在美国已实施多年，在稳定农户种植收入、激发种粮积极性方面，取得良佳试验效果。相对于发展成熟的美国，日本农业收入保险尚处于起步阶段，但整体发展势头强劲。基于此，本章选取美国和日本进行跨区域、跨文化比较，深入探究两国农业收入保险政策产生的背景，并对其具体运行机制进行深入、全面、动态化的介绍和探讨。通过对两国农业收入保险基本框架、典型做法的比较梳理，清晰勾勒出农业收入保险地区差异、制度差异，精准研判不同地区、文化和国情农情下，农业收入保险制度选择的路径与方案设计，进而为我国农业收入保险全面落地提供重要的参考经验。

9.2 依托期货市场的美国模式

期货市场定价模式典型代表国家是美国，与我国期货定价模式相同，美国农业收入保险在价格因素锁定方面重点参考期货市场农作物期货合约价格。

9.2.1 美国农业收入保险制度的构建背景

20世纪90年代，联邦政府长期的补贴政策使美国农民收入大幅度提高，引发社会公众不满，处于政治考虑联邦政府迫切需要加快农业支持政策改革。而此时的日本等国在经济和农业上取得快速的发展，成为美国农业在国际市场上强有力的竞争对手，美国农产品价格急剧下降，出口下滑（庹国柱和张峭，2018）。1996年，美国联邦政府取消实施60余年的农产品价格支持政策，在国内外市场巨变下，如何实现农业整体竞争力提升成为美国迫切需要解决和研究的命题。为填补因取消农业价格和收入支出政策带来的保障真空，联邦政府决定尝试农业收入保险（夏益国，2013）。农业收入保险相比于传统的产量风险将更加有效，联邦政府以农业收入保险填补政策"空白"（Hennessy，1997），以期实现提高农业整体竞争力的目的。

9.2.2 美国农业收入保险制度演变过程

美国联邦作物保险已经从一个仅限于主要生产地区的少数大田作物的试验项目发展成为一个涵盖所有主要作物，包括特种作物的国家项目，实现从"产量险"到"收入险"，而"收入险"在经过"合并归类"后，逐渐形成体系。

1. 从"产量险"到"收入险"，实现从量变到质变的跨越（1938～1996年）

自20世纪30年代以来，联邦作物保险计划一直是美国农业政策格局的重要组成部分，1938年美国颁布《联邦农业保险法》提出尝试实施农业保险，作为一种有效的保护手段，防止因天气、虫害等因素导致的产量下降，其间产量保险一直占据重要地位。产量险从最初的单一风险保险（NPCI），随后发展为以巨灾风险保险（CAT）、多重风险保险（MPCI）和团体风险保险（GRP）为主的三种产量保险。

国内外环境的变化，加剧美国农产品价格风险且农产品价格风险具有较高的系统性，致使农作物的收入风险大于产量风险，美国农业政策迫切需从直接的反周期性商品计划转向社会保险和风险保险管理（Walters，2015）。1980年，联邦政府颁布《联邦农作物保险法》，此后，联邦作物保险计划在农业安全网中的核心地位日趋明显（Bulut，2012）。1981年的农业法要求农业部成立一个特别工作组论证农业收入保险可行性，重点研判其是否可作为现有农业/商品计划有效替代方案。随后，为推进农业收入保险，美国农业部成立农业收入特别工作组，经论证指出，现阶段将农业收入保险作为替代现有联邦农业计划支持的计划暂不可行。

1996年的联邦农业改进和改革法案后，美国取消实施60余年的农产品价格支持政策，标志着美国农业进入一种新的政策环境，而农民更多暴露在风险极大的市场之中。为弥补取消农业价格和收入支出政策带来的保障真空，美国开始转换思维，试图采取一种国际规则允许的支持政策对本国农业进行保护，而农业收入保险则是符合美国要求的最为合适的工具，农业保险属于"绿箱"政策，随后美国政府经过多轮论证、试验，历经多年的积累和反复研讨，于1996年正式推出农业收入保险，农业收入保险的引入是美国农业政策发展中的一个重要里程碑。

2. 从"品类繁杂"到"合并归类"，进入发展快车道（1996～2011年）

在农业收入保险最初推出的时间里，该项目在美国仅小范围进行试点，主要分以下几类：承保单一农场单一品种作物为主的作物收入覆盖范围保险（CRC）、利润保护保险（IP）、收入保证保险（RA），以及针对单一区域单一品种的产品团体风险利润保护保险（GRIP）和以承保全部农作物及少量牲畜品种收入调整的总收入保险（AGR）。随后农业收入保险品种范围不断丰富，承保地区不断扩大。面对种类繁多的农业收入保险品种，2011年，美国对现行农业收入保险进行"合并同类项"。农业收入保险被COMBO产品取代，COMBO产品将所有农场级产品组合为一个收入保险计划（RP），并提供了三个可供选择的项目，即附带收获期的RP、不附带收获期的RP及产量保险，其中，附带收获期的RP与CRC和RA类似，如果收获期农作物价格高于预期价格，RP的赔付就会增加，不附带收获期的RP也是一种农业收入保险项目，但是，如预期价格高于收获期价格按照较低的收获期价格进行理赔计划，相对于附带收获期的RP，不附带收获期的RP赔付金额不会增加。RP产品是一个有吸引力的项目，在该项目将以相对较低的成本提供良好的收入保护。美国农业收入保险经过"合并归类"后，进入快速发展的快车道。

3. 农业收入保险基本体系形成（2011～2014年）

2014年美国《食物、农场及就业法案》经多轮谈判后终达成共识，法案的通过给美国农民带来巨大变化。直接支付和反周期支付已经消失，风险管理更加集中于作物保险，农业保险政策逐渐成为美国农业安全网的主要核心内容。2014年团体风险利润保护保险（GRIP）退出，同时农业部风险管理局（RMA）推出区域收入风险保险（ARP），此后推出全农场收入保障计划（WFRP）、累进收入保护计划（STAX）和免赔额保险计划（SCO），至此，美国形成了层次分明、品种多样的农业收入保险体系。美国的农业收入保险可归纳为"两大宗、两附加、三特色"即两个大宗农产品收入保险计划（RP和ARP），两个附加保障计划（SCO和STAX）和三个特色农产品收入保险计划（WFRP、ARH和PRV）。农业收入保险及传统产量保险、巨灾险等农业保险品种，极大限度丰富了美国农业安全网。

9.2.3 美国农业收入保险重要品种

美国农业收入保险品种繁多，不同品种间在承保范围、赔付标准等方面存在较大差异，很难明确统一的参保主体。美国农业收入保险因具体险种而异，有些险种只在特定州和品种间推行，如山核桃收入保险计划（PRV），该项保险仅在少数州可购买，且仅针对山核桃种植户承保，而附加保障计划中的累进收入保险计划（STAX）则主要针对高地棉种植者。全农场收入保险计划（WFRP）全国范围内均可购买，以整个农场经营收入为承保对象，不限制具体种植品种，WFRP适合多样化种植的农场，为有效降低投保人道德风险和逆向选择，对投保WFRP项目的投保人需提供美国税务局（IRS）连续五年的纳税记录表（Schedule F）。美国农业收入保险品种繁多，投保人需根据具体种植情况、所在区域、纳税情况等选择相应的农业收入保险进行投保。

9.2.4 美国农业收入保险制度的构建内容

1. 定损理赔

实际收入低于保障收入则触发理赔，预期产量、预期价格和保障水平是美国农业收入保险三个核心指标影响最终赔付金额，基本形式为：保障收入=预期产量×预期价格×保障水平，总赔付=保障收入-实际收入（实际产量×收获期价格）。美国农业收入保险赔付机制中，预期产量有两种参考标准，一是投保人历史产量均值；二是投保人所在区域的区域平均产量，预期产量除按照全县历史平均单产计算的区域收入风险保险（ARP）外，其余农业收入保险均按照投保人实际历史平均单产计算，如收入保险计划（RP），实际历史平均产量依据投保人过去4~10年平均计算得出，考虑到数据缺失情况，如历史产量不足四年，则通过使用投保人所在县连续10年产量平均值进行折算以此作为过渡产量。因农业技术的发展、机械设备的使用，投保人未来实际经营规模、经营效率会发生变化，历史产量难以真实反映投保人实际种植情况，美国农业收入保险在最终确定历史平均产量时，加入趋势调整因子对历史数据进行修正和调整，确保最终核算出的历史平均产量尽可能接近投保人真实种植情况。

价格是农业收入保险赔付机制中另一个至关重要的因素，美国拥有发达的农产品期货交易所，农业收入保险可借助完善、发达的期货市场价格发现功能，预期价格可参考期货价格。农业收入保险中涉及两个价格，即预期价格和收获价格，为此美国风险管理局出台商品交易所价格条款对预期价格和收入价格进行详细说明。美国农业收入保险根据是否附带收获期价格条款可分为两大类（见表9-1），即附带收获期价格期权条款和不附带收获期价格期权条款，如附加收获价格的收入保险（RP-HPO）和剔除收获价格的收入保险（RP-HPE）。因美国50个州维度跨越较大，南北之间各农产品的收获期不尽相同，因此各州确定的农产品期货价格的具体月份存在差异。

表9-1　　　　　　　　美国主要农业收入保险项目

类别	中文名称	英文全称和缩写	覆盖的农作物品种
大宗农产品	收入保险计划	Revenue Protection（RP）	小麦、大麦、棉花、高粱、水稻、玉米、大豆、向日葵、花生、干豌豆、爆玉米、油菜
	区域收入风险保险	Area Revenue Protection（ARP）	玉米、大豆、棉花、小麦、高粱、爆玉米

续表

类别	中文名称	英文全称和缩写	覆盖的农作物品种
特色农产品	全农场收入保险计划	Whole Farm Revenue Protection（WFRP）	不限制
	农产品实际收入历史保险计划	Actual Revenue History（ARH）	（酸或甜）樱桃、橘子、草莓
	山核桃收入保险计划	Pecan Revenue（PRV）	山核桃
附加保障计划	免赔额保险计划	Supplement Coverage Option（SCO）	春季大麦、玉米、大豆、小麦、高粱、棉花、水稻、新鲜水果和蔬菜在内的许多农作物
	累进收入保险计划	Stacked Income Protection Plan（STAX）	陆地棉

资料来源：根据美国农业部风险管理局网站资料整理。

美国农业收入保险的保险责任水平为50%~85%，其中，农场主选择的水平多为60%左右。美国政府对农业保险补贴约62%，为有效降低道德风险，投保人选择的保险责任水平越低，能够获得的保费补贴比例越高（见表9-2）。

表9-2　　　　　　美国农业收入保险补贴比例　　　　　　单位：%

项目	补贴比例							
保险责任水平	50	55	60	65	70	75	80	85
以土地类型划分的标的	67	64	64	59	59	55	48	38
以作物类型划分的标的	80	80	80	80	80	77	68	53

资料来源：根据美国农业部风险管理局网站资料整理。

2. 再保险制度

美国农业保险监管实行联邦政府统一监管（见图9-1），在历经百年探索后，美国农业保险形成政府监管，私营保险公司负责具体经营的农业保险模式。美国农业保险的监管部门主要有风险管理局（RMA），风险管理局（RMA）代表联邦农作物保险公司对各州农业保险进行监管，其中，RMA 主要职能包括制定收入保险费率、管理保费、保险补贴的支出等业务。政府对收入保险进行补贴，补贴运营成本、再保险成本及保险费（FCIC，2014；RMA，2015），农业收入保险整体运行风险高于传统产量保险，联邦农作物保险公司和私人再保险公司对农业收入保险给予再保险，以有效降低农业收入保险运行风险。

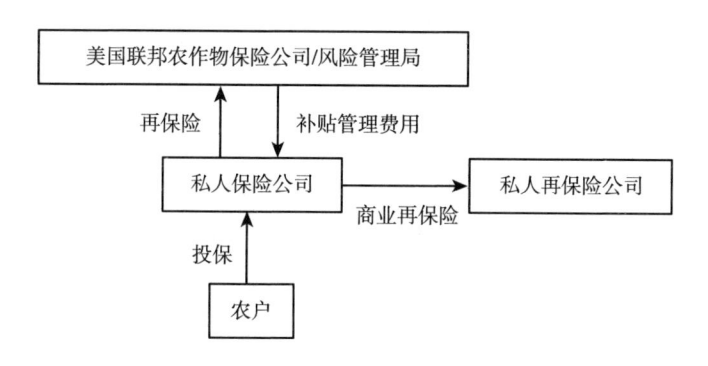

图 9-1 美国农业保险监管体系

9.2.5 美国农业收入保险制度的实施效果

自 20 世纪 90 年代以来，美国农作物保险计划覆盖的农业面积稳步增长，2017 年达到 3 亿英亩。1981 年农业法案提出农业收入保险，1995 年作为一项农业计划被广泛重视，到 1996 年全国落地，历经 2011 年"合并归类"及 2014 年两个"浅损失保险项目"的加入，美国农业收入保险在探索中前进，在变革创新中谋发展，农业收入保险已成为美国第一大险。目前，美国农业保险涵盖将近 120 种粮食作物和经济作物，2019 年农业保险保费收入高达 101 亿美元。其中，农业收入保险保费收入约占总保费收入 80% 以上，政府补贴保费 63.67 亿美元，实际理赔 101.31 亿美元。其中，按面积和总负债计算，最大的项目是收入保护（RP），有效降低玉米、大豆和小麦种植者种植风险，并稳定种植者种植收入（USDA，2018）。2014 年，农业法案对农业保险进行调整，主要增加了"浅层损失"，从而丰富了美国农业安全网。

9.2.6 美国农业收入保险制度的潜在风险

美国农业收入保险成为农业收入保险发展的典范，与此同时也存在诸多问题。

一是精准判断价格走势难度大。美国农业收入保险预期价格确定主要参考期货市场价格，美国拥有世界上最发达的期货市场，但因不同作物生长性不同，难以形成具有广泛代表性的期货市场会削弱农业收入保险计划在涵盖价格和收益风险方面的效力（Santeramo，2017）。Black-Scholes（BS）期权定价模型基于期权的价格波动率是一个前瞻性的预测，目前在美国联邦农作物保险计划的保险定价中起关键作用，但现实中价格的波动则是一个历史指标，现货价格和期货价格易出现不趋同（Goodwin，2018）。

二是农作物天然属性加剧最佳产量确定难度。农业高度信息化的美国对农作物产量的测量也每年只测量一次，同一年的产量之间存在很强的空间依赖性，有限的产量数据使得对产量分布的估计变得极为复杂。农作物产量的随机性受技术变化、土壤质量、天气、病虫入侵等多因素影响，加大产量概率分布测算难度，致使农作物收入保险精算难度加大（Goodwin，2014）。

9.3 依托农户历史收入的日本模式

日本于2019年1月1日起在全国推行农作物收入保险。日本农业收入保险在时间维度上要明显晚于美国，但总体呈现强劲发展势头。日本收入保险在价格锁定方面与美国的期货市场定价模式有较大区别，是典型的历史均价定价模式，即以参保农户历史平均收入为基准核算目标收入。

9.3.1 日本农业收入保险制度的构建背景

随着日本国内新农政改革对营造自主经营环境的改善，跨太平洋伙伴关系协定（TPP）带来新的贸易自由化压力，以及日欧 EPA 生效等外部环境的改变，国内农业面临前所未有的新挑战，提高农业竞争力已成为迫切需要。"内外双驱"压力下倒逼日本农业政策从"防御型农业"政策向"进攻型农业"政策转变，日本需立足国内农情，积极推进支农政策精准发力，增强农业整体竞争力。在日本，农业保险始终发挥着支农精准、效果显著的历史作用，不断加大农业保险产品创新，并借保险之名满足现实需求以提升小农竞争力成为"进攻型农业"政策改革首选。1947 年，日本提出农业共济制度，该项制度在促进农业经营和农村社会稳定、粮食安全方面作出巨大贡献，但作为传统的农业收入保障政策，只针对产量减少的农业共济制度不能涵盖整个农业经营，难以满足农户多样化需求，农业保险风险保障亟须实现由"产量"向"收入"过渡，以稳定收入激发小农种植热情。农业收入保险针对每个经营者的整体收入制订保险计划，不受品种限制，有效弥补传统农业保险不足。2019 年 1 月 1 日，日本在历经多年模拟和试验后，在全国范围内实施农业收入保险。农业收入保险弥补聚焦传统农业保险产品"短板"，对提升农业经营者尝试生产高效农产品的决心和积极拓展农产品新销路产生积极作用，以期最终为日本农业打造牢固的"安全网"，实现提升小农竞争力的目的。

9.3.2 日本农业收入保险制度的构建内容

1. 参保主体

日本农业收入保险遵循自愿投保原则，为有效降低道德风险和逆向选择，日本农业收入保险以"高门槛，低风险"为主要原则，仅对蓝色申报者适用。在日本蓝色申报是政府大力推广的一种报税方式，该方式下，农业经营者采用复式记账法并具有完善的账簿，详细记录投保人日常的农业生产和经营行为。投保人需要制订保险期间详尽的营农计划，投保人在保险期间需要制作农事日记，详尽记录播种、施肥等具体务农事项的时间和内容，保险期间务农计划发生变化要及时通知全国联合会。复式记账方式可有效防止道德风险和逆向选择，但考虑到目前采用蓝色申报的农业生产者数量有限，政府对投保主体身份进行灵活调整，即只要有一年的蓝色申报就可以申请购买农业收入保险。农业收入保险的保险期与税收计算期相同，农业经营法人保险期间为经营年度。

2. 保障范围

农业收入保险作为一种新型农业保险，集产量与价格风险于一体，将农业经营者的农业收入作为保险对象，对因自然灾害引起的产量减少或市场风险引起的价格降低，并补偿投保人在尽职经营过程中，因伤病、买方破产、盗窃、运输事故和汇率变化等原因导致的销售收入的减少。相对于日本传统风险保障项目，农业收入保险优势突出（见表9-3），具体承保对象涵盖种植业、饲养业[①]及出售的农作物、家畜和农产品（包含简易加工品，如精米、年糕、粗茶、精制茶、香菇干等）。农业收入保险是集多因素于一体的农业保险，但对于故意压低价格导致的收入减少、未制作、未保存农耕日志、未及时通知变更农耕计划以及未按时缴纳保费等情况，农业收入保险不予理赔。2020年，因新冠疫情导致农户无法正常种植、直营店人数减少所引起的销售额下降所导致的收入减少均可获得赔付。

表9-3　　　　　　　　　主要收入保障政策对比

项目	农业经营收入保险	农业共济制度	收入减少影响缓和政策（国家对策）	蔬菜价格稳定政策
测算依据	个人历史数据	个人或地区历史数据	地区历史数据	市场价格

---

① 饲养业中不包括肉用牛、肉用牛犊、肉猪、鸡蛋。

续表

项目	农业经营收入保险	农业共济制度	收入减少影响缓和政策（国家对策）	蔬菜价格稳定政策
适用主体	蓝色申报经营者	以种植特定品种经营者为承保主体	认定农民、村落营农、新认定从事农业人员	蔬菜种植户
保障范围	自然灾害、价格下降、疾病和受伤等基于农业者的经营努力不可避免的收入减少	补偿自然灾害等造成的产量减少	补偿收入减少	补偿价格下降
对象品种	对所有产品承保	大米、大麦、果树、大豆等农作物（蔬菜和花卉除外）	大米、麦类、大豆、甜菜、淀粉原料等作物	指定蔬菜和特定蔬菜
理赔范围	保险期收入低于基准收入九成时，以九成为补偿上限	当年的产量低于补偿水平，将补偿单价乘以减产量来弥补差额	当年收入低于标准收入时，补偿差额的九成，以标准收入的80%为补偿下限	如果平均销售价格低于基准价格的九成，以九成为补偿上限，基准价格的60%为补偿下限
理赔方式	保险方式和积累方式的组合	保险方式	积累方式	积累方式
保费补贴	国库补贴保险费、事务费的50%，补贴积累金的75%	国库补贴保险费的50%	国库补贴积累金的75%	国家补贴60%，都道府县补贴20%

资料来源：根据日本农林水产省网站总结。

3. 定损理赔机制

农业收入保险的理赔以基准收入为依据，基准收入的确定遵循"科学方法、灵活措施"原则，即根据投保人实际营农计划进行调整。日本农业收入保险赔付机制设计过程中，最大的特点是重点参考投保人历史经营状况。基准收入、补偿限度和支付率是日本农业收入保险三个核心指标影响最终赔付金额，其基本形式为：赔付金额＝基准收入×补偿限度×支付率。基准收入以投保人购买农业收入保险之前最多5年（含参保当年）以蓝色申报的农业收入的平均值为计算依据，并根据投保人实际营农计划进行调整。保险期间实际收入低于基准收入，则触发理赔。农业收入保险补偿方式采用"一次性保险方式"（简称"保险"方式）和"非一次性的积累方式"（简称"积累"方式）相组合方式对投保人收入进行承保，其中"保险"方式为必选方式，其补偿限度以基准收入的80%（5年以上的蓝色申报）为上限，共分为80%、70%、60%和50%四档，"积累"方式的补偿限度可选择10%和5%两个档。"支付率"以90%为上限，其中，"保险"方式的支付率分五个档（每档为10%），即50%、60%、70%、80%和90%，"积累"方式的支付率分九个档（每档为10%），即10%～90%。

为减缓投保人保费压力，农业收入保险的赔付细分为三种情况：一是基本类型赔付。投保人采用"保险"方式和"积累"方式相组合，不规定赔付下限，即使实际收入为零也可获得赔付，该类型赔付金额高，相应缴纳的保费金额高。二是选择补偿下限。与基本类型赔付相似，投保人采用"保险"方式和"积累"方式相组合，但规定"保险"方式的赔付下限，实际收入低于赔付下限不予理赔，该类型赔付金额低于基本类型赔付，保费低于基本类型赔付。三是选择低补偿限度。该赔付方式不同于前两种方式，投保人仅选择"保险"方式中较低赔付限度且不规定赔付下限，该类型赔付保费进一步降低。

以蓝色申报五年的投保者为例，投保人选择了"保险金"方式和"积累"方式相结合的赔付方式，以基准收入的90%为补偿上限（见图9-2）。基本类型的保险赔付不设置赔付下限即保险期间实际收入为0也可进行理赔。假设投保人基准收入为1000万日元，"保险金"方式补偿限度选择80%，"积累"方式补偿限度选择10%，支付率选择90%。支付率选择90%，则以基准收入的90%为赔付上限，而10%（100万日元）为免赔额。最终"保险金"方式补偿720万日元（900×80%＝720万日元），"积累"方式补偿90万日元（900×10%＝90万日元），投保人总计获得810万日元的保险赔付。

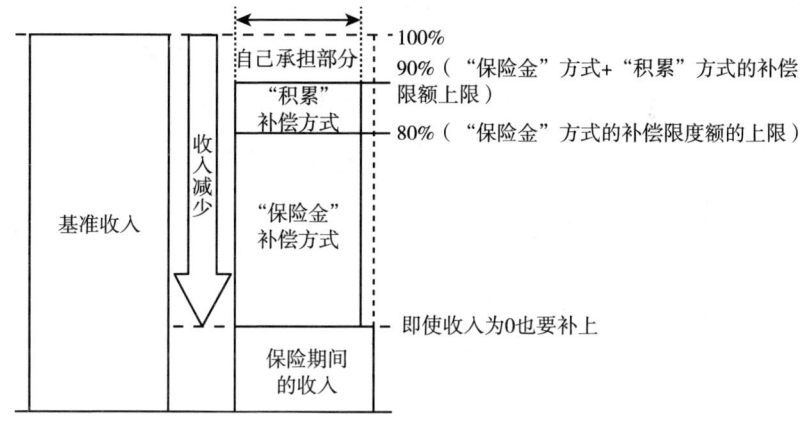

图 9-2 基本类型收入保险的赔付

注：本图为 5 年以上蓝色申报者的情况。

4. 再保险机制

2018 年 4 月，日本成立全国农业共济组合联合会（以下简称"全国农业联合会"）对收入保险实行统一协调和监管，全国农业联合会由 47 个都道府县的农业共济组合或共济联合会组成。全国农业联合会职能主要包括：委托农业共济组合、农业协同组合、保险公司等办理农业收入保险的申请、保险金支付等相关手续及业务；与保险公司和国家相关部门开展技术合作以提升服务质量；负责宣传收入保险；给予农业收入保险保费补贴和提供再保险（见图 9-3）。

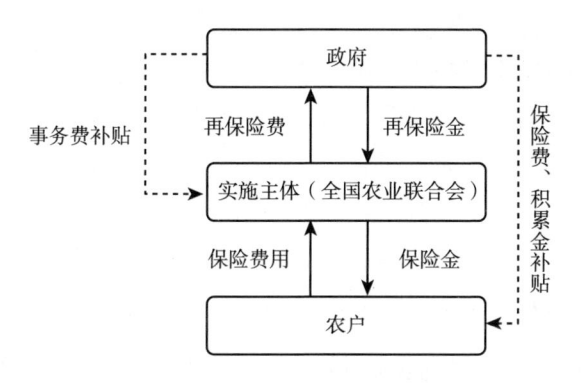

图 9-3 日本农业收入保险监管体系

伴随着农业收入保险的推出，日本已形成功能齐全、层次多样的农业保险体系。功能完善、运行规范、基础完备、覆盖面广、多层次的农业保险体系与日本农业农村发展阶段相适应，与农民对收入保障的现实需求高度契合，符合日本"进攻型农业"支持政策导向。农业收入保险扎根日本并与其他农业保险产品协调配合，构建牢固的农业收入安全网（见图9-4）。

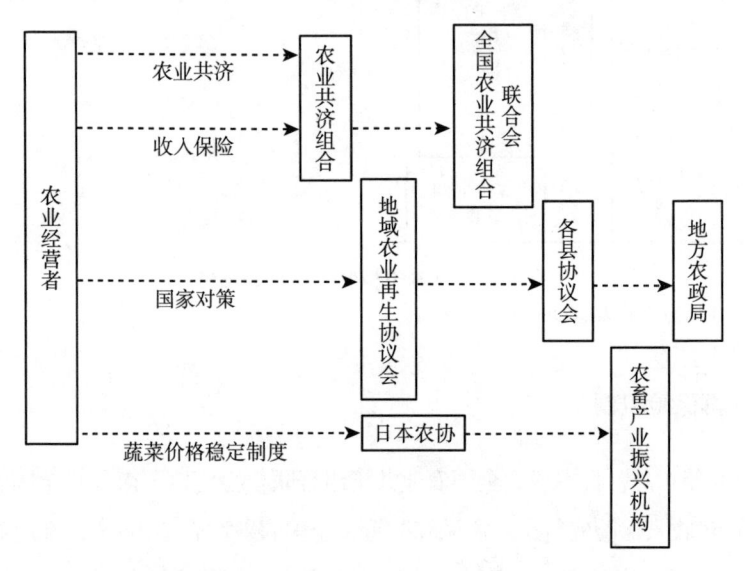

图9-4 日本现行主要农业保险安全网运营流程

9.3.3 日本农业收入保险制度的实施效果

一是参保人数上升趋势明显。日本以"进攻型农业"政策为契机，巧用"收入保险"这一"绿箱"政策，在完善日本多层次保险体系和厚植农业发展创新环境等方面效果明显，起到稳定日本农民收入、保障国家粮食安全、提升农业竞争力的作用。截至2020年8月，全国农业生产者蓝色申报者（46万人），其中个人43.7万，法人2.3万；35616个（约7.7%）农业经营主体已购买农业收入保险，其中个人经营主体为31775个，法人经营主体3841个。相对比农业共济制度、农业收入减少影响缓和政策和蔬菜价格稳定政策，农业收入保险项目的参与者呈明显上升趋势，自2019年至 2020 年 8 月，收入保险参保人数上升了 56%，明显高于其他传统收入保障项目。参保者的基准收入平均为 1600 万日元（个人平均为 1300 万日元，法人平均为 4000 万日元），共发放 769 笔无息过渡贷款（36 亿日元）。全国农业联合会计划到 2022 年拟实现参保人数达 10 万人，农业收入保险已成为日本农业"安全网"的重要组成部分（见表 9-4）。

表 9-4　　　　2019~2021 年日本农业收入保险参保情况

参保类型	2019 年	2020 年	2021 年（截至 6 月末）	与 2020 年差值
全体	22812 (6.5%)	36142 (10.2%)	57795 (16.4%)	21653
个人	20302 (6.2%)	31770 (9.7%)	52585 (16.1%)	20815
法人	2510 (9.8%)	4372 (17.1%)	5210 (20.4%)	838

注：（）内数据为参保人数占蓝色申报人数比例。
资料来源：根据日本农林水产省网站总结。

二是参保农户对农业收入保险认知度高。2019 年 4 月，农林水产省就农业收入保险实施效果进行调查，在问及为何选择收入保险时，"补偿自然灾害和价格下降带来的收入减少""可有效补偿包括受伤、生病、收获后的事故""收入的减少会得到广泛的补偿"三项成为投保人参与保险项目的重要原因，而被问及加入农业收入保险后，未来营农计划有哪些变化时，"维持现状""引进新品种""扩大经营面积"是投保人选择最多的三项。农业收入保险无法比拟的优势使其成为投保人抵御各种风险的"压舱石"和"定盘星"，为农业新品种、新模式、新技术等农业创新的尝试化解后顾之忧。

三是多层次农业保险体系形成。日本是一个自然灾害频发的国家，自日本大地震后，大规模的地震、洪水、泥石流等灾害在全国各地广泛发生，威胁国民生活。农业领域面临的灾害更为突出，日本自 1947 年实施农业共济制度以来，在推动日本实现农业现代化、促进农业经济增长方面起到重要作用。但随着日本农业老龄化问题的严重、农业共济主体减少及对价格风险的防范弱化等问题的出现，只针对产量减少的农业共济制度不能涵盖整个农业经营，难以满足农户多样化需求。农业保险风险保障亟须实现由"产量"向"收入"过渡，以稳定收入激发小农种植热情。农业收入保险针对每个经营者的整体收入制订保险计划，不受品种限制，能有效弥补传统农业保险不足，提升农业经营者尝试生产高效农产品的决心和积极开辟农产品新销路。农业收入保险以其"承保广、赔付高、适用性强"特点，弥补传统农业保险产品"短板"，为日本农业打造牢固的"安全网"。至此，日本已形成功能齐全的农业保险体系。

9.3.4 日本农业收入保险制度的潜在风险

一是日本农业收入保险在价格和产量的确定上，重点参考投保者历史经营状况并根据实际营农计划进行调整，在价格和产量的确定上较美国更为精准，但面临与美国相同的问题，即同一年产量之间存在很强的空间依赖性，使产量分布的估计变得极为复杂。

二是遵循WTO《农业协定》软约束。农业收入保险补贴需严格参照WTO规定，美国在经历多起贸易争端后，对农业保险的保费补贴越来越规范，而日本暂时还没有向WTO提交2019年农业国内支持的通报，农业收入保险补贴"归箱"问题尚需考究（朱晶和徐亮，2020）。

三是基于蓝色申报为参保门槛的农业收入保险，难以满足小规模农户投保需求。日本农业收入保险将蓝色申报作为参保门槛，考虑到全国蓝色申报人数有限，日本农业收入保险参保门槛适时调整，即满足一年蓝色申报即可参与农业收入保险，但符合参保标准的农户仍数量有限。日本农业收入保险借助准确、丰富的农户个人历史产粮和价格信息，为准确掌握参保农户收入减少的金额，需要充分掌握其农作物销售量、品质、价格信息，人手不足的小规模农户如何详细收集这些信息成为日本农业收入保险面临的重要潜在隐患，基于农户提供的尚缺乏准确性的数据测算出的农业收入能否真实反映农户种植收入情况，尚需实践检验。实践中，易出现道德风险和逆向选择，农户会通过偷工减料、低价抛售等方式人为降低种植收入，以获得保险赔付。

9.4 中外农业收入保险实践方案的比较分析

9.4.1 发展模式比较

美国作为农业收入保险运行最成熟、成功的国家之一，其发展模式是典型的期货市场定价模式即充分借助农产品期货市场价格发现的功能，中央财政给与补贴，具体运作由保险公司承担，而联邦农业保险公司则对其进行再保险。日本农业收入保险发展模式与美国截然不同，日本收入保险发展则依托日本农协，全国农业共济组合联合会对农业收入保险实行统一协调和监管，负责农业收入保险具体事宜，如宣传、保费补贴及再保险等。日本农业收入保险最大的亮点在于在目标收入和实际收入的锁定上以农户历史农业收入为基准，真正做到精准赔付。美国的全农场收入保险（WFRP）以整个农场经营收入为承保对象（Turvey，2012；Željko，2020），不限制具体种植品种，WFRP适合多样化种植的农场，有效降低投保人道德风险和逆向选择。日本农业收入保险则涵盖范围更广，即对因自然灾害引起的产量减少或市场风险引起的价格降低，并补偿投保人在尽职经营过程中，因伤病、买方破产、盗窃、运输事故和汇率变化等原因导致的销售收入的减少。我国农业收入保险在发展模式上既不同于美国也不同于日本，期货定价模式与美国相似，但却没有类似于联邦农业保险公司对农业收入保险进行再保险。我国农业收入保险在销售、宣传及定损理赔等环节多以村为单位展开，这类似于日本农业收入保险的农协的作用，但又明显不同于日本模式，在服务功能上面明显弱于日本农协。

9.4.2 参与主体比较

美国农业收入保险参与主体主要有农户、保险公司及联邦农作物保险公司，农户通过与保险公司签订保险合同，约定双方需承担的责任和义务，而联邦农作物保险公司则为保险公司和农户提供补贴并给予再保险服务，除此之外，联邦农作物保险公司负责产品设计、费率厘定等工作，农户、保险公司及联邦农作物保险公司各主体之间权责明晰、功能不同，有效提高农业收入保险项目的运行效率。日本农业收入保险则依托新成立的全国农业共济组合联合会对农业收入保险实行统一协调和监管，其全国联合会职能主要包括：委托农业共济组合、农业协同组合、保险公司等办理农业收入保险的申请、保险金支付等相关手续及给予农业收入保险保费补贴和提供再保险等业务。我国农业收入保险参与主体除农户、政府及保险公司三大主体外，依据不同的发展模式参与主体有所不同，以期货市场定价模式为例，可融入银行、订单农业、期货公司等主体，而区域监测定价模式中，地方政府积极参与。我国农业收入保险参与主体多，各利益主体间权责划分尚不明确。

9.4.3 保险产品比较

美国农业收入保险包括牲畜收入保险和种植业收入保险，而具体到农业收入保险既包含大宗农作物又涵盖如樱桃、核桃等特色经济作物。日本农业收入保险不具体明确保险品种，更接近于一种全农场收入保险性质，对收入的保障程度更高对因农户身体原因导致的种植收入的减少仍属于收入保险保障范畴，保障方式更为灵活和全面。相对于美国和日本农业收入保险，我国农业收入保险在保险产品种类和保障范围上均存在一定的差距，我国现阶段收入保险在全国范围内零星展开，中央财政给予补贴的试点数量有限，财政补贴的农产品主要是玉米、小麦和水稻三大主粮，除三大主粮外其他农作物品种均未得到中央财政补贴。

9.4.4 市场环境比较

美国和日本农业收入保险成功的关键在于两国农业收入保险发展模式

的选择契合两国国内市场环境。美国农业收入保险借助其发达的期货市场，日本则是借助遍及全国的农协。我国农业收入保险两种典型模式下，期货市场定价模式需要重点参考期货市场价格，但囿于我国期货市场上市品种限制，该种模式仅适合某些农作物品种且运行中存在较大的违约风险（唐金成，2017），区域监测定价模式对试点所在地政府和保险公司提出高要求，能否找到能真实反映农作物真实价格水平且具有公信力的价格是关键。我国农业发展中多以分散小规模经营为主，相比于美国大规模农场种植，分散化种植加大保单设计难度，同时增加保险公司经营管理费用。

9.4.5 支农政策协调性比较

美国和日本农业收入保险在实施过程中比较注重农业收入保险政策与其他支农政策配合使用，以美国为例，农户是否购买作物保险成为是否有资格参加其他政府计划的先决条件。在美国，农业保险、农业补贴和农业灾害救助等支农政策配合使用，以免赔额保险计划（SCO）为例，如果生产者选择参与农业风险保障计划（ARC），则不允许购买SCO，最终实现各风险管理工具相互联系、相互配合的良性可持续发展局面。在日本，农户参与农业收入保险则不能够购买其他农业保险。我国农业收入保险在实施过程中存在交叉投保现象，农业收入保险与产量保险、完全成本保险及农业补贴政策之间是何种关系，目前尚缺乏明确解释。

9.5 农业收入保险政策实施的经验借鉴

通过对美国和日本收入保险产生背景、演变历程、运行机制及潜在风险的研究，不难发现收入保险全面落地需高度契合本国国情农情，两国收入保险运作模式存在较大差异，实践中，何种模式适合我国？亟须从理论上进行探索，从实践中进行验证。

9.5.1 政策设计需兼顾国情农情

农业收入保险制度设计和产品设计需兼顾国情农情，有效结合美日经验，提高其适用性和包容性。由于我国农产品期货市场发展不成熟、不健全，短期内大宗农产品可参考美国模式，价格的确定重点参考期货市场，而未在期货市场上市的农产品品种，价格确定可参考日本基于历史价格的方法。未来需深入推进农产品期货期权市场建设，不断丰富品种，充分发挥农产品期货市场价格发现的功能。参照日本蓝色申报，国家金融监督管理总局连同工商、税务等部门，鼓励新型经营主体完善财务制度建设，合规经营，不断丰富和完善产量和价格信息。综合考虑各省、各农作物品种在粮食安全中的地位和贡献，实行差别化补贴。农业收入保险制度设计过程中需实现收入保险品种的多元化创新，保险产品重点向新型农业经营主体倾斜，以农业收入保险作为助推农户产业创新的"新引擎"。

9.5.2 支农政策配合使用

农业收入保险制度设计需注重与现有国内支农政策合理搭配以提升支农政策效果和支农资金使用效率。美国曾出现灾害救济项目排斥农业保险项目现象，随后不断强化保险政策与其他风险管理工具协调互补，构建了以农业保险为核心强大的农业安全网。不同支农政策整体搭配错落有序、提升政策效能，是现阶段我国发展农业收入保险亟待突破的理论困境和现实难题。乡村振兴战略下财政资金等多元化资金要素需向农业保险靠拢，将事后救济补贴转向事前预防，充分发挥农业保险抓手作用。农业收入保险具有较强的风险管理和稳定收入的功能，在灾害救助中的作用强于传统的产量保险，未来我国应重点发展农业收入保险，农村社会保障体系建设由国家救济向以保障程度更高、更全面的农业收入保险转变。将收入保险作为支农政策新引擎，全面提升支农政策和资金使用效果。

9.5.3 收入保险制度设计要合规

农业保险作为一项 WTO 国际规则允许的"绿箱"政策，在多个国家受到普遍重视。农业收入保险作为农业保险的升级版，收入保险制度设计需严格遵守 WTO 国际规则，《农业协定》中对农业保险是否符合"绿箱"有严格规定，未来中国收入保险规则的制定需密切关注《农业协定》相关规则的变化，严格遵循规则，有效规避违规，农业收入保险在政策设计方面具有较大设计空间。未来，我国农业收入保险政策设计过程中可借鉴美国经验，不与生产品种、产量等要素挂钩，对保费补贴按照"基于特定产品支持"进行通报。

9.5.4 完善配套设施建设

一是完善法律法规。农业收入保险虽连续写入历年中央一号文件，但缺乏统一的法律体系和配套细则成为收入保险未来发展的短板和制约全面推开的根源。省级层面根据当地农业农村发展情况，积极探索符合本地区产业发展的具体工作实施方案，如山西省财政厅等多部门联合印发了《关于开展省级政策性小麦、玉米完全成本保险、产量保险、收入保险和未转移就业收入损失保险试点实施方案》，各地需加快步伐探索收入保险本地模式并形成可复制、可借鉴、可推广经验并出台具体细则。国家层面需制定《农业收入保险暂行条例》，实现收入保险监管主体、投保对象、承保范围、补贴比例等规范化和法治化。二是保费补贴和再保险。我国现行试点中保费补贴多源自省级财政补贴和金融机构自有资金，加剧省级财政压力和金融机构风险，作为政策性农业保险，收入保险理应获得国家财政补贴和再保险服务，激发各省和金融机构参与热情。三是积极推进收入保险数据库建设。我国农户保险意识差、保险知识薄弱及文化水平偏低，国家需牵头各保险公司加快设计一套类似于美国和日本的"收入保险模拟"系统和易于理解的宣传画报，以便农户更好地理解收入保险。此外，加快构建保险信息共享与支持平台，纵深挖掘农产品价格和产量数据信息，有效整合期货公司、保险公司、气象部门等多部门数据，实现信息共享，确保收入保险核算真实反映参保人实际经营状况。

9.6 本章小结

为了更有针对性地推动我国农业保险转型升级，加快构建农业收入保险制度体系，本章以美国和日本农业收入保险为例，系统梳理两国实施收入保险制度的缘起，比较典型做法，深入分析农业收入保险具体运行机制、路径选择，研究发现：

（1）美国和日本农业不同程度地面临国内外两个市场的双向竞争压力，国内农业政策调整推动农业保险转型升级，需将农业收入保险作为提升农业整体竞争力的方向性、战略性措施加以完善。美国和日本农业收入保险的实施具有一定潜在风险，如精准研判农产品价格趋势难度大、最佳产量难锁定。两国农业收入保险具体运行机制存在差异，如投保人主体认定标准以及保障收入确定依据不同。结合我国农业收入保险试点探索，指出我国农业收入保险在立法、基础设施建设方面存在典型不足，未来我国农业收入保险可汲取美国和日本的先进经验。

（2）作为农业收入保险发展最为成功的国家之一，美国依托期货市场在历经多年的演变后，按照保险标的和保险单位形成"两大宗、两附加、三特色"的农业收入保险产品体系。美国农业收入保险无门槛限制，基于期货市场上市场化的价格锁定机制核算目标收入和实际收入。日本依托单一农户历史收入核算农业收入，在时间维度上晚于美国，但却呈现出迅猛的发展趋势。日本为有效控制运行风险采用"源头把关，防控风险"的方式推开农业收入保险，仅蓝色申报农户具有购买资格，在收入保险保障范围上，日本农业收入保险实行"应保尽保、能保则保"原则，最大限度拓宽"农业收入"范围。"因人而异、一人一策"的农业收入保险提高农业收入保险精准性。

（3）我国农业收入保险与美国和日本发达国家相比，在发展模式、参与主体及保险产品等方面存在一定的差异。通过对比典型国家农业收入保险模式，得出结论：未来我国农业收入保险制度设计需要兼顾国情农情、各种农业支持政策需要配合使用、加快实现规模化种植经营、完善再保险分散体系及完善配套设施建设。

第10章 主要结论及政策建议

近年来，受全球气候变化影响农业种植风险明显增大，而受社会风险、政策风险与市场风险的影响，农产品价格波动越发严重，多重风险叠加下农业经营风险日益加剧。农业收入保险政策对保障农户种植收入、稳定粮食种植面积具有重要意义。目前，我国农业收入保险试点在多地小范围展开，但该项政策是否能达到预期目的尚不明确，亟待实证验证。鉴于此，本书以农业风险管理理论、制度变迁理论和农户行为理论等理论为基础，结合我国农业保险高质量发展要求目标，推动农业保险转型升级，更好地服务于国家粮食安全，从微观视角构建农户参与农业收入保险实施效果评估框架。本书基于辽宁省锦州市义县、江苏省常州市武进区及辽宁省海城市的实地调研数据，运用准试验的方法，从农业收入保险试点影响农户种植收入、种植决策、满意度和未来参与意愿四个方面实证评估农业收入保险的收入效应、生产效应、综合效应和响应效应，并试图厘清其内在运行机理，从促进农业收入保险实施效果视角提出针对性强的政策建议。本书综合运用PSM、DID、oprobit、CVM、工具变量、调节效应和质性分析等多种研究方法，对农业收入保险的响应效应、经济效应、社会效应和综合效应进行检验。

第10章 主要结论及政策建议

10.1 主要结论

第一,农业收入保险制度框架需进一步完善。当前我国农业收入保险制度框架不断完善、实施效果初步显现,但实施过程中仍存在着一些典型问题制约着农业收入保险政策的发展和完善。

通过梳理我国农业收入保险政策实施的背景、实践发展及典型国外收入保险模式介绍,农业收入保险政策是我国农业在面临多重风险叠加背景下为保障农户种植收入及激发农户种植积极性而作出的现实选择,也是农业保险实现高质量发展重要途径。相对于发达国家农业收入保险政策,我国农业收入保险发展较晚,但试点启动以来,国家层面予以充分重视,在试点范围、试点品种上整体呈现出不断丰富的特点。通过对我国农业收入保险试点的研究发现,我国农业收入保险实际运行中多种模式并存,定价机制、理赔机制等相关机制不断完善,农业收入保险试点效果初现,农户对农业收入保险政策的总体满意度高。同时,中央财政投入不到位、存在交叉投保问题、保险条款缺乏精细化及风险分散机制不健全等问题是制约我国农业收入保险的薄弱环节。

第二,多重因素共同影响农户参保意愿。研究发现农户风险认知、风险防范和传统保险满意度对农户购买农业收入保险意愿有显著影响。

农户对传统农业保险的满意度评价及是否连续三年购买农业保险对农户购买意愿的影响更为敏感;相对于未购买过农业收入保险的农户,购买过该项保险的农户其购买意愿更强,在5%的显著水平上正向影响农户购买意愿;农户对农业保险提标意愿以及未来种植计划对农户购买意愿具有显著影响,农户愿意支付更高的保费以获得较高的保障程度表明农户对农业保险的需求和现有农业保险供给之间存在缺口,提标意愿越高的农户对农业收入保险的购买意愿越强。农户未来种植积极性越强对保障程度越高的农业收入保险的购买意愿越强。在影响农户购买意愿因素中,农户对农业保险提标的态度在农作物价格波动与购买意愿之间起到正向的调节作用。通过 CVM 测算出玉米收入保险农户的支付意愿区间为 8~12 元/亩，通过中位数法测算出农户支付意愿为 10.54 元/亩，显然高于目前农户缴纳的金额（23.1 元/亩）。

第三，农业收入保险具有典型的收入效应。农业收入保险具有一定的保障收入的效应，且存在一定的异质性，农业收入保险政策对规模较小的农户效果更为明显。

本书基于微观农户调研数据，收集 623 户农户信息，其中参保农户 416 户，未参保农户 207 户，通过 DID 实证显示：农户参与农业收入保险试点后，与未参加农业收入保险试点的农户相比，农户玉米种植收入得到一定保障。由于农业保险是一项保险计划而非补贴计划，政策实施的主要目的在于稳定收入并不是增加收入，因此农户在购买玉米收入保险后保险赔付能够弥补其实际经济损失便是有效，该结论通过 PSM 方法检验后依旧稳健。农业收入保险政策在稳定农户种植收入方面具有一定的异质性，玉米收入保险对规模小的农户效果更为显著。

第四，农业收入保险可影响农户种植决策。研究发现农业收入保险在一定程度上影响农户种植决策，即购买过农业收入保险的农户种植积极性明显高于未参保农户。

通过微观农户调研发现，农业收入保险显著影响农户种植决策，除农业收入保险对农户种植决策有影响外，现有农业补贴满意度、户主年龄、玉米种植面积、近三年玉米销售价格、村庄环境以及种植年限等因素对农户种植决策均有显著影响。考虑到农户购买农业保险和农户种植决策之间存在着内生性问题，本书运用工具变量方法来解决，通过工具变量模型实证农户种植决策与农业收入保险之间是否存在因果关系。回归结果显示：农业收入保险政策对农户种植决策的影响仍然有效，并且具有统计显著性。

第五，农业收入保险有效提升农户满意度。通过扎根理论对农业收入保险满意度进行研究，研究发现：农业收入保险的产品设计、服务质量以及信任程度是影响农户满意度的三个主要维度。

本书基于扎根理论对农业收入保险满意度进行研究，通过对我国三个典型农业收入保险试点36户参保农户进行深度访谈。研究发现：（1）农业收入保险通过"风险感知—感知有用性—购买体验—满意度"路径影响农户满意度；（2）农业收入保险满意度包括"感知获得"和"实物获得"，购买体验来源于两点，其一是农户对参与农业收入保险试点实际理赔弥补收入损失的衡量，其二是农户对农业收入保险与传统农业保险相对优势的感知。（3）农户购买农业收入保险后"满意度"明显提升；（4）农户预期收益与实际收益之间的差距是度量"满意度"的重要依据；（5）农业收入保险产品设计、保险公司服务质量和农户对农业收入保险政策的信任程度是影响农户"满意度"的重要测量维度。

10.2 政策启示

自我国开展农业收入保险试点至今，试点成效得到社会各界尤其是参保农户的普遍认可，在实地调研中能够强烈感受到参保农户对农业收入保险的认可。本书以典型试点为例，基于农户微观数据对农业收入保险实施效应进行评估，研究发现，农业收入保险在保障农户种植收入、激发农户种植积极性方面效果明显。在乡村振兴大背景下，如何全面推开农业收入保险以助力农业保险高质量发展，成为亟须解决的问题，也是我国农业收入保险首轮试点结束后亟须研究的重点问题。根据本书的研究结论，对于完善我国农业收入保险有以下几条政策启示。

第一，拓宽农业收入保险的内涵和外延。我国农业收入保险在理论和实践层面受到重视，但整体来说进展不大，究其原因在于对农业收入保险保障范围的界定不够明确和精准，仅就"农业收入保险"这一基本概念而言，"农业收入"究竟是销售收入还是净收入，是单一农产品收入还是家庭农产品总收入，未形成明确统一的界定，尚缺乏理论共识。实地调研中农户和保险公司对"农业收入"持不同态度，未来在农业保险理论探索方面需有所突破,首先便是明确农业收入保险中的一些核心概念,比如"收入"的内涵和外延。根据收入概念的差异,设计不同的农业收入保险品种,如单一农业收入保险和全农场农业收入保险,逐步扩大农业收入保险的外延,可借鉴日本模式即因自然因素、农户伤病、盗窃、运输事故及汇率变化等多重原因所引起的"农业销售收入"的减少予以理赔,未尽职经营、故意压低销售价格等除外。我国农业收入保险需在拓宽内涵中求发展,在模式创新中求突破,将重大公共卫生风险所导致的农业收入的减少纳入保险责任范围,赋予"农业收入保险"更丰富的内涵,如因各类疫情影响农业种植,导致种植收入的减少予以理赔。

第二,加快补齐农业收入保险制度供给短板。一是加快完善立法。国家层面需制定《农业收入保险暂行条例》,实现农业收入保险监管主体、投保对象、承保范围、补贴比例等规范化和法治化;省级层面根据当地农业农村发展情况,积极探索符合本地区产业发展的具体工作实施方案。二是建立多层次财政支持机制。武进水稻收入保险试点项目在很大程度上依赖区财政,未来农业收入保险在全国范围内大面积推开,中央财政补贴必不可少,应将农业收入保险纳入国家财政补贴范畴,尽快出台针对性强且详细的补贴政策。三是强化再保险制度。农业收入保险运行风险高于传统农业保险,实施该项保险计划虽然可以拓宽保险公司业务范围,但与此同时也加大保险公司的整体运行风险,需不断完善再保险制度,通过农业巨灾保险和再保险以分摊农业收入保险市场高风险。四是优化保险服务。调研中发现保障金额偏低及未能实现精准理赔是农户满意度低的主要原因,未来,保险公司需采用新技术进行勘察监测、引入第三方农业技术人员查勘,提高测产的精确度。政府加强信息化基础设施建设,国家金融监督管理总局牵头保险公司及期货公司设计一套专门针对新型农业经营主体的数据库系统,掌握投保人历史单产、单价等种植信息不断丰富和完善农业收入保险数据库,实现目标收入接近实际收入,实现精准理赔。

第三,强化农业收入保险与其他险种有效衔接。农业收入保险与现行农业保险政策在衔接方面存在不通畅问题。农业收入保险试点运行中出现参保农户两种保险交叉投保问题,重复保险引发财政资金二次补贴问题,降低财政补贴使用效率。一是进一步强化收入保险、完全成本保险与现有农业产量保险之间的有效衔接问题,建立功能齐全,多层次的农业保险产品体系,满足不同农户多样化保险需求。二是积极探索农业收入保险过渡产品。农业保险政策的制定应做到因地制宜,针对各地特别是各农业大省的实际情况,出台相应的治理方案,必要时可发展农业收入保险过渡产品,对暂不具备条件的省份和地区可先探索农业收入保险的过渡产品,将其作为由保成本向保收入过渡的中间类型逐步推进。农业收入保险过渡产品设计核心为"实物计量,货币结算",即对农作物减损量以实物计量,最终以货币形式进行赔付。如约定玉米亩产量为 500 千克,约定价格为 2 元/千克,当年实际产量为 400 千克,则最终赔付 200 元/亩,具体操作中,由保险公司和参保农户商议确定约定产量和约定价格。过渡产品简单易理解,可操作性强。

第四,持续推进农业收入保险模式创新。农业收入保险落地中国本土需兼顾国情农情的同时因地制宜不断尝试创新。一是借助集体经济组织使得农业收入保险服务下沉到广大农村,打造"集体经济+农户+保险公司"模式。日本农业收入保险之所以短期内取得良好试验效果得益于其遍布全国农村的农协组织网。我国农业收入保险可参考日本模式,将近年来在我国得到迅速发展的集体经济组织作为保险公司与农户之间的载体,充分发挥集体经济在广大农村的辐射功能。集体经济组织可在农业收入保险运行中充当多种角色,配合保险公司进行农业收入保险宣传、销售、查勘定损等具体事务,保险公司借助集体经济组织强化农业收入保险理赔环节的精准性。二是不断探寻农业保险与脱贫和乡村振兴之间契合点,尝试模式和机制创新。"产业兴旺"是我国乡村振兴的基础和关键,借鉴日本模式,应不断丰富农业收入保险品种,可探索创新"产业创新保险""精准防贫保险""精准防贫减贫综合保险"等新型农业收入保险产品,鼓励农户在产业发展中不断创新,对产业发展中因品种更新、经营模式创新等行为导致的种植收入的减少予以理赔,实践中不断探索创新农业收入保险新模式，实行"应保尽保、能保则保"。三是积极拓宽"收入保险+"模式，提升农业收入保险综合服务能力。现有试点中将农业收入保险中嵌入银行、订单农业等，未来可尝试打通整个供应链，如供应链金融、产销供应链，逐步形成多方参与、风险共担的全链条式农业保险机制，不断丰富农业收入保险模式。四是完善保险产品设计，提高农业收入保险保障金额。未来农业收入保险全面推开，需要科学厘定保费，即在保障农业保险公司正常运行基础上，通过设定不同保险水平的农业收入保险实现"多档保障、多档保费"以满足不同种植规模、支付意愿的农户的需求。

第五，依循作物品种有序推进农业收入保险。国家出台农业政策的初衷在于健全粮食收益保障机制，以政策保障农户种植成本，基于有效经营增加农民收入。2022年全面推进乡村振兴重点工作发布会指出：积极恢复东北地区的大豆面积，积极推广大豆玉米带状复合种植，积极发展油料生产。未来农业收入保险全面推进需依循作物品种有序推进，水稻、小麦、玉米三大主粮，在品种选择上可考虑将玉米作为全面推进农业收入保险的重点品种大面积予以试验，而水稻和小麦则重点实施完全成本保险。玉米在模式选择上以期货市场定价模式为主，重点参考期货市场合约价格，而水稻可尝试小范围实施农业收入保险，在模式选择上重点参考武进水稻收入保险试点，以区域监测定价模式为主，但需避免目标价格和实际价格标准不统一问题，统一价格基准，提高可信度。小麦因缺乏有效的价格锁定机制，且各地小麦产量基本处于自足状态，可适当延缓小麦收入保险的试验。

第六，注重农业收入保险人才队伍建设。农业收入保险在我国属于新生事物，构建宣传和人才"双驱动"机制至关重要。调研中发现，部分农户根本不了解自己购买的是何种保险，甚至保险公司的业务员对该模式也存在认识偏差。作为政策性农业保险体系的一部分，政府理应承担起农业收入保险知识传播、组织培训及把准专业化人才培育之脉等职能。未来全面推进农业收入保险需从以下方面着手：一是基层政府承担起农业收入保险宣传任务。基层政府应充分利用银行、保险等机构在农村基层高覆盖和口碑积淀，强化保险宣传从而提高农户保险意识。各相关部门开展专业知识讲座对保险公司业务员、基层和农村一线干部、扶贫干部进行专业培训，增强其对金融市场和金融工具的认识。二是培育农业保险专业人才。高质量农业保险背景下，保险市场需要更多专业化人才，以武进水稻收入保险为例，保险公司、区政府和高校采用"产学研"相结合方式培育农业收入保险专业人才，各地政府和保险公司可充分借鉴武进做法。

10.3 研究不足及未来展望

本书以农业收入保险试点作为准试验，基于微观农户调研数据，综合运用多种理论构建农业收入保险政策效应产生机理分析框架和政策效应框架，并借助PSM、DID、扎根理论等研究方法，全面评估农业收入保险对农户种植收入、农户种植决策以及满意度的影响，丰富了现有研究，具有一定的理论和现实意义，但仍存在有待拓展和深入的方面。

（1）研究视角不够丰富。农户是农业收入保险的主要参与者和利益群体，农户的利益是否得到保障以及农户对该项保险计划是否满意是判断该项政策是否有效的重要标准，基于此，本书从微观农户视角出发对我国农业收入保险政策进行研究，但仅从微观角度研究农业收入保险政策效果显然具有局限性，未来随着农业收入保险试点范围持续扩大，可尝试从国家层面以及保险公司层面对农业收入保险实施效果进行检验。

（2）研究数据不够丰富。本书采用"准试验"的方法对微观调研的短面板数据进行实证分析，主要采用PSM、DID、扎根理论等方法对农业收入保险政策进行效果评估，该方法可有效解决和克服遗漏变量及不随时间变化的因素带来的自选择偏误、内生性等问题使得研究结果更加可信。未来随着农业收入保险政策的不断完善，试点范围的不断扩大，可尝试采用多期面板数据来评估农业收入保险政策效应，增强研究的严谨度和说服力。

（3）研究区域不够全面。我国农业收入保险主要在国家综合改革试验区（辽宁海城、江苏武进及湖南阮凌等地）以及国家首批农业收入保险试点（辽宁义县和铁岭市、内蒙古托克托县和扎鲁特旗，均是玉米收入保险）进行小规模试验。因数据可得性限制及新冠疫情的影响，本书重点选取国家综合改革试验区试点及辽宁义县试点进行政策效果评估，并没有对其他3个试点进行对比研究。未来在评估农业收入保险试点政策效果时，可将研究范围扩大到剩余3个试点，尝试进行区域异质性的研究。除此之外，未来关于农业收入保险政策实施效果的研究还可基于不同农作物品种角度展开，如玉米收入保险、大豆收入保险和茶叶收入保险等，验证不同品种间及不同农业收入保险运行模式的实施效果差异性。

（4）指标选取不够全面。本书主要通过农户种植收入、农户种植决策、满意度以及购买意愿来衡量农业收入保险政策实施效果，研究结论具有一定的参考价值和意义。我国首轮农业收入保险试点开始于2018年，但因当年已完成农业保险的投保，所以农业收入保险试点正式开始于2019年，首轮试点为期3年。由于农业收入保险试点时间短，某些政策实施效果尚未有效显现，现实约束决定本书更多的是一种短期的实施效果评价。未来，随着试点时间的不断延续，试点效应会有所扩大，可从多角度验证农业收入保险实施效果。

参 考 文 献

[1] [英] 安格斯·迪顿, [英] 约翰·米尔鲍尔. 经济学与消费者行为 [M]. 北京: 中国人民大学出版社, 2015.

[2] 安毅, 方蕊. 我国农业价格保险与农产品期货的结合模式和政策建议 [J]. 经济纵横, 2016 (7): 64-69.

[3] 程杰. 经济作物收入保险对农户收入的影响研究 [J]. 辽宁行政学院学报, 2015 (6): 41-44.

[4] 程国强. 我国粮价政策改革的逻辑与思路 [J]. 农业经济问题, 2016, 37 (2): 4-9.

[5] 陈妍, 凌远云, 陈泽育, 等. 农业保险购买意愿影响因素的实证研究 [J]. 农业技术经济, 2007 (2): 26-30.

[6] 陈向明. 扎根理论的思路和方法 [J]. 教育研究与实验, 1999 (4): 58-63.

[7] 陈传波, 丁士军. 中国小农户的风险及风险管理研究 [M]. 北京: 中国财经经济出版社, 2005.

[8] 陈强. 高级计量经济学及 Stata 应用 [M]. 北京: 高等教育出版社, 2014.

[9] 蔡胜勋, 秦敏花. 我国农业保险与农产品期货市场的连接机制研究——以"保险+期货"为例 [J]. 农业现代化研究, 2017, 38 (3): 510-518.

[10] 晁娜娜. 新疆棉花收入保险定价研究——兼议棉花保险制度构建 [D]. 北京: 中国农业大学, 2018.

[11] 柴智慧. 农业保险的农户收入效应、信息不对称风险——基于内蒙古的实证研究 [D]. 呼和浩特: 内蒙古农业大学, 2014.

[12] 党国英. 农业供给侧改革核心目标是提高农业竞争力 [J]. 青海农技推广, 2016 (2): 14.

[13] 丁少群, 冯文丽. 农业保险学 [M]. 北京: 中国金融出版社, 2015.

[14] 杜鹏. 农户农业保险需求的影响因素研究——基于湖北省五县市342户农户的调查 [J]. 农业经济问题, 2011 (11): 78-83, 112.

[15] 杜志雄, 王宾. 农业风险形态与诱因分析: 一个文献综述 [J]. 江淮论坛, 2020 (2): 64-72.

[16] 董婉璐, 杨军, 程申, 等. 美国农业保险和农产品期货对农民收入的保障作用——以2012年美国玉米遭受旱灾为例 [J]. 中国农村经济, 2014 (9): 82-86, 96.

[17] 冯文丽. 中国农业保险制度变迁研究 [D]. 厦门: 厦门大学, 2004.

[18] 冯文丽, 苏晓鹏. 论乡村振兴战略中的农业保险发展 [J]. 农村金融研究, 2019 (4): 14-18.

[19] 冯海发. 对建立我国粮食目标价格制度的思考 [J]. 农业经济问题, 2014, 35 (8): 4-6.

[20] 方蕊, 安毅, 刘文超. "保险+期货"试点可以提高农户种粮积极性吗?——基于农户参与意愿中介效应与政府补贴满意度调节效应的分析 [J]. 中国农村经济, 2019 (6): 113-126.

[21] 方蕊, 安毅, 胡可为. "保险+期货"试点保险与传统农业保险——替代还是互补 [J]. 农业技术经济, 2021 (11): 16-30.

[22] 方蕊, 安毅, 刘文超. "保险+期货"试点的收入保障效果研究——以黑龙江省为例的实证分析 [J]. 中国证券期货, 2020 (5): 13-22.

[23] 方言, 张亦弛. 美国棉花保险政策最新进展及其对中国农业保险制度的借鉴 [J]. 中国农村经济, 2017 (5): 88-96.

[24] 费友海. 我国农业保险发展困境的深层根源——基于福利经济

学角度的分析[J]. 金融研究, 2005 (3): 133-144.

[25] 付小鹏, 梁平. 政策性农业保险试点改变了农民多样化种植行为吗[J]. 农业技术经济, 2017 (9): 66-79.

[26] 高鸿业. 微观经济学[M]. 北京: 中国人民大学出版社, 2015.

[27] 郭昕竺. 我国蔬菜价格保险政策效应研究——以成都市为例[D]. 北京: 中国农业科学院, 2021.

[28] 葛永波, 曹婷婷. 农产品价格风险管理新模式探析——基于棉花"保险+期货"的案例分析[J]. 价格理论与实践, 2017 (10): 119-121.

[29] 郭建宇. 农业产业化的农户增收效应分析——以山西省为例[J]. 中国农村经济, 2008 (11): 8-17.

[30] 郭沛, 王晓丽. 新型农业经营主体愿意购买气象指数保险与收入保险吗?——基于9省1016个样本的考察[J]. 东岳论丛, 2021 (11): 101-111.

[31] 胡鼎鼎, 李青. 感知价值理论视角下种植户参与"保险+期货"决策行为分析——以国家现代农业产业园红枣试点区为例[J]. 资源开放与市场, 2022 (9): 1092-1098.

[32] 胡凌啸, 周应恒. 提升小农竞争力: 日本农业新政策的指向及启示[J]. 中国农村经济, 2018 (2): 126-138.

[33] 黄季焜, 王丹, 胡继亮. 对实施农产品目标价格政策的思考——基于新疆棉花目标价格改革试点的分析[J]. 中国农村经济, 2015 (5): 10-18.

[34] 黄延信, 李伟毅. 加快制度创新推进农业保险可持续发展[J]. 中国农村经济, 2013 (2): 4-9.

[35] 黄颖, 吕德宏, 张珩. 政策性农业保险对农户贫困脆弱性的影响研究——以地方特色农产品保险为例[J]. 保险研究, 2021 (5): 16-32.

[36] 黄宗智. 华北的小农经济与社会变迁[M]. 北京: 中华书局, 1986.

[37] 何小伟, 方廷娟. 美国农业收入保险的经验及对中国的借鉴

[J]. 农业展望, 2015 (1): 26-30, 36.

[38] 姜长云, 曾伟. 农产品价格若干问题辨析 [J]. 价格理论与实践, 2017 (3): 10-13.

[39] 孔祥智. 农业经济学 [M]. 北京: 中国人民大学出版社, 2014.

[40] 孔祥智. 农业供给侧结构性改革的基本内涵与政策建议 [J]. 改革, 2016 (2): 104-115.

[41] 卢现祥, 朱巧. 新制度经济学 [M]. 北京: 北京大学出版社, 2012.

[42] 粟芳, 许谨良. 保险学 [M]. 北京: 清华大学出版社, 2006.

[43] 柳思维. 现代消费经济学通论 [M]. 北京: 中国人民大学出版社, 2016.

[44] 刘布春, 梅旭荣. 农业保险的理论与实践 [M]. 北京: 科学出版社, 2010.

[45] 李彦. 我国农业巨灾风险基金制度构建研究 [D]. 泰安: 山东农业大学, 2018.

[46] 李英. 政策性种植业保险对农户种植行为的影响——基于内蒙古自治区农户问卷调查 [D]. 呼和浩特: 内蒙古农业大学, 2020.

[47] 李亚茹. 农产品"保险+期货"的方案设计与定价——基于农产品价格调控机制 [D]. 成都: 西南财经大学, 2018.

[48] 刘亚洲, 钟甫宁. 风险管理 VS 收入支持: 我国政策性农业保险的政策目标选择研究 [J]. 农业经济问题, 2019 (4): 130-139.

[49] 刘素春, 刘亚文. 农产品收入保险及其定价研究——以山东省苹果为例 [J]. 中国软科学, 2018 (9): 185-192.

[50] 刘畅, 张馨予, 张巍. 家庭农场测土配方施肥技术采纳行为及收入效应研究 [J]. 农业现代化研究, 2021 (1): 123-131.

[51] 李铭, 张艳. "保险+期货"服务农业风险管理的若干问题 [J]. 农业经济问题, 2019 (2): 92-100.

[52] 龙文军, 张杰, 李瑞奕. 农业保险从"保成本"到"保收入"——

基于吉林敦化市大豆收入保险的调查 [J]. 农村工作通讯, 2019 (14): 38-40.

[53] 龙文军, 胡海涛. 农业保险与制度创新 [J]. 中国农垦经济, 2003 (2): 42-43.

[54] 龙文军, 李至臻. 农产品"保险+期货"试点的成效、问题和建议 [J]. 农村金融研究, 2019 (4): 19-24.

[55] 林乐芬, 李远孝. 风险因素、经营特征对规模农户水稻收入保险响应意愿的影响——基于江苏省 33 个县的经验证据 [J]. 保险研究, 2020 (5): 50-65.

[56] 林本喜, 邓衡山. 农业劳动力老龄化对土地利用效率影响的实证分析——基于浙江省农村固定观察点数据 [J]. 中国农村经济, 2012 (4): 15-25, 46.

[57] 林智勇. "政府+保险": 金融扶贫的创新探索——农业收入保险在扶贫中的运用 [J]. 中国保险, 2017 (1): 7-14.

[58] 穆月英, 赵沛如. 日本农业共济制度及农业收入保险的实施 [J]. 世界农业, 2019 (3): 4-11.

[59] 诺思. 制度、制度变迁与经济绩效 [M]. 上海: 上海人民出版社, 2014.

[60] 诺伊曼, 摩根斯特恩. 博弈论与经济行为 [M]. 北京: 三联出版社, 2004.

[61] 牛浩. 农业指数类保险产品研究与适宜性选择分析——以山东省玉米为例 [D]. 泰安: 山东农业大学, 2017.

[62] 彭建林, 徐学荣. 基于 Heckman 模型的农业收入保险支付意愿及其水平影响因素研究——以湖南永州 339 户水稻种植户为例 [J]. 数学的实践与认识, 2021 (11): 306-315.

[63] 覃梦妮, 贾磊. 收入保险在产业扶贫利益联结机制中的优化作用及导入策略 [J]. 上海农业学报, 2020 (4): 138-143.

[64] [苏联] 恰亚诺夫. 农民经济的组织 [M]. 萧正洪, 译. 北京:

中央编译出版社, 1996.

[65] 孙蓉, 兰虹. 保险学原理 [M]. 4版. 成都: 西南财经大学出版社, 2019.

[66] 孙祁祥. 保险学 [M]. 6版. 北京: 北京大学出版社, 2017.

[67] 孙晓娥. 扎根理论在深度访谈研究中的实例探析 [J]. 西安交通大学学报（社会科学版）, 2011 (6): 87-92.

[68] 孙香玉, 钟甫宁. 对农业保险补贴的福利经济学分析 [J]. 农业经济问题, 2008 (2): 4-11, 110.

[69] 尚燕, 熊涛, 李崇光. 风险感知、风险态度与农户风险管理工具采纳意愿——以农业保险和"保险+期货"为例 [J]. 中国农村观察, 2020 (5): 52-72.

[70] 石践. 保险扶贫攻坚创新 [J]. 中国金融, 2018 (17): 84-85.

[71] 石践. 收入保险与现代农业转型 [J]. 中国金融, 2016 (8): 67-68.

[72] [美] 西奥多·W. 舒尔茨. 改造传统农业 [M]. 梁小民, 译. 北京: 清华大学出版社, 1964.

[73] 帅婉璐, 何蒲明. 基于农产品收入保险的农产品价格形成机制问题研究 [J]. 价格月刊, 2017 (11): 25-28.

[74] 庹国柱, 李军. 农业保险 [M]. 北京: 中国人民大学出版社, 2005.

[75] 庹国柱, 王国军. 中国农业保险与农村社会保障制度研究 [M]. 北京: 首都经济贸易大学出版社, 2002.

[76] 庹国柱, 李军, 王国军. 外国农业保险立法的比较与借鉴 [J]. 中国农村经济, 2001 (1): 74-80.

[77] 庹国柱, 朱俊生. 论收入保险对完善农产品价格形成机制改革的重要性 [J]. 保险研究, 2016 (6): 3-11.

[78] 庹国柱. "政策性农业保险"是一个科学的概念 [J]. 中国保险报, 2011 (4): 1-5.

[79] 唐金成，曹斯蔚．精准扶贫视角的"保险+期货"模式风险管理研究［J］．金融与经济，2017（7）：75-81．

[80] 袁祥州．中国粮农风险管理与收入保险制度研究［D］．武汉：华中农业大学，2016．

[81] 王俊．农业保险［M］．北京：首都经贸大学出版社，2012．

[82] 王步天．新型农业经营主体水稻收入保险需求研究——基于江苏省水稻种植户的微观调查［D］．南京：南京农业大学，2018．

[83] 王克，张峭，肖宇谷，等．农产品价格指数保险的可行性［J］．保险研究，2014（1）：40-45．

[84] 王鑫，夏英．我国农业收入保险运行效果析论——基于"武进模式"与"桦川模式"的典型案例［J］．中州学刊，2021（9）：48-55．

[85] 王鑫，夏英．美国和日本农业收入保险运行机制比较及借鉴［J］．西南金融，2021（8）：27-37．

[86] 王鑫，夏英．日本农业收入保险：政策背景、制度设计与镜鉴［J］．现代经济探讨，2021（3）：118-125．

[87] 王学君，周沁楠．日本农业收入保险的实施：因由、安排与启示［J］．农业经济问题，2019（10）：132-144．

[88] 王力，吴志旻，王斌，等．我国棉花"保险+期货"农户参与意愿研究——基于TAM-IDT模型对新疆棉花的实证分析［J］．价格理论与实践，2022（11）：89-92．

[89] 王保玲，孙健，江崇光．我国引入农业收入保险的经济效应研究［J］．保险研究，2017（3）：71-89．

[90] 汪必旺．我国发展农产品收入保险的效果模拟研究［D］．北京：中国农业科学院，2018．

[91] 肖宇谷．农业保险中的精算模型研究［M］．北京：清华大学出版社，2018．

[92] 夏益国．美国联邦农作物保险：制度演进与运行机制［J］．农业经济问题，2013（6）：104-109．

[93] 夏益国,谢凤杰,周丽.美国农业安全网政策保险化:表现、动因与启示[J].保险研究,2019(11):42-55.

[94] 谢凤杰,王尔大,朱阳.基于Copula方法的作物收入保险定价研究——以安徽省阜阳市为例[J].农业技术经济,2011(4):41-49.

[95] 谢家智.中国农业保险发展研究[M].北京:科学出版社,2009.

[96] 谢灵斌."保险+期货":农产品价格风险管理路径选择[J].价格理论与实践,2018(10):109-112.

[97] 肖宇谷,王克.中国开展农作物收入保险的意义和可行性初探[J].农业展望,2013(10):29-32.

[98] 徐斌,孙蓉.粮食安全背景下农业保险对农户生产行为的影响效应——基于粮食主产区微观数据的实证研究[J].财经科学,2016(6):97-111.

[99] 徐媛媛,李剑,王林洁."保险+期货"服务地方优势特色农产品价格风险管理——运行机制、突出问题与政策融合空间[J].农业经济问题,2022(1):114-127.

[100] 徐亮,朱晶,王学君.中国主粮政策性农业保险:规则约束与政策优化[J].农业经济问题,2022(1):118-130.

[101] 袁胤栋."保险+期货"模式对农户主体收入稳定效应研究[J].合作经济与科技,2019(17):91-93.

[102] 尹成杰.关于推进农业保险创新发展的理性思考[J].农业经济问题,2015(6):4-8.

[103] 叶兴庆.农业支持政策从增产向竞争力转型[J].农村工作通讯,2017(10):14.

[104] 叶明华,丁越.农作物保险的他国镜鉴与启示[J].改革,2015(12):94-103.

[105] 游悠洋.关于推广扩大我国农业收入保险的可行性研究[J].云南农业大学学报(社会科学),2015(2):20-24.

[106] 中国赴美农业保险考察团. 美国农业保险考察报告 [J]. 中国农村经济, 2002 (1): 68-77.

[107] 中国农业保险保障水平研究课题组. 中国农业保险保障水平研究报告 [M]. 北京: 中国金融出版社, 2017.

[108] 瞿海源, 毕恒达. 社会及行为科学研究法（二）·质性研究法 [M]. 北京: 社会科学文献出版社, 2013.

[109] 张峭, 王克. 中国农业风险综合管理 [M]. 北京: 中国农业科学技术出版社, 2015.

[110] 张峭, 李越, 王克. 农业风险评估与管理概论 [M]. 天津: 南开大学出版社, 2019.

[111] 张维迎. 博弈论与信息经济学 [M]. 上海: 格致出版社, 2014.

[112] 朱淑珍. 金融创新与金融风险 [M]. 上海: 复旦大学出版社, 2002.

[113] 张旭光. 奶牛保险的减损效果及对养殖户行为的影响——基于内蒙古奶牛养殖户的实证分析 [D]. 呼和浩特: 内蒙古农业大学, 2016.

[114] 邹东山. 深度贫困地区保险扶贫实践 [J]. 中国金融, 2018 (17): 80-81.

[115] 周稳海, 赵桂玲, 尹成远. 农业保险对农业生产影响效应的实证研究——基于河北省面板数据和动态差分GMM模型 [J]. 保险研究, 2015 (5): 60-68.

[116] 周县华, 范庆泉, 周明, 等. 中国和美国种植业保险产品的比较研究 [J]. 保险研究, 2012 (7): 50-58.

[117] 周衍平, 陈会英. 中国农户采用新技术内在需求机制的形成与培育——农业踏板原理及其应用 [J]. 农业经济问题, 1998 (8): 9-12.

[118] 周爱玲. 农业保险何以助力乡村振兴 [J]. 人民论坛, 2018 (33): 82-83.

[119] 周帮扬, 李攀. 基于农业经营主体分化的指数型农业保险产品创新研究 [J]. 金融与经济, 2018 (5): 74-79.

[120] 张琴,陈柳钦. 风险管理理论沿袭和最新研究趋势综述 [J]. 河南金融管理干部学院学报,2008 (5): 22-27.

[121] 张海军. 我国农业保险高质量发展的内涵与推进路径 [J]. 保险研究,2019 (12): 3-9.

[122] 张海军,施培,谭博,等. 农业收入保险创新精准扶贫的思路与实践 [J]. 中国金融,2020 (7): 19-23.

[123] 郑军,杨玉洁. 农业保险市场创新与农户收入保障 [J]. 华南农业大学学报(社会科学版),2019 (6): 45-54.

[124] 郑军,盛康丽. 农业保险服务乡村振兴战略的制度创新研究综述 [J]. 电子科技大学学报(社科版),2019 (4): 85-92.

[125] 朱晶,徐亮,王学君. WTO框架下中国农业收入保险补贴的国际规则适应性研究 [J]. 中国农村经济,2020 (9): 2-20.

[126] 朱俊生,庹国柱. 农业保险与农产品价格改革 [J]. 中国金融,2016 (20): 73-75.

[127] 宗国富,周文杰. 农业保险对农户生产行为影响研究 [J]. 保险研究,2014 (4): 23-30.

[128] AHMED O, SERRA T. Economic analysis of the introduction of agricultural revenue insurance contracts in Spain using statistical copulas [J]. Agricultural Economics, 2015, 1 (46): 69-79.

[129] ALI W, ABDULAI A, MISHRA A K. Recent advances in the analyses of demand for agricultural insurance in developing and emerging countries [J]. Annual Review of Resource Economics, 2020, 12: 411-430.

[130] ALTMAN M. Implications of behavioural economics for financial literacy and public policy [J]. Journal of Socio Economics, 2012, 41 (5): 677-690.

[131] BABCOCK B A, HENNESSY D A. Input demand under yield and revenue insurance [J]. American Journal of Agricultural Economics, 1996, 78 (2): 400-415.

[132] BABCOCK B A. Using cumulative prospect theory to explain anomalous crop insurance coverage choice [J]. American Journal of Agricultural Economics, 2015, 97 (5): 1371-1384.

[133] BELISSA T K, LENSINK R, ASSELDONK M V. Risk and ambiguity behavior in index-based insurance uptake decisions: Experimental evidence from Ethiopia [J]. Journal of Economic Behavior and Organization, 2020, 180: 718-730.

[134] BIELZA M, GARRIDO A, SUMPSI J M. Revenue insurance as an income stabilization policy: An application to the Spanish olive oil sector [J]. Paper prepared for presentation at the Xth EAAE Congress "Exploring Diversity in the European Agri-Food System", Zaragoza (Spain), 2002, 28-31.

[135] BOURDIEU P. The Forms of Capital [M]. Handbook of Theory & Research for the Sociology of Education, 1986.

[136] BOYER C N, JENSEN K L, LAMBERT D, et al. Tennessee and Mississippi upland cotton producer willingness to participate in hypothetical crop insurance programs [J]. Journal of Cotton Science, 2017, 21 (2): 134-142.

[137] BUSCHENA D E, ZIEGLER L. Reliability of options markets for crop revenue insurance rating [J]. Journal of Agricultural and Resource Economics, 1999, 2 (24): 398-423.

[138] CALKINS P, ROMAIN R, MAIGA A, et al. Comparaisons de divers types de programmes de stabilisation des revenus agricoles du Québec [J]. American Journal of Agricultural Economics, 1997, 1 (45): 51-68.

[139] CHALISE L, COBLE K H, BARNETT B J, et al. Developing area-triggered whole-farm revenue insurance [J]. Journal of Agricultural and Resource Economics, 2017, 1 (42): 27-44.

[140] CHALLINOE A J, WATSON J, LOBELL B D. A meta-analysis of crop yield under climate change and adaptation [J]. Nature Climate Change,

2014, 4 (4): 287 -291.

[141] CHAMBERS R G, QUIGGIN J. The state - contingent properties of stochastic production functions [J]. American Journal of Agricultural Economics, 2002, 84 (2): 513 -526.

[142] CHENG L, SARRIS A, ROSENZWEIG M R. Where and how index insurance can boost the adoption of imporved agricultural technologies [J]. Journal of Development Economics, 2016, 118: 59 -71.

[143] CHUNG W, CHOI K H. A study on the introduction of agricultural revenue insurance for farm management stabilization [Z]. 2013.

[144] CLAASSEN R, LANGPAP C, WU J. Impacts of federal crop insurance on land use and environmental quality [J]. American Journal of Agricultural Economics, 2017, 99 (3): 592 -613.

[145] COBLE K H, HEIFNER R G, ZUNIGA M. Implications of crop yield and revenue insurance for producer hedging [J]. Journal of Agricultural & Resource Economics, 2000, 25 (2): 432 -452.

[146] COBLE K H, GOODWIN B K, ROBERTS M C. Measurement of price risk in revenue insurance: Implications of distributional assumptions [J]. Journal of Agricultural and Resource Economics, 2000, 25 (1): 195 -214.

[147] COLE J B, GIBSON R. Analysis and feasibility of crop revenue insurance in China [J]. Agriculture and Agricultural Science Procedia, 2010, 01: 136 -145.

[148] COLE S, GINE X, TOBACMAN J, TOWNSEND R, et al. Barriers to household risk management: Evidence from India [J]. American Economic Journal: Applied Economics, 2013, 5 (1): 104 -135.

[149] COLE S, GINE X, VICKERY J. How does risk management influence production decisions? [J]. Evidence from a Field Experiment, 2017, 30 (6): 1935 -1970.

[150] COLE S, XIONG W. Agricultural insurance and economic develop-

ment [J]. Annual Review of Economics, 2017 (9): 235-262.

[151] CORNAGGIA J. Does risk management matter? Evidence from the U.S. agricultural industry [J]. Journal of Financial Economics, 2013, 109 (2): 419-440.

[152] DARNHOFER I, LAMINE C, STRAUSS A, et al. The resilience of family farms: Towards a relational approach [J]. Rural Studies, 2016 (44): 111-122.

[153] DIAZ-CANEJA M B, CONTE C G, DITTMANN C, et al. Risk management and agricultural insurance schemes in Europe [R]. Italy: Joint Research Center Institute for the Protection and Security of Citizens JRC Ispra, 2009.

[154] DISMUKES R, DURST R. Whole-farm approaches to a safety net [Z]. 2006.

[155] DIZA-CANEJA M B, COLMENERO A G. Evaluating the potential of whole-farm insurance over crop-specific insurance policies [J]. Spanish Journal of Agricultural Research, 2009, 7 (1): 3-11.

[156] EI BENNI N, FINGER R, MANN S. The effect of agricultural policy reforms on income inequality in Swiss agriculture—An analysis for valley, hill and mountain regions [J]. Journal of Policy Modeling, 2013, 35 (4): 638-651.

[157] ENJOLRAS G, CAPITANIO F, AUBERT M, et al. Direct payments, crop insurance and the volatility of farm income. Some evidence in France and in Italy [Z]. Paper prepared for the 123rd EAAE Seminar, 2012.

[158] FONTA W M, SANFO S. Farmers awareness, perception of climate hazards and their willingness to participate in crop insurance schemes in Southwestern Burkina Faso [J]. Procedia Environmental Sciences, 2015 (29): 7-8.

[159] FRASCRELLI A, DEL SARTO S, MASTANDREA G. A new tool for covering risk in agriculture: The revenue insurance policy [J]. Risks, 2021 (9): 2-16.

[160] GHAHREMANZADEH M, MOHAMMADREZAEI R, DASHTI G, et al. Designing a whole-farm revenue insurance for agricultural crops in Zanjan province of Iran [J]. Economía Agrariay Recursos Naturales, 2018, 2 (17): 29-53.

[161] GHOSH R K, GUPTA S, SINGH V, et al. Demand for crop insurance in developing countries: New evidence from India [J]. Journal of Agricultural Economics, 2021 (72): 293-320.

[162] GHOSH S, WOODARD J, VEDENOV D. Efficient estimation of copula mixture model: An application to the rating of crop revenue insurance [J]. Agricultural and Applied Economics Association, 2011.

[163] GINDER M G, SPAULDING A D, WINTER J R, et al. Crop insurance purchase decisions: A study of northern Illinois farmers [J]. Journal of the ASFMRA, 2010, 73 (3): 3-22.

[164] GINE X, ROBERT T, VICKERY J. Patterns of rainfall insurance participation in rural India [J]. World Bank Economic Review, 2008 (22): 539-566.

[165] GLAMPIETRI E, YU X, TRESTINI S, et al. The role of trust and perceived barriers on farmer's intention to adopt risk management tools [J]. Bio-based and Applied Economics, 2020, 9 (1): 1-24.

[166] GLAUBER J W. The growth of the federal crop insurance program, 1990-2011 [J]. American Journal of Agricultural Economics, 2013, 95 (2): 482-488.

[167] GOODWIN B K. Agricultural policy analysis: The good, the bad, and the ugly [J]. American Journal of Agricultural Economics, 2014 (12): 353-373.

[168] GOODWIN B K. Challenges in the design of crop revenue insurance [J]. Agricultural Finance Review, 2015, 75 (1): 19-30.

[169] GOODWIN B K, HARRI A, REJESUS R M, et al. Meansuring

price risk in rating revenue coverage BS or no BS? [J]. The American Journal of Agricultural Economics, 2018, 100 (2): 456-478.

[170] GOODWIN B K, KER A P. Nonparametric estimation of crop yield distributions: Implications for rating group-risk crop insurance contracts [J]. American Journal of Agricultural Economics, 1998, 80 (1): 139-153.

[171] GOODWIN B K, KER A P. Revenue insurance: A new dimension in risk management [J]. Choices, 1998, 13 (4): 1-4.

[172] GOODWIN B K, SMITH V H. An ex post evaluation of the conservation reserve, federal crop insurance, and other government programs: Program participation and soil erosion [J]. Journal of Agricultural and Resource Economics, 2003, 28 (2): 201-216.

[173] GOODWIN B K, SMITH V H. What harm is done by subsidizing crop insurance? [J]. American Journal of Agricultural Economics, 2013, 95 (2): 489-497.

[174] GOODWIN B K, VANDEVEER M L, DEAL J L. An empirical analysis of acreage effects of participation in the federal crop insurance program [J]. American Journal of Agricultural Economics, 2004, 86 (4): 1058-1077.

[175] GRAY A W, BOEHLJE M D, GLOY B A et al. How U.S. farm programs and crop revenue insurance affect returns to farm land [J]. Review of Agricultural Economics, 2004, 26 (2): 238-253.

[176] HANSEN J, HELLIN J. Climate risk management and rural poverty reduction [J]. Agricultural Systems, 2019 (172): 28-46.

[177] HARDAKER J B, HUIRNE R B M, ANDERSON J, et al. Coping with risk in agriculture [M]. ABI, Wallingford, 2004.

[178] HART C E, HAYES D J, BABCOCK B A. Insuring eggs in baskets: should the government insure individual risks? [J]. Canadian Journal of Agricultural Economics, 2006, 54 (1): 121-137.

[179] HARWOOD J L, HEIFNER R, COBLE K H, et al. Managing risk

in farming: Concepts, research, and analysis [J]. Agricultural Economic Report, 1999.

[180] HAZELL P, VARANGIS P. Best practices for subsidizing agricultural insurance [J]. Global Food Security, 2020 (25): 100326.

[181] HENDRICKS N P, SUMNER D A. The effects of policy expectations on crop supply, with an application to base updating [J]. American Journal of Agricultural Economics, 2014, 96 (3): 903 - 23.

[182] HENNESSY D A, BABCOCK B A, HAYES D J. The budgetary and producer welfare effects of revenue insurance [J]. American Journal of Agricultural Economics, 1997, 79 (8): 1024 - 1034.

[183] HILL R V, HODDINOTT J, KUMAR N. Adoption of weather - index insurance: Learning from willingness to pay among a panel of households in rural Ethiopia [J]. Agricultural Economics, 2013 (44): 381 - 384.

[184] HOROWITZ J K, LICHTENBERG E. Insurance, moral hazard and agricultural chemical use in Agriculture [J]. American Journal of Agricultural Economics, 1993, 75 (4): 926 - 935.

[185] HUIRNE R B M. Strategy and risk in farming [J]. NJAS: Wageningen Journal of Life Sciences, 2003, 50 (2): 249 - 259.

[186] IllUKPITIYA P, GOPALAKRISHNAN C. Decision - making in soil conservation: Application of a behavioral model to potato farmers in Sri Lanka [J]. Land Use Policy, 2004, 21 (4): 321 - 331.

[187] INNES R. Crop Insurance in a Political Economy: An alternative perspective on agricultural policy [J]. American Journal of Agricultural Economics, 2003, 2 (85): 318 - 335.

[188] JAMANAL S K, NATIKAR K V, HALAKATTI S V. Satisfaction level of insured farmers about crop insurance schemes in Northern Karnataka [J]. Current Journal of Applied Science and Technology, 2019, 38 (4): 1 - 8.

[189] JANOWICZ - LOMOTTA M, LYSKAWA K, ROZUMEK P. Farm

income insurance as an alternative for traditional crop insurance [J]. Procedia Economics and Finance, 2015 (33): 439-449.

[190] JENSEN N D, MUDE A G, BARRETT C B. How basis risk and spatiotemporal adverse selection influence demand for index insurance: Evidence from northern Kenya [J]. Food Policy, 2018, 74 (C): 172-198.

[191] JEREMY G, WEBER K N, et al. does federal crop insurance make environmental externalities from agriculture worse? [J]. Journal of the Association of Environmental and Resource Economists, 2016, 3 (3): 707-742.

[192] KANSAL M L, SUWARNO I N. Integrated agricultural risk management in way Jepara irrigation area of Indonesia [J]. Irrigation and Drainage, 2010 (59): 506-523.

[193] KARLAN D, OSEI R D, OSEI-AKOTO I, et al. Agricultural decisions after relaxing credit and risk constraints [J]. The Quarterly Journal of Economics, 2012, 129: 597-652.

[194] KIM K, CHAVAS J P, BARHAM B, et al. Specialization, diversification, and productivity: A panel data analysis of rice farms in Korea [J]. Agricultural Economics, 2012, 43 (6): 687-700.

[195] KNAPP L, WUEPPER D, FINGER R. Preferences, personality, aspirations, and farmer behavior [J]. Agricultural Economics (United Kingdom), 2021, 52 (6): 901-913.

[196] KOKOT E, MARKOVI T, LVANOVI S, et al. Whole-farm revenue protection as a factor of economic stability in crop production [J]. Sustainability, 2020, 12 (16): 6349.

[197] LUSK J L. Distributional effects of crop insurance subsidies [J]. Applied Economic Perspectives and Policy, 2017, 39 (1): 1-15.

[198] MAHUL O, BRIAN D. Designing optimal crop revenue insurance [J]. American Journal of Agricultural Economics, 2003, 3 (85): 580-589.

[199] MAHUL O. Hedging price risk in the presence of crop yield and

revenue insurance [C]. International Congress, August 28 - 31, Zaragoza, Spain 24881, European Association of Agricultural Economists, 2002.

[200] MAHUL O, STUTLEY C J. Government support to agricultural insurance: Challenges and option for developing countries [R]. Washington D. C.: The World Bank, 2010.

[201] MAKKI S S, SOMWARU A. Evidence of adverse selection in crop insurance markets [J]. The Journal of Risk and Insurance, 2001 (4): 685 - 708.

[202] MATEOS - RONCO A, SERVER IZQUIERDO R J. Risk management tools for sustainable agriculture: A model for calculating the average price for the season in revenue insurance for citrus fruit [J]. Agronomy, 2020, 10 (2): 198.

[203] MEUWISSEN M P M, HUIRNE R B M, HARDAKER J B. The feasibility of farm revenue insurance in Austalia [C]. Conference (43th), January 20 - 22, Christchurch, New Zealand, 1999.

[204] MEUWISSEN M P M, HUIRNE R. Income insurance in European Agriculture [Z]. Results of a nine - month study funded by the European Commission, Farm Management Group, 1999.

[205] MEUWISSEN M P M, RUUD B M, SKEES J R. Income insurance in European agriculture [J]. Euro Choices, 2008 (2): 12 - 17.

[206] MILLER D L, MILLER M B. Insuring a future for small farms [J]. Journal of Food Law & Policy, 2018, 1 (14): 57 - 71.

[207] MILLER S E, KAHL K H, RATHWELL P J. Revenue insurance for georgia and south carolina peaches [J]. Agricultural and Applied Economics, 2000, 32 (1): 123 - 132.

[208] MIRANDA M J, GLAUBER J W. Systemic risk, reinsurance, and the failure of crop insurance markets [J]. American Journal of Agriculture Economics, 1997, 79 (1): 206 - 215.

[209] MISHRA A K, EI - OSTA H S. Managing risk in agriculture through hedging and crop insurance: What does a national survey reveal? [J]. Agricultural Finance Review, 2001, 62 (2): 135 - 148.

[210] MISHRA A K, GOODWIN B K. Adoption of crop versus revenue insurance: A Farm - level analysis [J]. Agricultural Finance Review, 2003, 63 (2): 144 - 155.

[211] MISHRA A K, GOODWIN B K. Revenue insurance purchase decisions of farmers [J]. Applied Economics, 2006, 38 (2): 149 - 159.

[212] MISHRA A K, NIMON R W, EI - OSTA H S. Is moral hazard good for the environment? Revenue insurance and chemical input use [J]. Journal of Environmenta Management, 2005, 74 (1): 11 - 20.

[213] MISHRA A K, SANDRETTO C. Stability of Farm Income and the Role of Nonfarm Income in U. S. Agriculture [J]. Review of Agricultural Economics, 2002, 24 (1): 208 - 221.

[214] MUHR L. Revenue Insurance: Covering yield and price risk; Basic requirements from an insurance perspective [R]. The 31th AIAG Congress, Athens, 2011.

[215] MUSSHOFF O, ODENING M, XU W. Management of climate risks in agriculture will weather derivatives permeate? [J]. Applied Economics, 2011, 43 (9): 1067 - 1077.

[216] NERLOVER M, BESSLER D A. Expectations, information and dynamics [J]. Handbook of Agricultural Economics, 2001 (1): 155 - 206.

[217] NIMON R W, MISHRA A K. revenue insurance and chemical input use rates [C]. Annual meeting, August 5 - 8, Chicago, IL. American Agricultural Economics Association (New Name 2008: Agricultural and Applied Economics Association), 2001.

[218] OFFUTT S E, LINS D A. income insurance for u. s. commodity producers: program issues and design alternatives [J]. North Central Journal of

Agricultural Economics, 1985 (7): 61-69.

[219] OLEN B, WU J. Tracking the evolution and recent development in whole farm insurance programs [J]. The Magazine of Food, Farm, and Resource Issues, 2017, 32 (3): 1-9.

[220] OZAKI V A, GOODWIN B K, SHIROTA R. Parametric and non-parametric statistical modelling of crop yield: implications for pricing crop insurance contracts [J]. Applied Economics, 2008, 40 (79).

[221] PARRY M L, CARTER T R. The effect of climatic variations on agricultural risk [J]. Climatic Change, 1985, 7 (1): 95-110.

[222] PEREZ-BLANCO C D, DELACMARA G, GOMEZ C M. Revealing the willingness to pay for income insurance in agriculture [J]. Journal of Risk Research, 2015, 7a (8): 873-893.

[223] QUIGGIN J C, KARAGIANNIS G, STANTON J. Crop insilisation des revenus agricoles du of moral hazard and adverse selection [J]. Australian Journal of Agricultural Economics, 1993, 37 (2): 95-113.

[224] RAMASWAMI B. Supply Response to Agricultural Insurance: Risk reduction and moral hazard effects [J]. American Journal of Agricultural Economics, 1993, 75 (4): 914-925.

[225] RAMIREZ O A. Estimation and use of a multivariate parametric model for simulating heteroskedastic, correlated, nonnormal random variables: The case of corn belt corn, soybean and wheat yields [J]. American Journal of Agricultural Economics, 1997, 79 (1): 191-205.

[226] RAMSEY A F. Probability distributions of crop yields a bayesian spatial quantile regression approach [J]. The American Journal of Agricultural Economics, 2020, 102 (1): 220-239.

[227] RAY D E, RICHARDSON J W, DE LA TORRE UGARTE DANIEL G, et al. Estimating price variability in agriculture: Implications for decision makers [J]. Journal of Agricultural and Applied Economics, 1998, 30 (1):

21 – 33.

[228] SALL I, TRONSTAD R. Simultaneous analysis of insurance participation and acreage response from subsidized crop insurance for cotton [J]. Risk Financial Manag, 2021, 14 (11), 562.

[229] SANDMO A. On the Theory of the competitive firm under price uncertainty [J]. American Economic Association, 1971 (1): 65 – 73.

[230] SANTERAMO F G, GOODWIN B K, ADINOLFI F, et al. Farmer participation, entry and exit decisions in the Italian crop insurance programme [J]. Journal of Agricultural Economics, 2016 (67): 639 – 657.

[231] SCHMIT J T, ROTH K U. Cost effectiveness of risk management practices [J]. Journal of Risk and Insurance, 1990, 57 (3): 455 – 470.

[232] SEVERINI S, BIAGINI L, FINGER R. Modeling agricultural risk management policies – The implementation of the Income Stabilization Tool in Italy [J]. Journal of Policy Modeling, 2018 (1): 140 – 155.

[233] SEVERINI S, CORTIGNANI R. Modeling farmer participation to a revenue insurance scheme by means of Positive Mathematical Programming, EAAE 2011 Congress, 2011.

[234] SEVERINI S, TANTARI A. The effect of the EU farm payments policy and its recent reform on farm income inequality [J]. Journal of Policy Modeling, 2013, 35 (2): 212 – 227.

[235] SHAIK S, COBLE K H. Revenue crop insurance demand [Z]. Paper presented at the American Agricultural Economics Association Annual Meetings, Providence, RI, 2005.

[236] SHARMA S, WALTER C G. Influence of farm size and insured type on crop insurance returns [J]. Agribusiness, 2020, 36 (3): 440 – 452.

[237] SHEES J R, HARWOOD J, SOMWARU A, et al. The potential for revenue insurance policies in the South [J]. Journal of Agricultural and Applied Economics, 1998, 30 (1): 47 – 61.

[238] SHERRICK B J, BARRY P J, ELLINGER P N, et al. Factors influencing farmers'crop insurance decisions [J]. American Journal of Agricultural Economics, 2004 (86): 103 – 114.

[239] SHERRICK B J, BARRY P J, SCHNITKEY G D, et al. Farmers' preferences for crop insurance attributes [J]. Review of Agricultural Economics, 2003 (25): 415 – 429.

[240] SHI J, WU J, OLEN B. Assessing effects of federal crop insurance supply on acreage and yield of specialty crops [J]. Canadian Journal of Agricultural Economics, 2020, 68 (1): 65 – 82.

[241] SIHEM E. Economic and socio – cultural determinants of agricultural insurance demand across countries [J]. Journal of the Saudi Society of Agricultural Sciences, 2019, 18 (2): 177 – 187.

[242] SLADE P. The impact of price hedging on subsidized insurance: Evidence from Canada [J]. Agricultural Economics, 2021 (4): 447 – 464.

[243] SMITH V H, GLAUBER J M. Agricultural insurance in developed countries: Where have we been and where are we going? [J]. Applied Economic Perspectives and Policy, 2012 (34): 363 – 390.

[244] SMITH V H, GOODWIN B K. Crop insurance, moral hazard, and agricultural chemical use [J]. American Journal of Agricultural Economics, 1996, 78 (2): 428 – 438.

[245] TACK J B, UBIALVA D. Climate, risk, and insurance: Measuring the effects of enso on U.S. crop insurance [J]. Agricultural Economics, 2015, 46 (2): 245 – 257.

[246] TACK J B, UBIALVA D. The effect of El Nino Southern Oscillation on U.S. corn production and downside risk [J]. Climatic Change, 2013, 121 (4): 689 – 700.

[247] TACKA J B, COBLE K, BARNETT B. Warming temperatures will likely induce higher premium rates and government outlays for the US crop insur-

ance program [J]. Agricultural Economics, 2018, 49 (5): 635-647.

[248] TAFERE K, BARRETT C B, LENTZ E C. Insuring well-being? Buyer's remorse and peace of mind effects from insurance [J]. American Journal of Agricultural Economics, 2019 (110): 627-650.

[249] TIEMTORE A. Examining the effects of agricultural income insurance on farmers in Burkina Faso [J]. Geneva Papers on Risk and Insurance: Issues and Practice, 2021, 46 (3): 422-439.

[250] TIWARI S, COBLE K H. Hedging the price risk inherent in revenue protection insurance [J]. Journal of Agricultural and Applied Economics, 2021, 53 (4): 510-530.

[251] TIWARI S, KEITH H, HARRI A, et al. Hedging the price risk of crop revenue insurance through the options market [C]. Southern Agricultural Economics Association (SAEA) Annual Meeting, 2017.

[252] TORRIOANI D S, CALANCA P, et al. Potential effects of changes in mean climate and climate variability on the yield of winter and spring crops in Switzerland [J]. Climate Research, 2007 (34): 59-69.

[253] TURVEY C G. An economic analysis of alternative farm revenue insurance policies [J]. Canadian Journal of Agricultural Economics, 2010, 3 (40): 403-426.

[254] TURVEY C G. Whole farm income insurance [J]. Journal of Risk and Insurance, 2012 (79): 515-540.

[255] TURVEY C G. Whole farm income insurance in a Canadian context [J]. Agricultural & Applied Economics, 2012, 79 (2): 25-27.

[256] U.S. Department of Agriculture, Risk Management Agency. Summary of business [EB/OL]. (2015). http://www.rma.usda.gov/data/sob.html.

[257] VAN WINSEN F, DE MEY Y, LAUWERS L, et al. Cognitive mapping: A method to elucidate and present farmers' risk perception [J]. Agricultural Systems, 2013, 122 (C): 42-52.

[258] WALTERS C G, SHUMWAY C R, CHOUINARD H H. Crop insurance, land allocation, and the environment [J]. Journal of Agricultural and Resource Economics, 2012, 37 (2): 301-320.

[259] WALTERS C G, SHUMWAY C R, CHOUINARD H H, et al. Asymmetric information and profit taking in crop insurance [J]. Applied Economic Perspectives & Policy, 2015, 37 (1): 107-129.

[260] WAUTERS E, VAN WINSEN F, DE MEY Y, et al. Risk perception, attitudes towards risk and risk management: Evidence and implications [J]. Agricultural Economics, 2014 (9): 389-405.

[261] WOODARD J D. Crop insurance demand more elastic than previously thought [J]. Chioces, 2016, 31 (3): 1-7.

[262] WU J. Crop insurance, acreage decisions, and nonpoint source pollution [J]. American Journal of Agricultural Economics, 1999, 81 (2): 305-320.

[263] WU J, ADAMS R M. Production risk, acreage decisions and implications for revenue insurance programs [J]. Canadian Journal of Agricultural Economics, 2010, 49 (1): 19-35.

[264] XU J, LIAO P. Crop insurance, premium subsidy and agricultural output [J]. Journal of Integrative Agriculture, 2014, 13 (11): 2537-2545.

[265] YAZDANPANAH M, ZAMANI G H, HOCHRAINER - STIGLER S, et al. Measuring satisfaction of crop insurance a modified American customer satisfaction model approach applied to Iranian Farmers [J]. International Journal of Disaster Risk Reduction, 2013 (5): 19-27.

[266] YE T, YOKOMATSU M, OKADA N. Agricultural production behavior under premium subsidy: Incorporating crop price when subsistence constraint holds [J]. International Journal of Disaster Risk Science, 2012, 3 (3): 131-138.

[267] YOUNG C E, VANDEVEER M L, et al. Production and price impacts of U. S. crop insurance programs [J]. American Journal of Agricultural Economics, 2001, 83 (5): 1196-1203.

[268] YU J, HENDRICKS N P. Input use decisions with greater information on crop conditions: Implications for insurance moral hazard and the environment [J]. Journal of Dental Education, 2019 (3): 826-845.

[269] YU J, SMITH A, et al. Effects of crop insurance premium subsidies on crop acreage [J]. American Journal of Agricultural Economics, 2017, 100 (1): 91-114.

[270] ZHLUAF C. Price vs revenue farm safety net [Z]. Working paper, Department os Agricultural, Environment and Development Economics, The Ohio State University, 2012.

图书在版编目（CIP）数据

我国农业收入保险发展研究/夏英，王鑫著. --北京：经济科学出版社，2024.1

（中国农业科学院农业经济与发展研究所研究论丛. 第6辑）

ISBN 978-7-5218-4267-8

Ⅰ.①我… Ⅱ.①夏… ②王… Ⅲ.①农业保险-研究-中国 Ⅳ.①F842.66

中国版本图书馆 CIP 数据核字（2022）第 214927 号

责任编辑：初少磊　尹雪晶
责任校对：齐　杰
责任印制：范　艳

我国农业收入保险发展研究

夏 英　王 鑫/著

经济科学出版社出版、发行　新华书店经销
社址：北京市海淀区阜成路甲 28 号　邮编：100142
总编部电话：010-88191217　发行部电话：010-88191522
网址：www.esp.com.cn
电子邮箱：esp@esp.com.cn
天猫网店：经济科学出版社旗舰店
网址：http://jjkxcbs.tmall.com
北京季蜂印刷有限公司印装
710×1000　16开　17.25 印张　250000 字
2024 年 1 月第 1 版　2024 年 1 月第 1 次印刷
ISBN 978-7-5218-4267-8　定价：78.00 元
(图书出现印装问题，本社负责调换。电话：010-88191545)
(版权所有　侵权必究　打击盗版　举报热线：010-88191661
QQ：2242791300　营销中心电话：010-88191537
电子邮箱：dbts@esp.com.cn)